泡盛をめぐる沖縄の酒文化誌

萩尾俊章
Toshiaki Hagio

ボーダーインク

琉球王国時代の泡盛

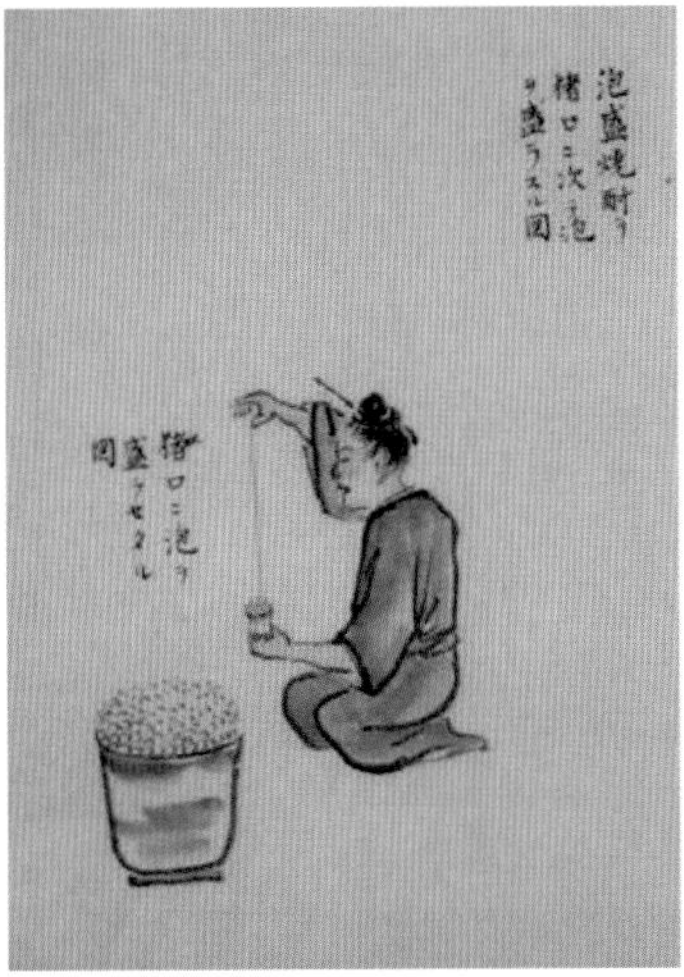

『南島雑話』（19 世紀）の中の「大嶋漫筆」に描かれた「泡盛焼酎を猪口にて次ぎ泡を盛らする図」〔東京大学史料編纂所提供〕

「首里城図」に描かれた銭蔵（泡盛を管理保存する役所）。北側城郭の久慶門近くに建物と並べられた大壺が確認できる。（友寄喜恒作）〔沖縄県立図書館所蔵 CC BY 4.0（一部改変）（http://creativecommons.org/licenses/by/4.0/deed.ja）〕

泡盛を運搬する馬方（左上）（『沖縄風俗図会』より）〔沖縄県立博物館・美術館提供〕

近代の泡盛

戦前の泡盛製造場所・
首里三箇の風景
〔那覇市歴史博物館提供〕

近代の広告に見る泡盛

「大徳用泡盛酒売出し広告」1904年3月（沖縄県立博物館・美術館所蔵）

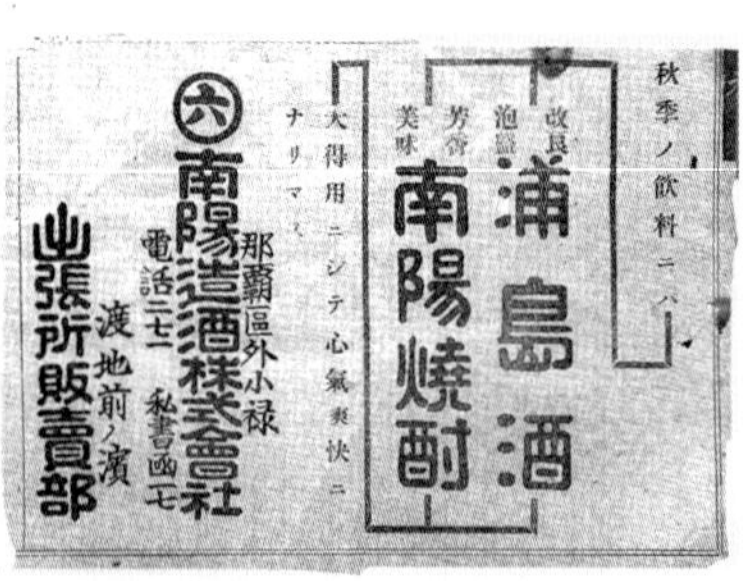

『沖縄朝日新聞』1920年9月21日

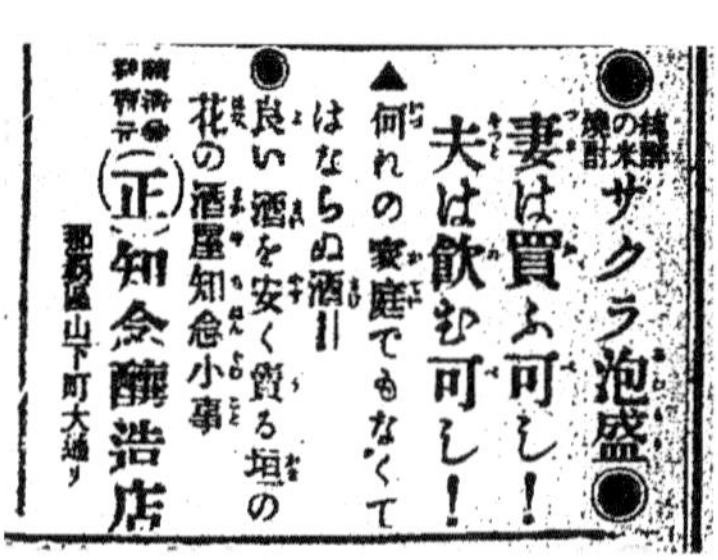

『琉球新報』1917年9月4日

沖縄の酒文化

伝統的な神酒は祭事の際には現在でもつくられている

ウンガミ祭用の神酒
（大宜味村田港）

祭壇に供えられた神酒
（本部町備瀬）

ラッキーワイン醸造本舗の泡盛ベースのリキュール「ラッキーワイン」（宜野湾市立博物館所蔵）

1953年頃初めて瓶詰で売り出したのは識名酒造で、写真はその後のビール瓶詰めの泡盛「時雨」

国産ラム酒
『Ie Rum Santa Maria』

復活した芋酒「IMUGE」
（IMUGE 協議会提供）

泡盛フレーバーホイール

平成 29 年 4 月 26 日初版

（本文 250 頁「●コラム　泡盛フレーバーホイール」参照）

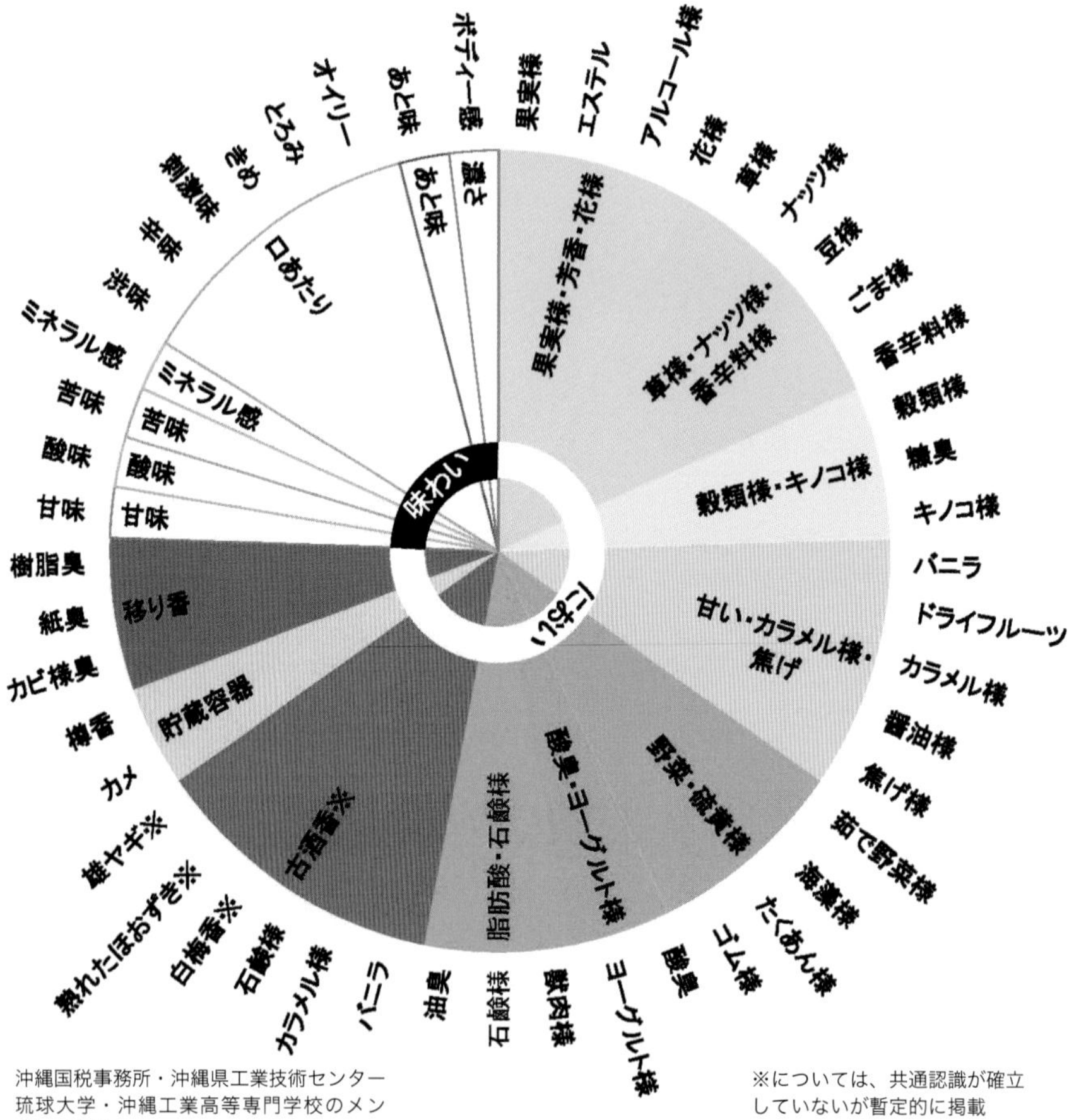

沖縄国税事務所・沖縄県工業技術センター
琉球大学・沖縄工業高等専門学校のメンバーで制作

※については、共通認識が確立していないが暫定的に掲載

「第 1 回　島酒フェスタ」（2018 年 4 月）それぞれのブースで泡盛が試飲できると多くの泡盛ファンが集まり話題となった。

泡盛をめぐる沖縄の酒文化誌／目次

はじめに

二〇二二年三月コロナ禍が続いている。世界がパンデミックとなりはじめた二〇二〇年にはよもやここまで長く続くとは思ってもみなかった。新型コロナウィルスは飲食業界をはじめ、観光・航空・宿泊業界など各分野へ深刻な影響を及ぼした。厳しい社会状況のなか、泡盛業界においてはコロナ対策では思わぬところで一躍脚光を浴び注目を集めた。新型コロナウィルスの感染急拡大で消毒用のアルコールが不足した折、蒸留酒技術を生かして高濃度のアルコールを製造して、市場に提供したのである。全国の酒類業界においても同様の供給が行なわれ感染対策の一助になったことは記憶に新しいが、日々重なる新たな情勢でだいぶん前のことのように思える。このコロナ禍も終息の兆しが見え始めたことは確かである。

個人的な話で申し訳ないが、私は一九七六年琉球大学入学当初、首里の男子学生寮に入居していた。部屋は先輩も含む三〜四名の同居で、廊下にはあちこちに飲み空けられた酒瓶が転がっている状況だった。ある日、男子寮主催の新入生歓迎コンパなるものが催され、案の定泡盛が振る舞われた。あえて銘柄を書かせてもらい恐縮であるが、その頃の定番は「瑞泉」だった。他のサークルの歓迎会などでもなぜか「瑞泉」であった。何度も水割りとも原酒のままとも思えるコップが廻されるうちに、友人共々酔いもまわり、ついには朝になっていた。初めての泡盛体験だったので、加減も知らぬうちに多く飲んで、酔っぱらってしまった。したたか飲んだせいか、翌朝が大変だった。全身の身体中から「瑞泉」の臭いが湧き出てくるような感じだった。その臭いをかいではまた気分が悪くなったりした。その後、半年間ほどは歓迎会や学科・サークルの飲み会などで「瑞泉」が出されるたびに、鼻に強烈な香りが押し寄せ、いったん息を止めひと呼吸してから飲むような有り様だったのを覚えている。

同期の友人たちも似たような様子だった。なぜ「瑞泉」だったのかはこうしてあとあとになって先輩方の策略だったとわかるのであった。その後は徐々に「瑞泉」の香りにも慣れていったと思われるが、飲むのが好きだった私にはどのような時点で、いつからふっきれたのか細かな記憶がない。

こうした原体験の泡盛だったが、一九八〇年から四年ほど大学院進学のため沖縄を離れていたが、その後に帰沖して驚いたことが泡盛の味覚や香りの変化であった。本文の中で述べたように、ライトな泡盛に変容していて、驚いてしまった。先の「瑞泉」も同様で、原体験の香りは微かに感じられる程度で、かつての強烈な香りは陰をひそめてしまった。大学在学中に、実家のある長崎帰省にするたびに、焼酎好きな父のために、泡盛を手土産にしていた。そうすると、いつも「泡盛の香りはよかもんね」と長崎弁で話していた。当時の自分はというと、こんなに香りが強いのにと思いながらの反応だったと思われる。しかし、今となってはその香りが何とも懐かしく、どうにか味わえないものかなどと思ってしまうのは年のせいだろうか。

日本民俗学の創始者・柳田国男が「酒を要する社交」(『明治大正史　世相篇』)に言及しながら、次のように記した一文は私にとって衝撃的であった。「酒は飲むとも飲まれるなということを、今でも秀句のごとく心得ていう人があるが、実際は人を飲むのがすなわち酒の力であった」というのである。お客を酔い倒れにしなかった宴会は決して成功とはいえず、宴会ではあえて人を酔わせる技術が伴った。柳田の考えの根源にはカミと人の交流が共に一つの甕で酔うところに発していた。カミ(神)を祀る祭礼等の特別なハレの日は非日常の世界であり、めったにない集飲はしたたか酔うことで独特な境地になり、カミと時・空間を共有することにつながったのであろう。新型コロナウィルスの蔓延により、集飲がしばらくははばかられる時代とはなったが、要は酒自体が悪いのではなく、なんと言っても酒を飲む人たちの心構えと心がけ、節度であることを忘れてはならない。

さて、私が泡盛について深く調査研究しようと思ったのは、一九九二年の沖縄県立博物館での展示会が契機であった。思えばもうだいぶん以前のことになってしまったが、その後二〇〇四年にボーダーインクから『泡盛の文化誌』を発刊した。泡盛を主とした歴史・文化を紹介した内容で、「泡盛について雑学的な本は数多く出ているが、これほどまでに幅広く奥深い本には初めて出会った。」とか「五〇〇年前の琉球王国にさかのぼるほどの、泡盛の奥深さを感じた。現代のビジネスモデルに生き残っていくしたたかさも感じた。」など好評な意見をいただいてきた。同書は二版・改訂新版と版を重ねてきたが、すでに一定の役割を果たしつつも絶版となっていた。

一方、二〇一三年、専修大学の樋口淳教授（当時）が日本学術振興会の科学研究費助成事業の基盤研究（C）の研究プロジェクト「沖縄民俗遺産の継承と新しい観光力の育成と情報発信」によって運営される沖縄民俗遺産研究所を立ち上げ、私も所員として関わらせていただいた。その研究成果報告の中で、二〇一五年にはインターネット上において「泡盛今昔―泡盛をめぐる社会文化史―」というデジタル版を公開し始めていた。

そうしたなか、ボーダーインク代表・池宮紀子さんからは新たな泡盛の本に関する打診があった。「泡盛今昔」はデジタル版であるために、ネットと関わりのない諸氏には目をふれることはないため、書籍としてリニューアルすることも考え、本書の構想がスタートした。当初は新書版としての計画であったが、コロナ禍の中、これまでに発表してきた論考なども加えつつ、書き足しているうちに内容が膨らんでいった。

本書は泡盛にまつわる歴史や文化史的なことがらを記述しつつも、ミキ（神酒）、芋酒や味醂酒、あるいは現代沖縄におけるカクテル、リキュール、ジン、ラム酒なども取り上げた。これらの現代沖縄の酒事情に関する内容については著者の守備範囲を大きく超えるものであるが、なおざりにはできないため、現代の様相は書き留めておきたいとの考えから事象を系統的にまとめておく形で書き綴ってみた。沖縄の様々な酒類に関して触れた書物が少ないため、本書が沖縄の名酒・泡盛をひもときつつ、沖縄の酒にまつわる歴史や文化に親しむきっかけになれば幸いである。

今回の本を執筆したのはまさにコロナ禍のさなかだった。これまでに個別に発表したり、新たな資料を確認したりしていたので、それらをまとめつつ仕上げていった。ただ戦後のことは自明のことと思われがちであるが、戦後七七年も経過するとあなどることなかれ、六〇〇mlのボトルについてもしかり、あとあと不明になることも多い。各酒造所が様々な商品開発に取り組んでいるが、各社のホームページを見ても意外にその商品が販売開始になったのがいつかわからないことが多い。その都度細かに記録しておかないと、今回の執筆に際してもそのようなことを確認することで苦労した。主力商品を除けば商品化されては販売がなくなることも多々ある。ホームページに酒造所の概要や簡易的な年表を掲載しているメーカーもあるが、別に年表形式でもよいので酒造所の経緯や商品開発の取り組みなどを記録しておいていただければ大変ありがたい。

今回の単行本刊行に向けてはそのような不明な点についていろいろと問い合わせをすることも多く、写真などの手配なども含めて各酒造所や沖縄県工業技術センター、泡盛マイスター協会などの関連機関・団体の方々にも大変お世話になった。コロナ禍のためメールや電話での照会も多かったが、多くの方々になるので個々にお名前を記すことはできないが、関係各位に深く感謝申し上げたい。

最後に、出版を企画していただいたボーダーインク代表・池宮紀子さんには辛抱強く原稿の仕上がりや校正作業を見守っていただき、ようやく完成させることができたことにお礼を申し述べたい。また、本書のベースとなる機会を与えていただいた専修大学名誉教授の樋口淳氏にもここに記して感謝申し上げたい。

・特別な場合をのぞき敬称は省略した。
・本書掲載の新聞広告のうち『沖縄県史研究叢書　17　植物標本より得られた近代沖縄の新聞』（二〇〇七年　沖縄県教育委員会）より転載のものは「＊Ⅰ」、『沖縄県史研究叢書　19　植物標本より得られた近代沖縄の新聞　Ⅱ』二〇一八年　沖縄県教育委員会）より転載のものは「＊Ⅱ」を付した。
・古記録や新聞資料の旧漢字や変体仮名などは必要に応じて現代表記に改めた。
・写真についてはとくに所蔵先・提供先を記載していない場合は著者の撮影である。

第一章　泡盛の由来と歴史

一、「泡盛」の特徴

沖縄の名酒「泡盛」

「泡盛」は今では国内でも広く知られ、県外の居酒屋などで泡盛を見かけることもある。ただし、県外の人たちの泡盛のイメージは度数が強いとか、匂いがきついというような話を聞くことがある。泡盛は一九七二年の日本復帰前は安酒とか労働者の酒などと揶揄された頃もあったが、復帰後は酵母菌の改良などもあり酒質は大きく変化し、マイルドな泡盛に変貌してきた。老若男女に受け入れられ、若者から女性にも親しまれるようになってきた。

現在、沖縄県内には四七の酒造所があり、泡盛等の製造を行っており、北は伊平屋島から南は波照間島、西は与那国島まで広範囲に泡盛生産地がある。

泡盛は沖縄で長い年月を経て育成されてきた蒸留酒である。泡盛はいつ頃に沖縄で誕生したのか、泡盛の元になる蒸留酒は起源はどこでどのようなルートで沖縄に伝来したのか、泡盛以前にはどのような酒が存在したのか、泡盛の古くからの醸造地はどこで、どのように県内に広まったのかなどなど、基本的な事項も含めながら、以下に概説しておきたい。

「琉球泡盛」表示

泡盛は原料に現在は主にタイ米を利用し、米麹と水をもとに発酵させた蒸留酒である。泡盛製造の特色は黒麹菌を使用していること、全麹仕込みという点にある。

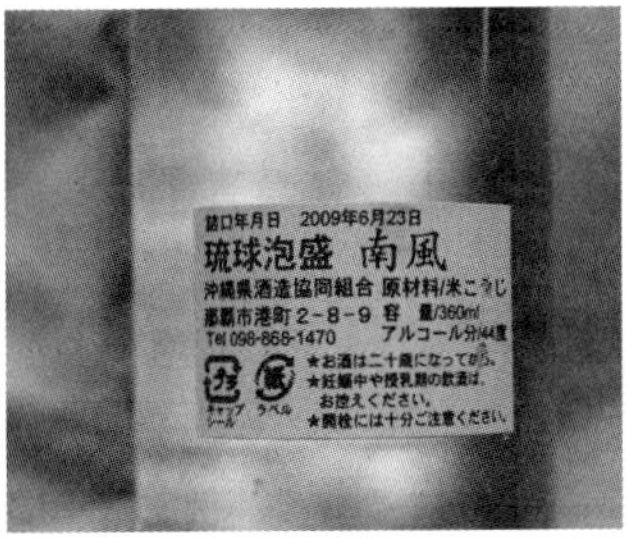

「琉球泡盛」表示

泡盛の大きな特性である黒麹菌とは泡盛の醸造に用いられる麹菌で、胞子の色が黒褐色をしていることからこう呼ばれる。沖縄以外の地域ではあまりみられないことから、沖縄の気候・風土に育まれた麹菌である。黒麹菌は生澱粉の分解力に優れ、香りがよいことなどが知られているが、最大の特徴はクエン酸をよく生成することである。これは醪《もろみ》段階での雑菌の繁殖を防ぐ効果をもっており、温暖な沖縄での酒造りに最適の麹菌である。

泡盛はかつて強くて匂いがきついなどの印象がもたれていた。しかし、一九七九（昭和五四）～八〇（昭和五五）年にかけて沖縄国税事務所鑑定官室が「泡盛酵母1号」の分離に成功し、その後実用化された。これにより収量が安定するとともに、ライトな味わいの泡盛が誕生し、この頃から泡盛が県内で徐々にブームになっていく。一方で、それまでの個性の強い泡盛が姿を消していったのは残念なことである。

泡盛は一九八三（昭和五八）年、施行規則改正にともない「例外表示」として沖縄が本場であることを表す「本場泡盛」の表示が認められたが、その後泡盛酒造所の各ラベルには「琉球泡盛」や「本場泡盛」、「泡盛」が混在している状況にあった。そこで、県酒造組合連合会は二〇〇四（平成十六）年十二月には地理的表示を「琉球泡盛」に統一することを正式に決定した。国税庁の「地理的表示に関する表示基準」と「地理的表示に関する表示基準第二項に規定する国税庁長官が指定するぶどう酒、蒸留酒又は清酒の産地を定める件」という二つの基準が公示され、泡盛もその基準を満たしたことで、新たな名称表示ができるようになったのである。「琉球泡盛」と同じく地理的表示が認められているのは、「壱岐焼酎（麦）」「球磨焼酎（米）」「薩摩焼酎（さつまいも）」に限られている。

また、二〇〇六（平成十八）年五月一日の酒税法改正では、それまでの連続式蒸留機による蒸留でアルコール三六度以下は「焼酎甲類」と分類されていたものが「連続蒸留焼酎」に、単式蒸留機による蒸留でアルコール四五度以下の「焼酎乙類」が「単式蒸留焼酎」として分類されるようになった。蒸留酒である泡盛は「単式蒸留焼酎」の分類に該当する。

花酒の旧「スピリッツ類」ラベル表示

以前の酒税法では、泡盛のアルコール度数は四五度以下と定められていた。それを超えると、「スピリッツ類　原料用アルコール」として別の分類になり、不条理なところがあった。有名な与那国島の「花酒」は泡盛の蒸留の際、初めに垂れてくるアルコール分の高い部分をさすものだが、「泡盛」の表示はできなかった。今では「花酒」は与那国島だけの特産になっている。伝統的には初溜の酒を「ハナダキ(花酒)」とか、「アームル」「アームリ」(いずれも泡盛の意)などと呼び、かつて花酒は沖縄各地で製造されていた。

ところが、二〇二〇(令和二)年になり、大きな朗報がもたらされた。花酒の泡盛表示ができるようになったのである。与那国の花酒など、財務省が二〇二〇年四月、アルコール度数四六度以上の酒類に求められる「原料用アルコール」表示の例外を泡盛に認め、与那国町の花酒をはじめとした高度数の泡盛製品のラベルに「泡盛」と表示できるようになった(第六章「六、泡盛としての花酒」参照)。

こうした酒税法による表示規約は一般には馴染みのないところではあったが、泡盛表示が認可され表示上の齟齬がなくなったことで、花酒の泡盛としての認知度もさらに高まると思われる。

二、「泡盛」名称の語源

一般的な呼び名は〝サキ〟

沖縄の人々は伝統的には泡盛のことを一般に〝サキ（酒）〟として呼び慣らわし、親しんできた。正式な名称としては泡盛であるが、歴史的には様々な名称や表記が使用されてきた。古くは渡来酒にちなんで「南蛮酒」と称されていたこともある。では「あわもり」・「泡盛」という用語が初めて登場するのはいつのことだろうか。

江戸時代初期の記録で、徳川家康の動静を記した『駿府記』に、慶長十七年十二月二六日島津家からの献上品に「焼酒二壺琉球酒砂糖五桶」とある。琉球酒の焼酒二壺が砂糖とともに献上されたとあるが、この「焼酒」に「アハモリ」とルビが振られていて、琉球酒の焼酒は「アハモリ」と呼ばれたことがわかる。(1) 今のところ史料で確認できる「泡盛」の名称の初出の記録は、この十七世紀の初めの一六一二（慶長十七）年である。

その後、琉球王府から江戸幕府への献上品目録で初期は「焼酒」とか「焼酎」と表記されていたが、一六七一年、尚貞王から四代将軍徳川家綱への献上目録に「泡盛」という名称が登場する。これが琉球からの献上品としては「泡盛」という名称の初見である。なお、島津氏側の記録では、一六六〇（万治三）年島津光久から将軍家綱への献上品に「泡盛」があり、こちらの方が記録としてはさらに古いことになる。(2)

一七一九年に中国（清）から冊封使として琉球へ来た徐葆光はその記録『中山伝信録』におい

て、琉球の酒のことを「サキ」と表記している。(3) また十九世紀にはイギリス、フランス、アメリカなど欧米の艦船が琉球に来航するようになるが、彼らの訪問記の中でも泡盛のことは「サキ」と表記されている。(4) こうした欧米人は、いずれもが泡盛酒を「サキ」（酒）と表記しており、当時においても、泡盛の一般的な呼び方は〝サキ〟であって、〝あわもり〟という呼び方が日常的な用語でなかったことを示してもいる。

　蒸留した酒を「あわもり（泡盛）」と呼称・表記するようになったのはどのような理由によるのであろうか。よく紹介されるようにいくつかの説があるので、最初に取り上げておきたい。

戦前の直釜式蒸留器

「泡」由来説

　一番有力な説は、蒸留のしたては泡がさかんに盛り上がる様子から、「泡盛」となったとする「泡」由来説である。

　「泡」由来説に立ったのは琉球史研究の泰斗・東恩納《ひがしおんな》寛惇《かんじゅん》であった。泡盛はアルコールの度数が高いほど蒸留の際に泡立ちが多かったという。八重山石垣島や黒島の酒造経験者によれば、蒸留後に出てくる最初の一〜二升の度数の強い酒を〝アームリ〟とか〝アームル〟と呼んでいた。つまり「泡盛」の意味である。泡はアルコール分が高ければ高いほど泡が長くもち、消えにくかったといい、泡立ち具合は度数判断の目安にもなっていた。この計り方の〝アームイ〟つまり「泡を盛らせてみる」が、転じて「泡盛」となったとする見解である。(5)「泡」立ちが大きな決め手になっており、酒造の技法としてとても興味深い。

　このように酒の泡立ちを利用してアルコール度数の目安とする方法は、かつてアルコール度数計がなかった時代採用された手法であった。まず茶碗に一定少量

「泡盛焼酎を猪口にて次ぎ泡を盛らする図」
(『南島雑話』より)〔東京大学史料編纂所提供〕

の水を入れておき、それに測定しようとする焼酎を一定量注ぎ入れる。この時泡が立つ。次に別の茶碗に一定量の水を入れておき、先の泡の立った焼酎をこれに注ぎ入れて泡の立ち具合をみる。このような操作を繰り返して、最後に泡が立たなくなった時に、使用した水の量を初回から累計して、水の多寡により焼酎のアルコール度数を求める手法があった。こうした泡立ちを利用して焼酎の強さを決める方法は中国では古くから酒の取り引きに用いられたという。(6)

「泡」由来説に関連して、この泡を盛らせてみる技法は、近世に土佐に漂着した琉球船の乗組員から聞き書きした『大島筆記』(一七六三年)にも「泡盛とは焼酎の中、至って宜きは蒸して落ちる露微細なる泡、盛り高になる、それを上とする故なり」と記され、微細な泡が盛り上がる酒が最上の泡盛とされた。(7)このことを端的に示す絵図が『南島雑話』(十九世紀半ば)に描かれている「泡盛焼酎を猪口に次て泡を盛らする図」(「猪口に泡を盛らせたる図」)である。(8)この図には焼酎入れのカラカラから猪口に泡盛を注いで、猪口から泡が盛り上がる様子が描かれている。この泡を盛る技法は、奄美から沖縄にかけて広く知られた伝統的な蒸留酒造りの技法なのである。

民間の酒造り伝承においても同様の技法が確認できる。西表島祖納の豊年祭では、アームリ(泡盛)勝負といって、各系統の家が蒸留器で垂れて造った泡盛について、泡をたてて見定める勝負があった。これは神役ツカサの前でおこなわれ、まさに初留の泡盛ならでは利用の仕方であった。黒島では、結願祭で神役のツカサが盃に泡を盛ったり、旧暦九月のクンガチ祝いではツカサが泡を盛った盃を廻したという。

泡盛の酒造所においては既述のように、アルコール度数を判断する目安として泡を立てて見る技法が採用されていた。しかしながら、一九八九（平成元）～九〇（平成二）年にかけて改良型のいわゆる「泡なし酵母菌」が開発されたことから、醪の段階での泡立ちは抑制され、蒸留後の泡の見立ても出来なくなった。その普及にともなって、現酒造業界ではこうした酒造技法はもはや過去のこととなった。南西諸島における伝統的酒造民俗の伝承者は少なくなり、今では聞き書きや文献資料でやっと跡づけできる民俗事象である。

「粟」由来説

「泡」由来説と双璧をなすのが、「粟」由来説である。「粟」由来説を特に支持したのが、沖縄研究のパイオニアである伊波普猷《いはふゆう》である。伊波は東恩納が酒を壺から酒器に移す時に泡の盛り立つことから来たことに異議を唱えた。現在でこそ泡盛は多くが米（タイ砕米）によって造られているが、元々は粟を原料として用いていた。

伊波は「もり」自体が酒の古語とし、古くは主として粟が酒の原料であったために「粟もり」と言っていたものが、語源意識が薄れて「泡盛」の宛字が使用されるに及んで、民間語源説が生じたと説いている。国頭郡羽地村の神唄には「粟真もりも、米真もりも」という唄があり、この中の「真もり」は「真みき」と同構造の用語で、「もり」は酒の古語と考えた。「粟真もり」の対句に「米真もり」があるのは注意すべきで、酒の意味の原義が失われていない頃の造語と解釈している。(9)

このように粟で焼酎を造ったので「あわもり（粟盛り）」といい、それが「泡盛」に転化したもので、名称の元は「粟」に由来するとの説である。

琉球王国時代は、泡盛製造は王府の監督下にあって、泡盛を製造する焼酎職には王府から泡盛の原料として米（地元の米）と粟が支給されていた。薩摩藩主の島津重豪（一七四五〜一八三三）の命により編纂された『成形図説』には泡盛は原料に粟を使用したので「粟盛」という名が生まれたとする説が紹介されている。[10] 時代を下って、大正時代の報告書にも、米と粟の仕込みが普通で、米と粟を半々に混ぜて仕込むか、あるいは粟の仕込みが多かったと記されている。[11]

このように泡盛の製造に粟は欠かせない原料であったことに関係することから、有力な説となっていた。

薩摩命名説

薩摩藩が九州の焼酎と区別するために名付けたとするのが「薩摩命名説」である。薩摩の島津氏による琉球侵攻後、既述のように、琉球から薩摩を通して献上される品目にも泡盛がでてくるが、この目録はすべて薩摩側で書かれたり、修正されていた。当時、江戸では酒粕でつくった焼酎がしだいに知られるようになる。そこで、薩摩藩が琉球の焼酎を特に強調し、商品としての価値を高めるため「泡盛」と命名したというものである。

東恩納寛惇は、八重山におけるアームリという語は近世の移入語と考え、アワモリが「泡が盛り上がる」形状に由来すると主張しながらも、このような特徴は専門に取り扱った人でなければ気づかず、また「アワモリ」という語が琉球的でないとして、薩摩の酒造家が命名したと唱えた。[12]「アワモリ」という語が琉球的でないという点は根拠が明確でないのでひとまず外しておきたいが、東恩納の見解には首肯できないところもある。「泡が盛り上がる」形状は専門に取り扱った人でないと気づかないとするが、それならばなおさらのこと、薩摩の焼酎造りには当時黒麹菌は使用されていないことから、この製法にともなう「泡が盛り上がる」形状は知られていなかったはずである。したがって、薩摩の酒造家が命名したという指摘は的を得ているとは言い難い。

琉球使節江戸上り（江戸立ち）の献上品物のうち、一六三四年から一六五三年までは「焼酎」「焼酒」と表わされているが、一六七一年以後「泡盛」という名称が用いられている。[13] その他の諸記録において、琉球の「泡盛」という表記がでてくるのは元禄年間（一六八八〜一七〇三年）以後という。それ以前は、沖縄の酒だけでなく、南九州でつくられた酒も「泡盛」と呼んでいたようである。南九州では、琉球から伝わった蒸留の技術を利用して、焼酎づくりがさかんにおこなわれていた。そのような中、「泡盛」「琉球酒」「焼酎」「焼酒」と様々な呼び方をされていた琉球産の酒が、元禄年間以後、しだいに「泡盛」の名に定着し、焼酎との区別が明確になったと考えられる。

沖縄県工業技術センターの豊川哲也は近年「薩摩国名酒泡盛」の通称が用いられることを手がかりに様々な史料を分析し、「薩摩の名称の泡盛が琉球焼酎にも適用され定着したというのが泡盛の名称の由来としてもっともらしいのではないだろうか」との見解を示している。[14] 近世初期には薩摩と琉球の泡盛が混在して史料に登場することは指摘されてきた。東恩納寛惇は薩摩からの献上品目録は薩摩により浄書されたことから、品目に記載される「泡盛」は薩摩による命名との考えを示している。[15] 確かに日本側の史料に「泡盛」が登場していく過程においては薩摩の関与は重要であり、名称の使用に関わったことは間違いないものと考える。ただし、それでも当時、「泡を盛る」技法は琉球においてのみ知られていた製造技法であり、琉球からの情報は欠くことができない。先の『大島筆記』などの記録からしても、琉球からの綿密な酒造工程の情報提供があって初めて薩摩藩は知り得た事実であり、名称の成立はこうした経緯を踏まえて検証する必要があろう。

「泡を盛る」文化圏

最後に、言葉の類似性のみによるものであるが、古代インドの文語であるサンスクリット語で、酒のことを意味する「アワムリ（ａｗａｍｕｒｉ）」に由来するという説もある。(16)これは言語上の音韻の一致によるもので、周辺諸地域との言語上の対応関係であれば見出せる事例も多いが、「アワムリ」自体は古代インドの文語であり、時代幅もかなりあり、地理的にも遠く離れていること、さらにどのようにして琉球に伝わったのかなど伝来の経緯や根拠は不明であり、説として取り上げるには無理があると思われる。

醸造学の権威である坂口謹一郎によると、「沖縄では古来酒に水を混ぜて茶碗と茶碗との間で注ぎ交わすことを繰り返して、泡の立たなくなるに至る水の量で、アルコールの強さを計ることが行われた」と記録している。このことは沖縄に限らず、アルコールに定量法のなかった昔、中国の酒の取り引きにも広く用いられていたとされる。(17)

以上のことからすれば、東恩納寛惇がアームリという語は近世の移入語で、薩摩の酒造家が「泡盛」と命名したという論点は首肯できない。蒸留酒の製造プロセスの中で、酒の度数やよしあしの判断基準を知る方法として「泡を盛る」技法があり、これは何も薩摩にまで命名のルーツを求めるまでもなく、沖縄の酒造家でも容易に知り得ていた技法なのであり、泡盛の語源は南島地域の伝統的な酒造法に由来すると考えられる。

いずれにしても、アワモリ命名の根源は東恩納の主張のように「泡を盛る」にあるとするのが妥当である。この「泡を盛る」文化圏は、奄美・沖縄のみならず、東南中国からインドシナ半島にかけて大きな広がりをもつものであり、泡盛の生い立ち考える場合、タイのみならず東南中国をはじめとする諸地域を射程に入れておくことが必要であろう。

三、「口噛み酒」と泡盛の誕生

泡盛以前の酒の記録

沖縄に蒸留技術が伝わり普及する以前は、口噛《か》み酒が一般的だった。祭りやお祝いには、そのまま発酵させたミキ（神酒）やドブロクのような酒が飲まれていた。方言でいうウンサク、ミキなどがそれにあたる。

口噛み酒の化学作用は次のようである。人が穀類を口で噛んだあと容器にためておく。こうしておくと、澱粉が糖分に分解され、発酵して酒になる。唾液中に含まれる酵素のアミラーゼは澱粉を糖に変える働きがあり、それを利用したものである。原初的で単純な酒の作り方である。

沖縄での口噛み酒に関する記録の初見は『朝鮮王朝実録』で、一四七七年に済州島の船が与那国島に漂着した際の漂流民金非衣らの見聞録にみえる。(18)

それによると、与那国島では「酒類には濁酒があって清酒がない。米を水につけておいて、女に噛ませて粥となし、これを木桶に醸すのだが、麹を用いない。だからいくら飲んでも、ちょっとしか酔わない。飲むときには大方一瓢《ぴょう》を持ちながら、ちびりちびりと適宜にやって献酬の礼がない。好きな人になると爵《さかずき》を添えておく。この酒は非常に軽い。醸してから三、四日で熟するが、長くおいて置くと、饐《す》えて飲めなくなる。」

この記録からすれば、当時の与那国島には清酒はなく、濁酒（だくしゅ、にごりざけ）のみがあった。その濁酒は「口噛み酒」であり、麹を使用せず、長く保存がきかない酒であったことがわかる。

【表1】　朝鮮漂流民の記録にみられる穀物と酒

島名	穀物	酒	備考
宮古	稲 黍 粟 牟麦	米麹酒	
伊良部	黍 粟 牟麦 稲	米麹酒	
多良間	黍 粟 牟麦	---	
竹富	黍 粟 牟麦	---	米購入（西表）
新城	黍 粟 麦	---	米購入（西表）
波照間	黍 粟 牟麦	---	米購入（西表）
西表の祖納	稲 粟	---	
与那国	稲 粟	濁酒	

彼らはその後、島づたいに送り届けられる。その順路は、与那国島↓西表島の祖納↓波照間島↓新城島↓竹富島↓多良間島↓伊良部島↓宮古島↓琉球国（沖縄本島）となっている。それぞれの島でみられた穀物と酒について整理したのが【表1】である。(19)

先島地方では当時稲作がおこなわれていたのは与那国島、西表島、宮古島であり、伊良部島ではごくわずかしか収穫されていなかったようである。したがって、酒造りは各島の原料となる穀物に制約を受けつつおこなわれ、米による酒ばかりではなかった。その中で注目されるのは、伊良部島と宮古島については米麹で醸した酒があるといい、八重山地方と多良間島とは違い、麹造りの技術がすでにあったことである。

彼らは琉球国の中心の首里・那覇へ辿り着くが、そこで初めて清酒の記述がみえる。「酒には清濁酒二種ある。鐵瓶に盛って、銀さかずきにつぐ。味は朝鮮のものに似ている。また、南蛮国の酒もある。色は黄で、焼酒に似て非常にきつい。数杯傾けると酔っぱらってしまう。」とあり、当時の首里・那覇には「清酒」や「南蛮酒」、つまり蒸留酒がすでに存在していたと考えられる。このような記述、並びに後述する外交文書『歴代宝案』にみえる外来酒の招来などから、十五世紀後半には泡盛（＝蒸留酒）が造られる状況にあったことを示している。その後十六世紀前半には琉球から薩摩へ焼酎が献上されており、十五世紀後半が泡盛誕生の時期と推察できる。

琉球王府の記録（十八世紀）

さて、王府が編纂した『琉球国由来記』（一七一三年）には「神酒」の項目がみえ、次のように記されている。[20]「当国の神酒は上古神代より始まる。四季の祭祀の時、神前に供える。且つ、婚礼・接待の礼式に必ずこれを用いる。その作り方は、米粉を煮て、米を水に漬ける。米粉を煮たものを婦女子に口で咀嚼させる。手でかき混ぜ、その上ずみにできるうすい酒を用いる。或いは、噛まないで麹を利用して作るものもある。米・粟・稗・麦をもってこれを作る」とある。年中祭祀や婚礼、接待など各種行事にあたっては、女子が口で噛んだ酒が醸されて、上澄みの酒を用いていたことがわかる。一方ではこの時代には麹を利用して醸した酒もあった。原料は米の他に、粟・稗・麦が用いられていたことも見てとれる。

王府のお膝元以外の地方ではどうであったのであろうか。例えば、宮古島の『宮古島旧記』（十八世紀）によると、「三度刈り生えの稲で神酒をつくる」「角皿で神酒を酌み交わす」などの記述とともに、米や粟を水で洗い女性が身を清めて口で噛んで造った「口かみ酒」があることが記されている。[21]

また、『宮古島与世山親方規模帳』（一七六八年）には「諸役人ら、神酒が必要な時、村中の女たちに頼んで手間賃を払わずに作立てさせている。宜しくないので以後、手間賃を払って頼むべきこと」とあり、女性が神酒造りにあたっていることがみえる。また「島尻村の件について、女たちのうち神女と称して神の真似をし、毎年十月より十二月まで月毎に日を選び物籠もりをしている。その祭料は村中から出した米でみき作りを行っている。宜しくないので以後止めさせるべきこと」とあり、神女たちが祭事用に神酒を造ることが記されている。[22]この史料は為政者側の視点によるものであるため、後段の事項は祭事に米をあてていることを否定的に捉えているが、当時の実態をよく知ることができる。神酒の製法については触れていないが、『宮古島旧記』等の史料からすると口噛み酒であったと考えられる。

歴代冊封使の記録

さて、中国皇帝の名代として琉球へ派遣された歴代冊封使の記録をみると、様々な酒がふるまわれていた。冊封使・陳侃の『使琉球録』（一五三四年）には、シャム伝来の蒸留酒をふるまわれたことがみえる。他に、酒造法として、米を水に漬けておいてから、婦人がこれを口で噛み、汁をとって発酵させて醸造する方法の酒、すなわち口噛み酒を記録している。[23] 冊封使が記録したということは、後述の記録からしても、口噛み酒が冊封使の接待用に供されていたと考えられる。

夏子陽の冊封使録（一六〇六年）によれば、ミキは米を搗いて粉にしたものを水に漬け、麹を用いて発酵させているとし、この時には麹によるミキ造りがみられたことを記述している。かといって口噛み酒がないのではなく、必ず初めて醸造するときには婦人が口で噛んで発酵させたと記している。[24] この記述は重要な点を示しており、祭事などにあたり最初に醸す酒は儀礼的に女性があたり、口噛み酒を供物とすることが定式とされていたのであろう。沖縄の祭祀儀礼には女性が枢要な役割を担っており、重要な供物であるミキ（神酒）は女性の関与が必須であったといえる。

さらに時代は下るが、周煌の『琉球国志略』（一七五六年）によれば、口噛み酒が接待用に供され、この酒が女子が口で噛んで造ったものであることがわかると、中国人はさすがに飲もうとしなかったという。その傍ら、琉球人は好んで飲んでいたことが記されている。また、口噛み酒を土中に埋め、年を経てから取り出し、これを蒸留して造る焼酎は、他に比べるものがないと絶賛している。[25] 口噛み酒を土の中に埋めて貯蔵し、年を経てから取り出してから蒸留するという点はとても気になる点であるが、こうした点からすると、冊封使には口噛み酒を含め、様々な種類の酒がふるまわれていたことがわかる。

口噛み酒は琉球王国が解体し、明治以降の近代になっても民間ではよく造られていた。こうした点は民俗の聞き取り調査でも数多く採集され、宮古・八重山諸島では、村落によっては戦後もしばらくの間は祭事に際して醸されていたのである（第四章「一、口噛み酒の習俗と伝承」参照）。

四、蒸留酒の伝来ルート ―タイ（シャム）と中国（福建）―

タイ（シャム）と中国（福建）ルート

沖縄の酒「泡盛」の元になる蒸留酒や蒸留酒製造の技術がどこから伝わってきたのかについては、大きく分けてタイ（シャム）ルート説と中国（福建）ルート説の二つがある（泡盛浪漫特別企画班編『泡盛浪漫―アジアの酒ロードを行く』ボーダーインク　一九九六年）。

かつて琉球と中国は一三七二年以来冊封・進貢関係にあり、歴史的に交流が深い国だったことはいうまでもない。とくに福建省の泉州や福州にはかつて琉球館が所在し、歴史的交流の拠点となった。諸記録から、中国の宋代にはすでに蒸留酒と蒸留の技術が存在したことが判明している。したがって、琉球との交流の窓口となった福建の泉州や福州にも、十四～十五世紀には蒸留酒や

外来酒も納められていたと思われる
琉球王国時代の貿易倉庫御物城跡
(那覇軍港内)

蒸留の技術が伝わっていたと考えられる。
琉球王国時代の外交文書記録である『歴代宝案』(一四二四〜一八六七)によると、十五世紀には、東南アジア諸国から「南蛮酒」「香花紅酒」「香花白酒」などの蒸留酒が琉球に伝来したことがわかっている。中には、「蜜林檎香花白酒」や「蜜林檎香花紅酒」、また「内に椰子香花酒あり」と記されていることから、蜜林檎や椰子などの果実を蒸留して造った酒であることがわかる。泡盛の誕生もこの時代の十五世紀後半と考えられる。[26] この『歴代宝案』には中国の蒸留酒が琉球にもたらされたという記録はほとんどない。しかし、時代は下るが、琉球王府が編纂した『琉球国由来記』(一七一三年)には、焼酎は中国との交流でもたらされたと記され、泡盛の伝来について中国起源説を明記している。[27]

タイの蒸留酒「ラオ・ローン」

さて、沖縄の名酒・泡盛というと、タイの蒸留酒「ラオ・ローン」(従来は「ラオ・ロン」との表記が用いられているが、引用や従来説を除き、タイの呼称にしたがい長母音表記とした)とのつながりがよく引き合いに出される。先に触れたように、一五三四年に来琉した中国の冊封使・陳侃はシャム伝来とされる蒸留酒をふるまわれていた。また、東南アジアからの蒸留酒伝来の記録もあり、泡盛は東南アジア、とくにシャム(タイ)との関係性が注目されてきた。

一躍脚光を浴びるようになったのは、琉球史研究の泰斗である東恩納寛惇が「泡盛雑考」を著したのがきっかけである。[28] 彼は一九三三年に東南アジア各国を歴訪し、当時のシャムで、ラオ・ロンを賞味する機会があった。「泡盛は香気・風味ともにラロ・ロンと全く同一

タイの蒸留酒「スラー・カーオ」のラベル表示（海老原智治翻訳）

であることに感慨を受けた」とその第一印象を記している。根拠の詳細は省略するが、以後シャム（タイ）のラオ・ロン起源説が定説的となった。

かつてタイにおける泡盛とラオ・ローンの関連性を調査するルーツ探しも実施された。ラオ・ローンは「工場の酒」の意味であり、米を原料とした無色透明な蒸留酒を指す。現在ではラオ・ローンの呼称はあまり使われず、若い世代ではラオ・ローンの呼称自体を知らない人も多いという。

上の写真はタイの蒸留酒「スラー・カーオ（白酒）」である。タイ在住の海老原智治拓殖大学元客員教授にラベルの表示内容等について確認した。カーオは白の意味、スラーはラオと同じ酒の意味で、ラベルには書き言葉的で上品なスラーの用語が用いられるという。現在、無色透明な蒸留酒にはラオ・カーオの呼称が馴染みであるが、一九六〇〜七〇年代には、ラオ・カーオのことを、工場で造った酒という意味で口語ではラオ・ローンと呼ぶことが多かったという。ラオ・カーオの呼称が多くなったのは、輸入洋酒に対抗して製造されたメコンウィスキーと呼ばれる着色蒸留酒が出回るようになった一九八〇年代半ばあたりからである。ラオ・ローンは口語表現が専らで、ラオ・ローン表示の酒や銘柄等はなく、酒税に絡む用語との情報もいただいた。ラオ・ローン自体がある意味でラオ・カーオの別称的表現と言えそうである。

一方、著者が以前にタイのアユタヤ歴史博物館のサマリー館長に聞いたところ、タイの酒には原料米によりラオ・カーオ、ラオ・ローン、ラオ・

デンの三種類があり、ラオ・カーオは白酒の意味で、モチ米により製造され白い色をしているところからこの名があるとのことであった。ラオ・ローンは粳米で造る無色透明な酒で、地域によってはラオ・カーオをラオ・ローンと呼ぶところもあるという。ラオ・デンは黒米を用いて造る酒で、赤い色をしている。したがって、一口にタイの蒸留酒とはいっても民族や地域により多種多様であり、起源論を語る場合にも注意が必要といえよう。

さて、ラオ・ローンの造り方は二通りある。[29] 一つは昔からの米だけで造る方法で、これはタイの北部あるいは東北部で製造される。いま一つは糖蜜を主原料にした方法で、バンコクでもみられる。忍頂寺晃嗣（当時、沖縄国税事務所主任鑑定官）がみたものは糖蜜が九〇％で、米は一〇％のみの使用で、現在は連続式蒸留機で蒸留していた。ラオ・ローンはモチ米を原料とし、麹はルクパンと呼ばれる餅麹を利用した。麹菌の主要菌はクモノスカビである。現在の仕込みでは蒸してから冷却したモチ米と同量の水を加えるが、旧来の製法では仕込みに水は加えず、固体発酵に近い。東恩納寛惇が賞味したラオ・ローンは泡盛でもとくに古酒の風味に似ていたというが、それはモチ米以外に三五％の糖蜜を混和していたことにより、泡盛の熟成した甘い香りに近かったとも推察されている。

以上のことを総括すると、旧式は単式蒸留器を用いる点は共通するとはいえ、忍頂寺は泡盛とラオ・ローンでは造り方にかなり違いがあることを指摘し、また浜田由起雄（当時、沖縄国税事務所主任鑑定官）はラオ・ローンは「醸造学的には異なる酒」と位置づけている。[30] 浜田も言うように、沖縄の泡盛は仮にタイのラオ・ローンの影響を受けたとしても、ウルチ米や黒麹菌の利用にみられるように、その製造法は沖縄の気候風土に合うように組み換えられ展開してきたと考えられる。

泡盛の語源の一つともなっている「泡を盛る」という技法・習俗は沖縄に固有の酒造技法と考

えられていた。しかし、福建をはじめとする西南中国には、沖縄と同じく「泡を盛る」習俗が存在した。タイのラオ・ローンをはじめとする蒸留酒には、現段階ではこの習俗は見い出せないのに対し、福建の福州地区には「泡を盛る」技法が一般に認められている。

中国雲南省西双版納

中国は雲南省《うんなんしょう》西双版納《しーさんぱんな》において、タイ族の曼回《マンフィ》村の酒造りを調査する機会があった。[31] 当地では蒸留酒のことをラオ・ハオという。ラオは酒、ハオは米の意で、つまり「米酒」の意味である。蒸留器は上部に冷却用の鍋をセットするタイプで竈が地下に埋め込まれ、冷却用水を排出する管がある。蒸留された酒は滴となって竹製の筒から準備された壺に垂れ始めた。壺が三つ準備され、初留《しょりゅう》・中留《ちゅうりゅう》・後留《こうりゅう》の順に分けて取られた。つまり、アルコール度数の強・中・弱の順で三種類に分別されたのである。蒸留の作業が終わると、強い酒と弱い酒を混ぜ合わせて、泡を立てて見ているのだ。この混ぜることをツイカオ（兌酒）と呼んでいた。酒はアルコール度数が強すぎると泡は立たず、また弱すぎても泡は立たないという。泡が立ちすぎる場合は弱い酒を加え、逆に強い酒を加えて調整する。いずれにしても適度に泡が立つ酒が良い酒なのであり、泡の立ち具合が判断の基準になっている。

『南島雑話』の絵図を手がかりに、民俗調査を踏まえ南西諸島だけの分布と考えられてきた「泡を盛る」技法が雲南省のタイ族にも伝承されていることが判明した。また、福建省福州市徐家村や同省羅源県においても、蒸留の際の泡の量の大きさと多さが酒のよしあしの基準となっていた。酒の泡が大きく立つ状態を「ジュファ（酒花）」といい、泡が多く立ちしかもその泡が長く続く酒が良い酒の証なのだという。

さらに、東南アジアの調査では、肝心のタイで有力な情報が得られていないが、宮城昌保の報告（「民族調査にみる泡盛の道」）によれば、ラオスのビエンチャン近郊の村やルアンパバーン近郊の村、ベトナムのハノイ近郊のヴァン村、さらにミャンマーのインダー族の村などでも、泡で度数を知る方法を用いていた。[32]インダー族では度数を計る方法として水を混ぜて泡立てており、ベトナムのヴァン村では、碗に入れた酒を細い筒で吸い込み、その酒を碗に戻す際に酒を高いところから注いで泡立たせたというのである。

その後、鹿児島の南日本新聞チームによる一九九五～九六年の調査報告では、タイ族では「泡を盛る」技法とともに、「酒をなめる」方法が別の村で伝承されており、ヴァリエーションがあることを予想させた。

泡を盛る（中国福建省福州市徐家村）

泡を盛る
（中国雲南省西双版納）

中国式発酵法も伝来か

また、新井白石の『南島志』（一七一九年）には「陳侃は泡盛がシャムから伝わったというが、その製法は同じではない。米を蒸して麹を加え、水を加えず封をして発酵させていた。甑を以て蒸して、その滴露をとる」とある。[33]この米麹に水を加えず封をして発酵させる製造法は中国の固体醗酵に通じるものである。中国の伝統的な高梁酒は、蒸した高梁と餅麹のみを混ぜ、水を加えず密封し、半固形のまま発酵させ、その後蒸留して造る。十八世紀に泡盛の製法に水を加えない工程があったと仮定すると、中国の製法が導入されていた可能性もある。

さらに、蒸留時に酒を類別化する方法は沖縄の伝統技法とも対応する。西南中国とはいっても、酒の原料や蒸留器にも変差があり注意を要するが、蒸留した酒を度数別に初留、中留、後留の三種類に分別する技法は、福建を中心とする西南中国との共通性がきわめて高いのである。

琉球王国は一三七二年以降、中国と進貢貿易を開始するにともなって、琉球国内には福建の閩《びん》人が漸次那覇に居住し、久米村を形成するようになったこと、その一方で進貢貿易のため多くの琉球人が中国に渡ったことなどを考え合わせれば、福建からの泡盛の道を想像するにかたくない。泡盛の伝来を考える場合、タイを中心とする東南アジアルートとともに、中国の福建ルートも大いに射程におく必要があるといえるだろう。

五、琉球王国における泡盛

泡盛の誕生と薩摩

十五世紀の琉球国において、南蛮酒・天竺酒などの蒸留酒が南方との交易の中で知られ、あわせて蒸留の技術や道具なども伝わったと考えられる。琉球国内、とくに首里城を中心とする首里では泡盛製造の基盤整備が十五世紀後半から十六世紀前半にかけて進められていったと推定される。

一五三四年に中国から来た冊封使の陳侃は、国王からすすめられた酒はシャム伝来の酒で、清くてとても強烈であったと記している。このことから外交使節である冊封使の接待において、蒸留酒の酒（泡盛）が提供されていたことが判明する。賓客をもてなすレベルにまで泡盛の品質が定まっていたといえる。

その琉球の泡盛はその後薩摩へ伝わったとされるが、それはいつ頃のことだったのだろうか。琉球から薩摩へ交易船「あや船」が初めて派遣されたのは一四八一（文明十三）年であるが、それ以前にも交易船は派遣されていた記録がある（『薩藩旧記』）。以後、たびたび首里王府から交易船が派遣され、島津氏側の記録や琉球との往復文書には進物品のこともみえる。島津家家臣の宮崎城主・上井覚兼の日記によれば、一五七五（天正三）年の記録には琉球使者が一五一八（永正十五）年の進物品にしたがって贈答品を整えてきたと記されている。一五七五年には琉球からの酒が進物とされており、一五八五（天正十三）年にも南蛮甕の焼酒や琉球焼酎などが贈答されている。(34) さらに別の記録ではあるが、一五七七（万暦五）年の琉球からの島津家への納品目録には「唐焼酒一甕、老酒一甕、焼酒一甕」とある。(35) 唐焼酒と老酒はともに中国の酒であると思われ、ここにいう「焼酒」とは琉球の泡盛だったと考えられる。このようなことから考え合わせると、一五一八年の進物品には唐の焼酒などとともに、琉球の焼酎、すなわち泡盛が薩摩へもたらされていたと推察される。

薩摩の焼酎についての最初の記録はポルトガル人によって残されている。一五四六年に薩摩半島の山川港を訪れたポルトガル船の船長アルバレスは、ザビエルあての詳細な日本報告の中で、南薩摩に「飲み物として、米から造るオラーカ（米焼酎）」があることを記している。(36) これは日本本土では一番古い焼酎の見聞記録である。

また、一五五九年には鹿児島県大口市郡山八幡神社の棟木札に焼酎の記述が残されている。これは神社の社殿が改築された際、宮大工の両人が焼酎を振る舞ってくれなかった座主に不平を述べた落書きである。[37] この落書きは一般の職人が記した焼酎所望の実態であり、薩摩においては支配層のみならず、庶民層まで焼酎が知れ渡っていたことを示している。このように、十六世紀前半には薩摩で焼酎が造られ、一般にも普及していった状況が見て取れる。

日本の蒸留酒は琉球を経由して薩摩を経て日本へ広まったと推測される一方、肥後の球磨焼酎の起源については、さまざまな口伝が残されているが、十六世紀に朝鮮から伝わったともされている。ただし、球磨焼酎の朝鮮由来説については確証となる史料がまだ見出せないこと、球磨の地方史料に焼酎と書いて「あわもり」と振ってあるものがあること、また球磨焼酎は薩摩国からもたらされたとの見解もあったりして薩摩・琉球からの影響も指摘されている。[38]

いずれにしても、十六世紀には九州地方にも蒸留酒の製法が伝えられ、焼酎が製造され始めるのである。

琉球の銘酒・泡盛

さて、近世（一六〇九年以降）になると、泡盛は外交用にも重用され、対外的にも周知されるようになる。泡盛はすでに触れたように中国からの冊封使の接待に用いられた。

島津氏の琉球侵攻後は琉球使節が江戸に赴いた際には、泡盛は将軍をはじめ、御三家や幕府の要人へも進呈された。すでに述べたように当時の献上品の目録が残っていて、江戸上り（江戸立ち）初期（一六三四〜一六五三年）は「焼酎」や「焼酒」と表記されたが、一六七一年、琉球国の尚貞王から四代将軍徳川家綱への献上目録に初めて「泡盛酒」の名称が登場する。以後は「泡盛酒」や「あわもり酒」、なかには音訳と思われる「阿骨黙利酒」の名称がみられるものの、「泡盛酒」という表記が一般化していく。江戸時代初期は『本朝食鑑』（一六九七年）にみえる「肥薩の泡盛」の呼称のように、琉球の酒だけでなく、南九州で造られた焼酎も「泡盛」と呼ばれた。琉球の酒が「泡盛」「琉球酒」「焼酎」「焼酒」と様々に呼ばれていたものが、次第に人びとに認知され人気を博すなか、元禄年間（一六八八年～一七〇四年）以後はしだいに「泡盛」の名に定着し、焼酎との区別・差別化が明確になったと考えられる。

以上の経緯から察するに、「泡盛」の名称は、薩摩藩の関与は大きいものがあるにせよ、琉球国から対外的に移出・献上される際の外交用の名称として位置づけることができ、日本本土の通用語として定着していったものといえよう。

こうして、泡盛は琉球の名酒として徐々に日本に知れわたるようになる。江戸においては琉球の泡盛は上質で、薬効があるとされ、貴重品として人気があったことが諸記録にみえる。

離島における泡盛の統制

琉球王国時代の十八～十九世紀には王府は泡盛の製造をその統制下に置き管理していた。泡盛を造る酒屋は四〇戸（四八戸との説もある）が認められ、これらの酒屋は王府の役所を通して原料の米や粟を支給されていた。首里王府が泡盛製造を統制下に置こうとしたその実態はどのような状況だったのだろうか。

酒は庶民にとっては必要不可欠なもので、祭礼で用いられたり、お祝いの席に供される重要な飲み物であった。したがって、王府の思惑とは裏腹に、地方でも造られていた。例えば一七六八年頃の宮古では、焼酎（粟か）は広く造られており、酒は沖縄本島から運ばれてくる泡盛とともに、宮古で造られる焼酎が飲まれていた。

また、十八世紀末から十九世紀初めには、泡盛の密売や密造が各地で盛んにおこなわれていて、王府がひどく手を焼いていた。さらに、十九世紀前半の史料によると、沖縄本島周辺の久米島、慶良間諸島、宮古や八重山の島々などでも盛んに泡盛や焼酎が造られていた。このような状況に対し、十九世紀半ばには王府は政策の変更とも受け取れる指示を行なう。今後は宮古の五箇ムラでは五軒につき一軒、八重山や慶良間についてはムラごとに一軒の「酒屋」を置くという内容であった。この酒屋とは、現在のような商売を目的とした固定した酒屋ではなく、酒造のための道具一式をもつ家で、一〜二年で交替する仕組みであった。王府が酒屋を首里三箇のみに許可し、泡盛を御用酒として独占しようとした政策は時が経つにつれ、変更をせまられていったといえる。(39)

六、近代以降の泡盛産業の成立と発展

民間での酒造り

近代になり琉球王国が解体すると、王府による泡盛の統制はなくなる。琉球藩設置後の一八七五〜七六(明治八〜九)年からは、酒造の特許的な制度がゆるめられ、民間でも酒造りが行われるようになる。当時の米・麦・粟を原料とする焼酎(泡盛)の免許料が「二円」というの

は、王府時代に焼酎職が納めていた額を踏襲したものである。[40] つまり、免許料は変えられることなくそのまま受け継がれたことになる。この額は他県と比較すると、とても低額であった。理由は、当時の明治政府が沖縄県に対し、「旧慣温存」ということで、急激な近代化をひかえる政策をとっていたからでもある。

このような税の軽さもあいまって、酒屋はたちまち増えていき、市場は県内外に広がり、泡盛は沖縄県の主要な産業として発達していった。明治期の小学校地理教科書にも沖縄の特産の酒として泡盛が芭蕉布などとともに紹介されるようになる。

『沖縄県統計書』によると、一八九六（明治二九）年には県下の泡盛製造業者は二七二戸あった。沖縄本島の酒造業者は一一八戸、しかもその中の一一四戸は首里の酒屋であった。したがって、沖縄本島では首里の酒屋が圧倒的なシェアをもっていたことがわかる。沖縄本島の他の地域ではどうかというと、中城、北谷、読谷山、越来、具志川、与那城、勝連などの中部地域、ならびに名護、金武、久志、今帰仁、大宜味、国頭などの北部地域では甘藷焼酎の生産が主であった。醸造戸数は合計五八七六戸と途方もない数であり、その醸造高合計も約一〇六〇石と、泡盛の約二万石に遠く及ばない。自家消費的な

「市場の泡盛売り」（『沖縄風俗図会』明治 29 年より）〔沖縄県立博物館・美術館提供〕

「泡盛を運搬する馬引き」（『沖縄風俗図会』明治 29 年より）〔沖縄県立博物館・美術館提供〕

製造であったことがうかがえる。また、宮古では五八戸の製造者があったが、生産量は首里の酒屋の二〇分の一程度であり、販売目的というよりもこれも自家消費的な生産だったようで、この酒も甘藷を原料にした芋焼酎であった。地方の酒屋では似たような状況で、甘藷や黍（きび）、粟などを原料にした焼酎が造られ、米を原料にした泡盛は地域によりかなり限定され生産されていた。このように、沖縄本島では首里の酒屋が泡盛の生産のほとんどを占め、地方では芋・きびなどを原料とした焼酎が自家用として盛んに製造されていた。

一方、八重山では、稲作地域を背景に、一三六の泡盛製造者で二七〇石の醸造高であった。こ

【表 2】泡盛・焼酎の地区別生産高（1896：明治 29 年）

※醸造高の単位は石

区・間切	泡盛		甘藷焼酎	
	戸数	醸造高	戸数	醸造高
首里区	114	19,903	–	–
南風原間切	–	74	–	–
真和志間切	–	48	–	–
西原間切	1	192	–	–
宜野湾間切	2	–	115	11.50
中城間切	–	–	150	13.50
北谷間切	–	–	28	4.20
読谷山間切	–	–	120	18.00
越来間切	–	–	866	106.12
美里間切	–	–	–	–
具志川間切	–	–	1,057	106.70
与那城間切	–	–	35	7.00
勝連間切	–	–	15	150.00
名護間切	–	–	419	48.18
恩納間切	–	–	–	–
金武間切	–	–	712	143.70
久志間切	–	–	40	3.26
国頭間切	–	–	134	28.65
大宜味間切	–	–	458	57.16
羽地間切	1	31	780	187.35
今帰仁間切	–	–	1,727	363.72
本部間切	–	–	–	–
伊江島	–	–	636	300.00
仲里間切	18	35	–	–
具志川間切	–	–	213	55.00
平良間切	–	–	10	216.00
砂川間切	–	–	41	783.00
下地間切	–	–	1	9.00
多良間島	–	–	6	5.00
大浜間切	65	102	–	–
石垣間切	36	82	–	–
宮良間切	24	58	–	–
与那国島	11	28	–	–
伊平屋島	–	–	3	45
合計	272	20,533	7,566	2,617.49

『沖縄県統計書』明治 29 年版より作成

の業者数と製造高からみれば、同様に自家消費的な傾向をもつ酒屋であったことは明らかである。

県外への移出と酒税

さて、泡盛の生産は順調に伸び、業界は景気のよい状態が続き、県外への移出は一八九八（明治三一）年まで全体としては伸びをみせていた。しかし、泡盛に関連した「出港税」は法律の改正の度に重くなり、一八九六年と一八九八年の改正で、税額は各々約二倍近く引き上げられている。これは泡盛業界にとっては大きな負担であった。このような増税に憤慨した首里の酒造家たちは上京して、反対運動を展開するまでに至った。同時に一八九八年からは酒の自家醸造は禁止となった。このため、地方の農村や離島では共同の酒屋が生まれた。琉球王国時代にはムラ毎の酒屋が定められていたが、この伝統が生かされたと推定される。八重山諸島の離島では自家醸造が大正期まで認められ、自家消費的な酒造が行われた。

一九〇四（明治三七）年には酒税のかけ方がかわり、アルコールの度数により税額に差が設けられた。度数が高くなるにしたがい税の負担が重くなるしくみで、まさに泡盛ねらいうちの税の改正といえるものであった。泡盛業界にとっては大幅な増税になり、大きな打撃となったのである。当時の新聞をみると、県内に酒税改正に対する反対の世論がうずまいていたことがわかる。

出港税の相次ぐ増税により、一方で密輸が増加した。首里の泡盛酒は、那覇港や沖縄本島東海岸の港（与那原港・平安座港など）を通じて、国頭地方のみならず、与論島や徳之島・沖永良部島など、いわゆる「道の島」へ輸出されていた。那覇港以外の輸出酒類は正規の手続きを経たものはごくわずかだったといわれ、密移出の泡盛は年間数千石にものぼったという。(41) この明治三〇年代の酒税改正による大幅な増税は酒造業界にとって大きな打撃となった。その後、泡盛の移出は不振に陥り、酒造所数も激減していく。

泡盛業界にとって一つ救いだったのは、日露戦争（一九〇四―〇五）の関係で、泡盛は軍用品やアルコール原料として需要が多くあり、生産・移出量ともにピークを迎える。しかし、そのブームが去ると、泡盛業界は戦争の世紀を迎え厳しい「冬の時代」を歩むことになる。

戦後の泡盛製造

沖縄戦により人命も、遺産も多くのものが失われた。泡盛製造の中心地であった首里も大きな戦災を受け、工場や蒸留機などの施設・設備も破壊された。しかしながら、人々の生活にとって酒は欠くことはできないものである。戦後の復興は「ヤミ酒」で始まり、各地で酒の密造が盛んに行われた。アメリカ軍政府はこのような事態に対処するため、一九四六（昭和二一）年四月「酒類を製造し、民間に配給するよう」に指令を出した。県下に官営の五酒造廠が設立され、戦後の泡盛復興が始まった。(42)

戦後に泡盛を復興する際にネックとなったのが黒麹菌の入手であった。工場跡に埋もれていた酒造で用いるニクブク（藁性のむしろ）に付着していた黒麹菌を採集することを思いついた。ニクブクの繊維や藁の茎をもみほぐして、蒸米に落としてみると、二四時間後にはなんと黒色の黒麹が繁殖していたという。

これはよく語られる泡盛復興の有名な復活劇であるが、これは首里酒造廠（後の咲元酒造二代目）佐久本政良代表の話として紹介されている。いま一つ同氏の逸話がある。戦後に自分の家に帰ってきて、再び泡盛製造を始める時に種麹がなかったため、米を蒸して放置し、いろんなカビが生えた中で黒くなったところだけをまた次の蒸米に移し、これを繰り返して種麹を作ったという。(43)

このことは沖縄の自然界に他の麹菌とともに黒麹菌が数多く存在していることを示している。黒麹菌は沖縄の気候風土に適応しつつ共存している麹菌なのである。

このようにして泡盛製造のベースは整っていった。一九四九年には酒造の民営化が許可され、沖縄本島地区で七九名、宮古六三名、八重山四四名の免許交付があった。翌年には酒造組合連合会が結成され、以後、泡盛の生産はしだいに持ち直し、一九五二年からは県外への移出が急速な伸びをみせはじめる。日本復帰前の泡盛を取り巻く状況は割愛するが、様々な苦境を乗り越えながら、復帰の日を迎えた。

一九七二（昭和四七）年、沖縄が日本に復帰すると、復帰特別措置により酒税や原料米の負担は軽減され、国税事務所では鑑定官を配置し、泡盛の品質の向上に力をいれ、県工業試験場でも泡盛の研究が進んだ。一方、酒造業界では「沖縄県酒造協同組合」が設立され、原料米を共同で購入、泡盛の共同貯蔵や県外販売などの事業に成果をおさめるようになった。

【注】

(1) 早川純一郎（編）「駿府記」『史籍雑纂　第二』国書刊行会　一九一一年、五三六頁。
(2) 宮城栄昌「琉球王府の外交用泡盛」『南島文化 特集:泡盛の総合的研究』第四号 沖縄国際大学南島文化研究所 一九八二年、十一～十二頁。
(3) 原田禹雄訳注『徐葆光 中山伝信録』言叢社　一九八二年、三八三頁。
(4) 例えばベイジル・ホール著（春名徹訳）『朝鮮・琉球航海記』岩波書店　一九八六年、一三六・二五三頁、ならびに神田精輝著訳『ペルリ提督琉球訪問記』国書刊行会　一九九七年、九〇頁などを参照。
(5) 東恩納寛惇「泡盛雑考」『東恩納寛惇全集　第三巻』第一書房　一九七九年、三三〇～三三五頁。
(6) 西谷尚道「沖縄における泡盛の現状」『日本醸造協会誌』Vol. 66 No. 5 一九七一年、四四八頁。
(7) 戸部良凞「大島筆記」『日本庶民生活史料集成　第一巻　探検・紀行・地誌・南島篇』三一書房　一九七二年、三六四頁。
(8) 国分直一・恵良宏校注『南島雑話一　幕末奄美民俗誌　名越左源太』平凡社　一九八四年、一〇二頁。

(9)伊波普猷「沖縄考」『伊波普猷全集　第四巻』平凡社　一九七四年、三六一～三六五頁。
(10)曾槃他（編）『成形図説』巻十九　一八〇四年（文化元年）、九～一〇頁。国立国会図書館デジタルコクレションを参照した。
(11)田中愛穂『琉球泡盛ニ就イテ』（一九二四年）永田社 一九七八年復刻版、二五二頁。
(12)前掲書、東恩納寛惇「泡盛雑考」三三四頁。
(13)同上書、「泡盛雑考」三二五頁。
(14)豊川哲也「中世から近代における琉球・沖縄の酒について」『沖縄県工業技術センター研究報告』第二〇号　沖縄県工業技術センター二〇一七（平成二九）年度、七〇頁。
(15)東恩納寛惇「泡盛の話」『東恩納寛惇全集　第五巻』第一書房　一九七九年、三五八～三五九頁。
(16)菅間誠之助『焼酎のはなし』技報堂出版　一九八四年、一一八頁。
(17)坂口謹一郎「君知るや名酒泡盛」『古酒新酒』講談社　一九七四年、二二七頁。なお、坂口謹一郎は引き続く文章で「たまたまこれを見た薩州人がこれによってつけたかも知れない」とも記している。
(18)「李朝実録抄」『日本庶民生活史料集成　第二十七巻　三国交流史』三一書房　一九八一年、五八四～五八八頁。
(19)萩尾俊章著『宮古・八重山諸島における〈酒〉の歴史的変遷』『沖縄県立博物館紀要』第一七号 沖縄県立博物館 一九九一年、二一一～二一三頁。
(20)外間守善・波照間永吉 編著『定本　琉球国由来記』角川書店　一九九七年、九五～九六頁。
(21)平良市史編さん室「宮古島旧記類」『平良市史　第三巻資料編一』平良市役所　一九八一年、二九～一二七頁。
(22)沖縄県史料編集所「与世山親方宮古島規模帳」『沖縄県史料前近代一　首里王府仕置』沖縄県教育委員会 一九八一年、一一五～一一六頁。
(23)原田禹雄訳注『陳侃 使琉球録』榕樹社　一九九五年、四六・七四頁。
(24)那覇市史編集室「夏子陽　使琉球録」『那覇市史―冊封使関係資料―資料篇第一巻三』一九七七年、三九頁。
(25)那覇市史編集室「周煌　琉球国志略」『那覇市史―冊封使関係資料―資料篇第一巻三』一九七七年、二三八頁。
(26)財団法人沖縄県文化振興会公文書管理部史料編集室『歴代宝案　訳注本第二冊（第一集巻二三～四三）』沖縄県教育委員会一九九七年、三五四～三五九頁。巻三九―十二、十四、十六、十七の文書にみえる。また高良倉吉「王国時代の泡盛」『紺碧とともに沖縄県酒造協同組合一〇周年記念誌』沖縄県酒造協同組合　一九八八年、一二八～一三〇頁を参照。
(27)前掲書、『定本 琉球国由来記』九六頁。
(28)前掲書、東恩納寛惇「泡盛雑考」三三八～三四一頁。
(29)忍頂寺晃嗣「泡盛のルーツ探訪記」『地域と文化』第六、七合併号　南西印刷出版部（ひるぎ社）一九八一年、二～三頁。

(30) 浜田由紀雄「泡盛の由来を訪ねて」『日本醸造協会誌』八七巻八号　一九九二年、五七三～五七七頁。
(31) 萩尾俊章「西南中国の酒と泡盛をつなぐ道」『泡盛浪漫―アジアの酒ロードを行く』ボーダーインク　一九九六年、一二七～一三〇頁。
(32) 宮城昌保「民族調査にみる泡盛の道」『泡盛浪漫―アジアの酒ロードを行く』ボーダーインク　一九九六年、一五九～一六一頁。
(33) 坂口謹一郎「君知るや名酒泡盛」二〇二～二〇四頁。原田禹雄訳注『新井白石　南島志現代語訳』（榕樹社　一九九六年、一七九～一八〇頁）では「不須下水」を未詳とし、現在の作り方にならい、水の中に入れる、すなわち水を加えるとしている。
(34) 東京大学史料編纂所『大日本古記録　上井覚兼日記　上』岩波書店　一九五七年、一一二～一一七頁、東京大学史料編纂所『大日本古記録　上井覚兼日記　中』岩波書店　一九六〇年、二一九～二二三頁。なお、菅間誠之助『見なおされる第三の酒〝本格焼酎〟の徹底的研究』（朝日ソノラマ　一九七五年、七五頁）では史料にみえる「六〇年巳前」から一五七五年の六〇年前、一五一五年としているが、ここでは原史料に「永正十五年カ」とあることから一五一八年とした。
(35) 那覇市総務部市史編集室「琉球薩摩往復文書案」『那覇市史　資料篇第一巻の二』那覇市役所　一九七〇年、十九頁。
(36) 菅間誠之助『焼酎のはなし』技報堂出版　一九八四年、六九頁。
(37) 同上書、六九～七〇頁。
(38) 小川喜八郎・永山久春『本格焼酎・南九州の風土を味わう』鉱脈社　二〇〇二年、一七一～一七二頁。
(39) 仲地哲夫「幕末の泡盛事情」『地域と文化』第六・七合併号　南西印刷出版部　一九八一年、十七～二〇頁、ならびに高良倉吉「泡盛に関する史料探訪（その四）」『地域と文化』第九号　南西印刷出版部　一九八一年、十三～十六頁。
(40) 琉球政府『沖縄県史　第二一巻資料編十一　旧慣調査資料』琉球政府　一九六八年、二六二～二六三頁。
(41) 『旧慣資料調査』四五六～四五七頁、四六五～四七〇頁参照のこと。
(42) 大城将保「近現代の泡盛」『沖縄県酒造協同組合一〇周年記念誌　紺碧とともに』沖縄県酒造協同組合　一九八八年、一六六頁。
(43) 野白喜久雄「沖縄見聞記」『日本醸造協会誌』一九六〇年、三五五頁。

●コラム　王国時代からの酒の分類

『翁長親方八重山島規模帳』（咸豊七・一八六七年）には焼酎製造に関する条文が登場する。規模帳などにみられる酒の記述には、ほとんどが蒸留酒を「焼酎」として記しているのに対して、本史料には「泡盛」という酒の表記がみえ、さらに酒の種別化がなされている点が注目される。条文には「酒垂れ」のための賃米、すなわち酒を造るために酒屋に納める代料の米は泡盛一沸（＝一升）につき米五升、上酒は米三升、中酒は米弐升という規定であった。一沸は一升のことである。また、酒の売り渡しの後払いは泡盛一済（＝一升）につき米壱斗、上酒は米六升、中酒は米四升であった。かなり高価な代料であったといえる。

ここで注目されるのは酒の分類がなされている点である。つまり、「泡盛」「上酒」「中酒」の三種である。この類別基準は八重山の伝統的な酒造法による酒の取り方から弁別されたと推定される。

多良間島のスツウプナカで備えられた「中酒」

法政大学沖縄学研究所『羽地落穂集　旧羽地間切地方文書集成』（一九八七年）には、現在の名護市真喜屋の「のろ墓修甫料取立帳」（咸豊十一・一八六一年）が収録されている。その文書には、御五水（泡盛）として「中酒弐合」、三味物としての「中酒弐合」、仕事の人々への気付けや祝いの「上酒三沸」などの記述がみえ、沖縄本島でも泡盛に関係して「上酒」「中酒」など酒の類別があったことを明示している。

また、琉球王国時代の裁判所記録を口語訳で収録した『沖縄犯科帳』（比嘉春潮・崎浜秀明編訳　平凡社　一九六五年）には宮古島での殺傷事件（年月日不詳）に関連して、牛の頭は中酒一升で新里に売っている。また、同じ記事で葬儀料として遺族に中酒一升五合を買い、棺をつくって渡した内容がみえる。

多良間島のスツウプナカの祭事では様々な供物が準備して供えられるが、その中に米や芋の神酒、泡盛も登場する。泡盛には上酒と中酒があり、一升瓶で供えられる。上酒は三〇度の原酒のままのもの、中酒はそれを水割りしたものといわれるが、祭場によってはもともとは上酒は三〇度の原酒を五分の一の水で薄めたもの、中酒はそれを二分の一の水で薄めたものであるが、現在は上酒は二分の一の水で、中酒は三分の二の水で各々薄めたものとも説明される。いずれにしても多良間島のスツウプナカでは伝統的な酒の類別にしたがいつつ、上酒と中酒の泡盛が供えられる慣習を実見することができるのである。

第二章　泡盛の生産地と酒造所の変遷

一、泡盛の生産地・首里三箇

戦前の首里三箇風景（那覇市歴史博物館　提供）

首里三箇の泡盛酒造所

琉球王国時代、泡盛製造の中心地は首里三箇《さんか》と呼ばれる赤田、崎山、鳥堀のムラであった。瑞泉酒造の創立者である佐久本政敦による話として、首里地方の唄に「鳥堀、赤田、崎山、三村のにせた（若者たち）、すりーとーてい（集まって）、酒（サキ）垂りばなし（酒造り話）、麹出来らしよ、元かんじゆん（麹をうまくつくれよ、元も子もなくなるぞ）。」という唄が紹介されている。[1] 泡盛の醸造地ならではの酒造りの要点を示した唄といえるだろう。

王府の統制化にあった泡盛造りは沖縄本島の首里三箇に限られていたが、それは、王府のすぐ近くで監督しやすかったことの他には、酒造りに必要な水が豊富にあったことが理由としてあげられる。首里城の北側に位置することから、「ニシカタ（北方）」と呼ばれた。ここは高台でありながら、盆地となっており、水が豊富で、豊かな水田が広がる田園地帯であった。現在でこそ首里の三箇一帯は住宅が密集し、その面影を伝えるものは少ないが、わずかに各地に残る湧泉は水が豊富であったことを伝えている。

王府では往昔から酒造の権利を有してきた酒屋三〇人を本職といい、後に重職（カサミ）と称される一〇人を追加して許可した。この四〇人が焼酎職であったという。ただし、東恩納寛惇の「泡盛の話」には、「焼酎職という職別があって三箇の業者四八軒にこれを命じ、焼酎職四八職と唱え」とあり、焼酎職の詳細については不明なところがある。(2)

現在の首里三箇付近

王府の役所―賦方と銭蔵―

王府の役所の中には、泡盛の製造と関係が深いものに、賦方《ぶほう》と銭蔵《ぜにぐら》（方言ではジングラ）があった。賦方は首里三箇のみに泡盛の生産を管理する役所で、銭蔵は王府御用の泡盛の出納を担当する役所である。酒ができると役所に届けさせ、検分してから銭蔵に保管したといい、また、「垂鍋甑《たれなべこしき》」と称された蒸留器は下賜されたもので、蒸留が終われば検分の上銭蔵で保管されたという。(3)

銭蔵は首里城内にあった王府行政機関の一つで、各種の官銭の収入及び差し引き計算を行うとともに、御用酒の出納を司った。なぜ銭蔵がお金とともに、御用酒を扱うのであろうか。「銭」と酒の関係は次のようである。沖縄の古謡を編纂した『おもろさうし』（十六世紀）には、「ぜに」、「ぜん」、「ぜの」という言葉がみえるが、実はこれは酒を意味する言葉であった。首里城には、一番下の層に酒蔵があり、そこに酒を貯蔵していたが、この蔵を「ぜにぐら」と呼んでいた。(4) 後には「銭蔵」という字をあてて、お金の蔵のように受け取られるが、本来は酒蔵であった。喜界島では〝ジングラ〟といえば泡盛を指すようで、この「ぜにぐら」の名残といわれている。(5)

先に示した酒屋は王府の役所（銭蔵）を通して原料の米や粟を支給されていた。三俵（九斗）に対して四斗の割合で御用酒を上納した。実際には四斗五升から四斗八升の泡盛ができて、酒屋は上納した分を差し引いて、残りを市販し、売上金の一部をさらに上納する仕組みであった。

酒屋と酒粕と豚

戦前、泡盛の酒造所である酒屋と養豚業はセットであった。意外に思われるかも知れないが、首里三箇の酒屋でも泡盛造りとともに養豚業も営んでいた。理由は泡盛造りの工程で出てくカシゼー（酒粕。泡盛のしぼりかす）の有効利用のためである。通常カシゼーはその後の泡盛造りでは必要とされず、廃棄されるものであった。しかしながら、このカシゼーは栄養価に富んでおり、豚の飼料としては最適のものであった。そのため首里の酒屋の中には養豚業を営むところも多く、またその豚の肥溜めを利用して畑作も行っていたという伝承はよく聞くことができる。

首里赤田町の酒屋の様子をみておこう。(6) 首里赤田町で生まれ育った玉那覇文は祖母や周りの年配者の語りをいろいろ聞いて育った。玉那覇文によれば、赤田、崎山、鳥小堀の町には琉球特産の泡盛酒造りの酒屋が石垣の塀を巡らし、石門の屋敷で妍《けん》を競うように大きな家屋が建ち並び、男女の使用人の出入りも賑やかだった。これらの三ヵ町（首里三箇のこと）は泉水が豊富で、その井泉の有無が酒屋の運命を決めたという。泡盛酒造の屋敷は先ず石門を入ると、石畳が敷き詰められて、馬車が酒造工場の入口まで横付けできる仕組みになっている。さらに酒の麹室からそのまた奥の豚舎へと石畳は続く。

玉那覇家の一族にも酒造家が多かったという。泡酒造業の空き時間に、肥えタンゴを六尺棒で担いで町外れの畑へ耕作に行き、芋、砂糖キビ、豆類、野菜等を栽培する。その作物が男女日雇い等の食物となり、豚の飼料となり、また、豚の糞尿が畑の肥料となるのである。琉球の豚は黒毛で、よく食べ、よく寝て、一度に六、七匹の子を産むが、その飼料はクズ芋と茎葉、豆腐カス（おから）にカシゼーを混ぜたものである。酒粕も液体で、酒分も少々残っているから、琉球の黒豚は贅沢だったという。豚舎も石造りで、水を流せば下方へ流れて大きな溜まりへ集まる。それを肥え桶で畑へ持って行き、作物の肥料にする。玉那覇文は泡盛酒造家の農業と養豚業の多角経営は無駄が無く、うまく循環していたと述懐している。

このような泡盛製造と養豚業とのかかわりは戦前の新聞でも確認することができる。大正期になるが、『琉球新報』一九一六（大正五）年五月一九日付には「酒造販売業　泡盛醸造　種豚販売那覇区垣花町一丁目　◇新名醸造店」という広告が掲載されている。類似の広告が同紙同年五月二七日にも掲載されている。また、八重山の『海南時報』一九三七年（昭和一二）年七月二日には、石垣の玉那覇酒屋が「種子豚分譲　バークシャ種牝」との広告を出しており、酒屋が種豚を販売していたことを知ることができる（第五章「四、近代沖縄における酒類広告と泡盛」参照）。

首里に豚買いに

また、各地の民俗伝承でもこれと関連する話があるので、事例をいくつか挙げておきたい。戦前、沖縄市の知花では豚を飼うときは歩いて首里に行った。道々「ウヮーコーヤビラ（豚を買います）」といいつつ歩くと、家から出て来て声を掛けるので、その家の豚を見てみるというやり方である。字崎山で買った時の様子である。(7)

中城村の話では、豚は首里の酒屋から四～五人で購入することが多かった。各農家では一頭ずつ飼育され、十二月になると親戚の人が助けあってウヮークルシー（豚殺し）をした。脂類は一カ年分の脂としてアンダガーミー（脂甕）に貯蔵され、肉その他は、お正月用また節句用として、スーチカー（塩漬け）として保存した。それから取り出して、塩抜きをして肉を食べた。この日は普段より肉が沢山食べられるので一年中で何より楽しみであった。豚を一頭飼うことができない農家は、二〜三戸で集まって一頭をつぶし分けあった。(8)

このように泡盛を蒸留した際に出るカシゼーを利用する豚の飼育は一九六〇（昭和三五）年頃には市街地では禁止されていて、郊外の酒造所でないと見ることができないと報告されている。(9)その後、地方においても徐々に酒造所での豚の飼育も姿を消していったと思われる。

二、宮古・八重山の新聞広告と酒造所

戦前宮古の状況

宮古と八重山については新聞資料等も活用しながら近代の酒造所の変遷をみておきたい。

戦前に　沖縄本島で発行された新聞には珍しいことに宮古関連の広告が一部見いだせる。『沖縄朝日新聞』一九二五（大正十四）年三月一〇日には「琉球泡盛醸造販売　醸造元　首里市赤田町一ノ二八　琉球泡盛酒造組合後／販売元　那覇市西本町二ノ一　糖商組合隣　宮城能宏商店／

支店　宮古郡平良町西里四六　主任　照屋孚次郎　與那嶺眞朗」との広告がある。この宮城商店は首里市赤田で泡盛を製造するとともに、泡盛製品を販売していた。ここで注目されるのは宮古にも支店を開設していた点である。

また、『沖縄朝日新聞』一九二七（昭和二）年九月二〇日には泡盛醸造販売業である野村酒類醸造場の広告がみえる。同年十月十三日、十一月十一日、十二月二日にも同様の広告が掲載されている。沖縄本島の新聞に宮古の酒造業者の広告が掲載されること自体が珍しく、経営者の営業展開の方針にかかわることだろうか。

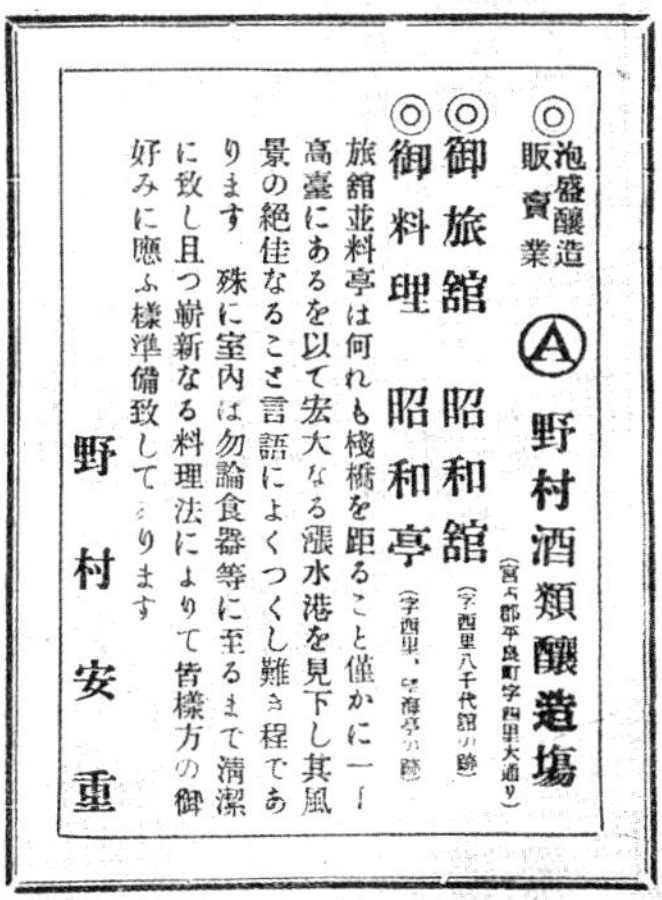
◎泡盛醸造販賣業
Ⓐ 野村酒類醸造場
(宮古郡平良町字西里大通り)
◎御旅館 昭和館
(字西里八千代館の跡)
◎御料理 昭和亭
旅館並料亭は何れも棧橋を距ること僅かに一丁高臺にあるを以て宏大なる漲水港を見下し其風景の絶佳なること言語によくつくし難き程であります　殊に室内は勿論食器等に至るまで清潔に致し且つ嶄新なる料理法によりて皆様方の御好みに應ふ樣準備致しております
野村安重
野村酒類醸造場広告（『沖縄朝日新聞』1927 年）＊1

宮古において泡盛製造はいつから始まったのだろうか。宮古の近代期における酒造りの概況は『沖縄県統計書』でおおよそかいま見ることができる。明治二三・二五・二六年の酒類の製造は「焼酎」としてまとめられている【表3】。それで見ると、宮古の焼酎生産は一八九〇（明治二三）年が一〇五三石、一八九二（明治二五）年が一四七六石、一八九三（明治二六）年が一八九四石となっていて、生産高は首里に次いで第二位の多さである。この焼酎が何を原料としたものか不明であるが、その後の統計資料からすると、甘蔗もしくは黍が原料ということが推定できる。一八九四（明治二七）年以降は酒の分類が泡盛、甘藷（芋）焼酎、黍焼酎などにその都度細分類されたりしているので、少しは細目が把握しやすくはなっているが、時に不自然な記載も見受けられる。一八九四（明治二七）年、宮古における芋焼酎の生産高は一八七一石で、久米島の具志川間切の九九五〇に次いで第二位である。その後は一八九五（明治二八）年には一九五八石、一八九六（明治二九）年には一〇一三石で具志川間切を抜いて第一位となっている。宮古

【表3】宮古の酒類生産高（1890〜1910年）

	戸数	焼酎（石）	泡盛（石）	備　考
明治23年	50	1,053	—	
明治24年	—	—	—	※宮古郡の内訳不詳
明治25年	63	1,476	—	
明治26年	101	1.894	—	
明治27年	—	1,871	—	甘薯焼酎
明治28年	64	1,958	—	甘薯焼酎（多良間島含む）
明治29年	58	1,013	—	甘薯焼酎（多良間島含む）
明治30年	—	—	—	※宮古郡の内訳不詳
明治31年	16	17	—	甘薯焼酎
明治32年	—	—	—	※宮古郡の内訳不詳
明治33年	182	21,177	—	
明治34年	144	2,285	—	黍焼酎
明治35年	145	—	410	
明治36年	383	—	1,003	
明治37年	9	—	55	
明治38年	10	94	—	芋焼酎
明治39年	10	334	—	芋焼酎
明治40年	6	316	—	芋焼酎
明治43年	6	332	—	

地区では砂川間切が芋焼酎生産高の八割前後を占め、ぬきんでていた。一八九七（明治三〇）年は宮古の生産は不詳で、一八九八（明治三一）年は一六戸で、一七石のみを生産しているものの、続く一八九九（明治三二）年は宮古の生産は不明。そして一九〇〇（明治三三）年は米焼酎とは別項目に単に「焼酎」と記され、なんと一八二戸で二万一一七七石生産したとされる。突出した生産量であるが、これもおそらくは芋焼酎のことと想定される。

ところが、翌年一九〇一（明治三四）年には黍焼酎が一四四戸で二二八五石生産となっている。さらに続く明治三五〜三七年の三年間には焼酎製造が姿を消して、なぜか泡盛だけが生産されている。泡盛生産高は一九〇二（明治三五）年には四一〇石、一九〇三（明治三六）年には一〇〇三石、一九〇四（明治三七）年には五五石である。しかし翌一九〇五（明治三八）年には泡盛醸造はなくなり、再び芋焼酎が生産され、一九一一（明治四四）年まで芋焼酎生産が減少しながらも続いている。これら三年間の泡盛醸造が統計上の誤記なのか、別の事情によるものなのか判断する材料が足りない。

このことについて、砂川玄正（当時、平良市総合博物館学芸員）は一九〇二（明治三五）年が「土地整理」事業の最終年で、翌一九〇三（明治三六）年一月一日には長年続いた人頭税が廃止されたことから、宮古の人々がこの記念すべき日を控え持てる米や粟を供出し、それまで欲しくても飲めなかった泡盛を醸造し、人頭税廃止を祝ったのではないかと推察した。もう一つの理由としては人頭税廃止により貴重な粟が納税の対象外となるため、その価値が減少することになるので、上納のために貯えおいた粟を米に換えて、大半を泡盛醸造にあてたのではないかという。[10] 興味深い考え方であるが、自家消費が多かったとはいえ、それまで芋焼酎を生産していた人々が一転泡盛にすべて生産を切り替えて醸造できたのだろうかという疑問が湧く。原材料が変わることにより、麹菌や醪の製造過程のすべてが大きく異なってくることを考え合わせると、醸造技術の側面からは少なからず無理があるように思える。この『沖縄県統計書』にはこのような問題点を含んでいるため、ここでは宮古での焼酎は基本的には芋がベースであったことを指摘するにとどめておきたい。

宮古において、一九一二（明治四五）年は泡盛や焼酎の生産記録は消えるが、一九一三（大正二）年には一戸が四五一石の泡盛を生産しているが、翌年にはこの泡盛製造が統計からはなくなっている。そして以降一九二一（大正一〇）年までは統計資料に記載がないために、酒類が生産については不明である。したがって、明治三〇年代から大正一〇年ころまでの時代、宮古において泡盛が生産されたことはあったが、その実態はあまり明らかではないというのが実状である。

宮古の泡盛酒造所

さて、宮古の泡盛酒造場は、一九二四（大正十三）年に旧平良町（現、宮古島市）西里に創業した野村酒類醸造場が明確に酒屋名称を確認できるものとしては嚆矢である。[11] 宮古において近代的な泡盛の製造販売が本格的に始められたといえる。創業者の野村安重は首里の生まれで、最初は首里の酒屋一〇軒の帳簿をつける事務仕事をしていた。後に、鳥堀の酒屋に見込まれて同家の娘を嫁にもらった。本人は宮古に泡盛がないと聞いて、明治の終わり頃から五斗入れの壺に酒を詰めて伝馬船で宮古に運びはじめた。宮古で酒がよく売れるので、平良で酒屋を始めるようになったという。一九〇九（明治四二）年十二月五日付の『沖縄毎日新聞』には、宮古の輸入品中で最も多額なのは泡盛との記事が掲載されていることは証左となる。野村酒類醸造場は工場用水も地下水を水車で汲み上げ、導水管を工夫するなど酒造業の近代化を図ったとされる。その後、酒造場が新たに開設されるなか、販路は業者間の調整で、下地・池間・多良間・平良の一部を市場としたという。[12]

野村酒類醸造場の後、昭和初期までに六酒造所が誕生した。平良町下里に平良酒造所（平良屋真　昭和二年）、平良町西里には中尾酒造場（中尾平八郎　昭和三年）、下地酒造場（下地盛寿　昭和三年）、糸数酒造所（糸数加味　昭和初期）、砂川酒造場（砂川玄良　昭和初期）、㊂酒造場（宮里三郎　昭和初期）が設立された。これらのうち中尾酒造場は、和歌山県出身の寄留商人・中尾平八郎が創業した酒屋で、大正四年頃に那覇東町で中尾商店を開き、主にお茶や黒糖を扱い、その後海産物店を経営していたという。大正八年に宮古に移住して、材木店を設立し、昭和三年に㊁の商号で酒屋を始めたという経緯をもつ。この中尾酒造場は戦後、一九六五（昭和四〇）年に社名を変更し、菊之露酒造となっている。[13]

このように近代における宮古の酒造りは沖縄本島や県外から来た人たちの手も加わりながら本格的に始められた。地元の酒造りが盛んになる前は、〝シュリザケ〟（首里酒）を野村（野村酒造場）と中尾（中尾酒造場）が造って売りだしたとも言われる。「シュリザケ（首里酒）」とは本島から持ち込まれたり、最初に宮古で造られた泡盛のことで、当初は地元で造られた酒と明確に区別していたようである。既述の宮城商店が宮古に敢えて支店を設けたのは、このような宮古での泡盛事情があったと推察される。

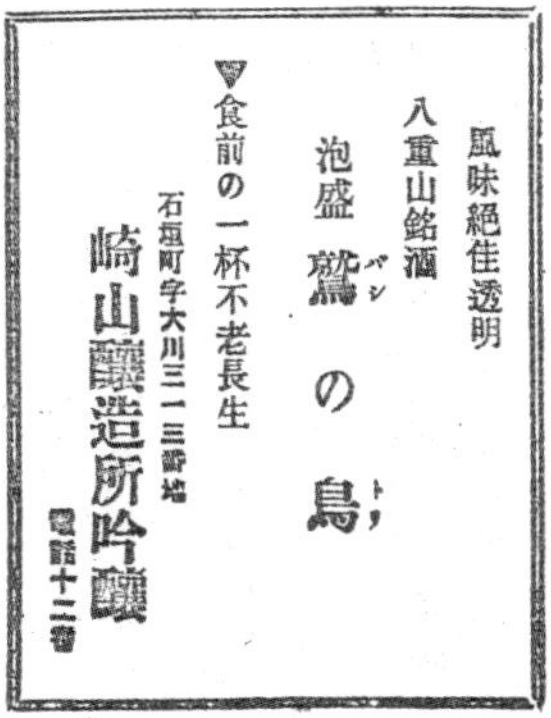

八重山の新聞に掲載された泡盛銘柄
（『海南時報』1937年）

八重山の状況

八重山地域の地元新聞の泡盛広告を見ると、興味深い事実が浮かび上がってくる。一九九一（平成三）年、石垣市立八重山博物館の内原節子学芸員（当時在職）の協力で資料提供を頂いたもので、大正時代から昭和一〇年代の八重山の新聞広告を通覧すると、どうも一九三七（昭和十二）年頃から地元の酒造所が自社の銘柄を命名して販売をはじめている動向がみてとれる。

大正期から昭和九年頃の新聞広告には単に「泡盛製造　浦添酒屋」とか「泡盛醸造所　屋比久酒屋」としか表記されていないものが、昭和十二年の広告には「玉の露泡盛製造元　玉那覇有和」とか「泡盛鷲の鳥　崎山醸造所吟醸」というように、「玉の露」や「鷲の鳥」など戦後から現代に続く銘柄を表記した広告が登場してくる。したがって、八重山地域における泡盛銘柄を表記した新聞紙上での販売取り組みは昭和一〇年代からスタートしていたと考えてよいだろう。

一八九〇（明治二三）年の『沖縄県統計書』によると、八重山では当時一五四の焼酎製造者がいて、一六三石の醸造高であった。この業者数と製造高からみれば、販売目的というよりも、やはり自家消費的な傾向をもつ酒屋であったことは明らかである。一八九四（明治二七）年には、八重山の泡盛製造業者は石垣間切三五、大浜間切六二、宮良間切二四、与那国島十一の合計一三二戸で、製造高は二四〇石であった。その一方で、「甘藷焼酎」も生産されていた。製造戸数は不明であるが、製造高は約一〇六石程度あった。

明治三〇年代になると、各地方にも商人が進出し、首里の泡盛を売る店が増えていく。石垣島でも酒を販売する店がでてくる。酒の販売は量り売りであった。

明治から昭和期（戦前）までに開業した商店で、酒類を扱っていた店には以下のような商店がある。亀谷家は、一九〇一（明治三四）年に、沖縄本島の首里から来た寄留商人である。字新川には宜野座雑貨商が一九三〇（昭和五）年に開業した。米、酒、タバコ、大豆、線香、醤油、石油、塩などの日用品を売った。酒は泡盛で、玉那覇酒造のものを販売した。浜崎商店、田島商店、石垣呉服店などは日用雑貨品とともに酒類の販売をおこなった。島袋商店は日用雑貨品のほか、沖縄本島の首里製の泡盛の卸売りもしていたという。字白保や字平得でも酒の量り売りがおこなわれていた。字宮良では明治の終わり頃から、有銘という人が酒を販売していた。石垣の四ヵ字では、サキ（酒）はマチィヤ（店）か酒屋へ瓶を持って行き、一合、二合と計り買いをした。字白保などでは米や卵を持って行って、酒と交換することもあったという。

一方、泡盛の公的な製造業者数はしだいに減少していく。一八九八（明治三一）年には一〇一戸となり、一九〇三（明治三六）年には十三戸に激減し、一九〇七（明治四〇）年には四戸にまでなっている。この大きな原因は自家用酒の醸造禁止の措置があった。その後酒造業はこの四戸に定着し、認可酒屋としての地位を確立していったようである。しかし、四戸の泡盛酒造所の醸造高は九七〇石で、販売される酒だけで八重山郡の需要を満たせたのかというとそうではない。『新八重山』（一九五〇年）によると、一九〇六（明治三九）年当時においても、交通の不便な与那国島や竹富村に含まれる離島では石数を制限した上で自家用の酒醸造が認められていた。酒造場の数は黒島二、西表一、波照間一、与那国一の合計五ヵ所で、その造石高は年間一六五石余りであった。したがって、自家消費用の酒製造を除けば、八重山全体で九ヵ所の醸造場があったことになる。実際には、自家消費にあてる多くの酒造家がいたことは、一九二二（大正十一年）の統計でも、泡盛製造戸数四戸以外に、八三八戸の自家消費の製造業者が記載されている点に示される。それらの製造高は合計七五石であり、まさに自家消費分のみの製造であった。

また、一九二〇（大正九）年度の泡盛の造石高は約七〇〇石であるが、やはり八重山の需要を満たすだけの量はなく、沖縄本島からも多くの泡盛が移入されている。一九一九（大正八）年度の泡盛の移入高が一三三五石であるところからすれば、全体の三分の一程度の自給量であった。その後、地元の酒屋の生産量が伸びたことも手伝って、移入高は漸減し一九二八（昭和三）年度には七三一石にまで減少している。

戦前の石垣の酒造所

一九二〇（大正九）年の『先島新聞』には、「本郡酒造家の大名誉」と題して、九州沖縄の酒類品評会で泡盛を出品して各賞を受賞したことがみえる。受賞者には玉那覇蒲、屋比久松、浦添為良、新垣清亮の四名の酒造家があげられている。これらの酒造家はいずれも石垣島の酒造場であり、工場形式の酒屋として従来に比して格段に多くの生産高をあげていく。字大川の新垣酒屋は八重山で泡盛の製造販売をする最初の酒屋であり、明治時代年頃の創業という。同じく字大川の浦添酒屋は泡盛の製造販売をした地元出身最初の酒屋である。

また、玉那覇酒造は明治末期から大正初期の創業といわれる。初代の玉那覇有和は首里から酒造りのために来島した。当時は、新垣酒屋があるのみで、他に酒屋はなかった。有和は次男でヤーワカイ（家分かれ＝分家）であった。当地での酒造業が成功したので、本家の玉那覇を呼び寄せた。父玉那覇加眞（蒲）が其の人であった。父は那覇の泉崎で酒屋を営んでいた。したがって、石垣には石垣工場の玉那覇と登野城工場の玉那覇という二つの玉那覇酒屋ができた。前者をイールヌタンナファ（西の玉那覇）、後者をアールヌタンナファ（東の玉那覇）と呼んで区別していた。このことは『八重山新報』一九二三（大正十二）年十二月十一日の広告に「㊤玉那覇醸造所　石垣

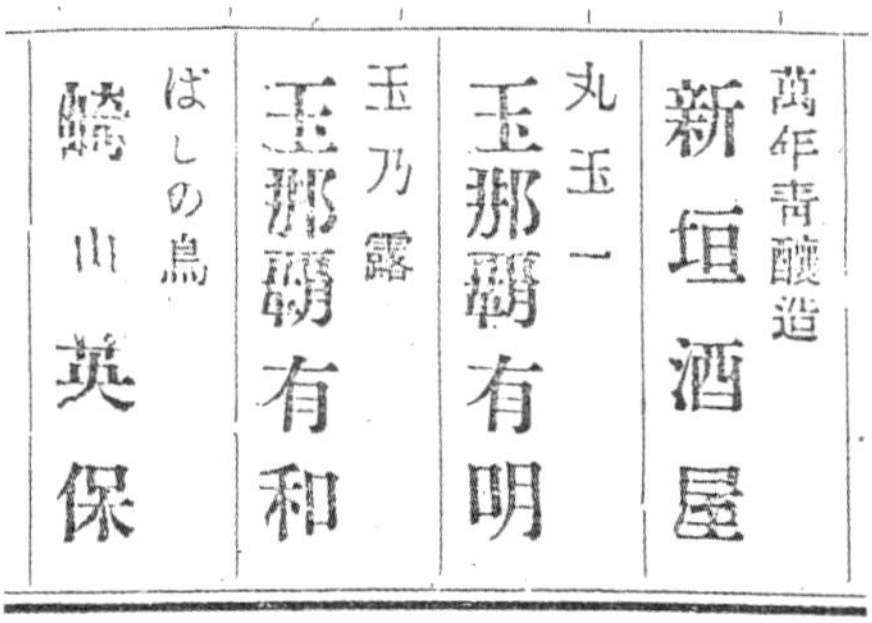

八重山の新聞に掲載された泡盛銘柄
（『先島朝日新聞』1939年4月29日）

工場　登野城工場」とあり、新たに登野城工場を設けたことがみえる。この広告の中には「在来の首里製と製造方法貯蔵期間其他に大改良を加えた丸玉製」と謳っており、石垣の地元ならでは製法にこだわっていたこともみてとれ、離島の客には伝馬船まで積出したり、焼酎券や福引券を発行するなど工夫をこらした営業が見てとれる。

一九三五（昭和一〇）年前後には「玉の露」という銘柄が祖父の有和によって命名されたが、土地の人々は一般にアラカキヌサキ（新垣の酒）、タンナファヌサキ（玉那覇の酒）などと呼び慣わしていた。このあたりのことも新聞広告から読み取れる。『先島朝日新聞』一九三七（昭和十二）年一月一日には「丸玉一泡盛醸造元　玉那覇本家　玉那覇有明」と「玉の露泡盛醸造元　玉那覇有和」という二つの広告がみえ、それぞれ「丸玉一」と「玉の露」という銘柄を附与していたことが判明する。『海南新聞』同年七月十一日には崎山酒造所の広告があり、これまた「風味絶佳透明　八重山銘酒　泡盛　鷲の鳥」との銘柄がお目見えしていることも確認できる。ただし、銘柄の表記にはまだぶれがみられ、「ばしの鳥」（『先島朝日新聞』一九三九年四月二九日）、「ワシの鳥」（『先島朝日新聞』一九三九年十一月十五日）のように、方言と標準語の表記の間でゆれていた。一九三九（昭和十四）年頃は新垣、浦添、西の玉那覇、東の玉那覇の四つの酒屋があるのみで、毎月持ち回りで月例会を開いたり、忘年会を共同で行なうなどその繋がりは強固なものがあったという。(14)

与那国島の酒造所

与那国島では戦前酒造りをしているところは祖納に一〇軒ちかくはあったという。一八九五（明治二八）年の『沖縄県統計書』には泡盛製造業者は十一戸の数字がみえる。小型の蒸留釜を持ち、できた泡盛は自家用にあてたり売ったりしていたと伝えられる。一九二五（大正十四）年になると離島においても自家用の酒造りが禁止された。『八重山新報』の同年十月二一日付の記事では、従来、与那国村は西表、黒島、波照間と同様に自家用酒の醸造が許されていたが、今後醸造を禁止することになり、税務署員が出張し、蒸留器を役場に集め、否応なしに壊したので、署長の専断を憤慨している者が多いことを報道している。その後は酒屋としては祖納に久部良酒屋、池間家の酒屋、久部良に仲里酒屋、長浜、久部良家の酒屋があったといわれる。

『海南新聞』一九三六（昭和十一）年八月二〇日には「久部良加禰　与那国小学校前」との名前で、与那国焼酎一手販売元との広告がみえる。酒屋の名称ではなく、「久部良加禰」個人の名前であるが、米の焼酎すなわち泡盛を販売していた。

与那国島の入波平酒造所

久部良酒造所は一九二七（昭和二）年に十七人の共同で設立されたようである。比川部落に酒屋があったかどうかはわからないという。戦後になると久部良・比川部落に酒屋はなかった。入波平酒造所は一九五七（昭和三二）年頃に、入波平信保（代表）、入波平信三、金城信浩、我那覇尚各氏の四名が申請し免許を取得して新設された酒造所で、その後現在の「国泉泡盛」へと名称が変わる。

一九六二（昭和三七）年の組合員名簿では、久部良酒造所、長浜酒造所、入波平酒造所の三酒造所であった。長浜酒造所はその後廃業した。久部良酒造所は久元泡盛合名会社となり、一九七二年の復帰の頃に現在の「崎元酒造所」として引き継がれた。代表銘柄が「舞富名（まいふな）」である現在の「入波平酒造」は、一九八八（昭和六三）年に「国泉泡盛」から独立して設立された。

三、戦後首里から地方へ

今はなき泡盛酒造所

沖縄県酒造組合連合会が所有する一九六二（昭和三七）年の酒造組合名簿・商標一覧によると、当時は全部で一〇六箇所の酒造所があった。二〇二二（令和四）年現在は四七の酒造所を数えるのみとなり、五九の酒造所がなくなった勘定になる。

これらを見ると、昔懐かしい酒造所や銘柄を想い出す方も多いと思われる。以下では泡盛酒造所の変遷について、いくつかの地域を事例としながら紹介しておきたい。元となる資料は沖縄県酒造組合ホームページの「泡盛百科」の各酒造所紹介ならびに、各酒造所のＨＰホームページ、泡盛関係出版物の酒造所紹介記事などを参考としつつ、著者の酒造所への聞き取り調査なども加えて記述した。

一九六二（昭和三七）年の酒造組合名簿【表４】を見て現在と違うのは、北部の国頭村や宜野座村にも酒造所があったことである（ここではそのまま旧市町村名で表記）。中部では具志川村に当時四つの酒造所があり、嘉手納・美里村・与那城村・勝連村他にも泡盛酒造所が存在した。南部では与那原町や具志頭村にもあったことがわかる。また、宮古や八重山地域においても多くの酒造所があって、それぞれ地元の酒の需要を満たしていたことが理解できる。

泡盛の酒造免許は新たに取得するのは法的な制約があってとても難しいとされているため、タイミングがあえば酒造免許が第三者へと引き継がれることもある。大宜味村の大城酒造所は一九七五（昭和五〇）年前後に廃業するが、泡盛の酒造免許は名護市許田のヘリオス酒造所（一九六一年の創業）が譲り受けたといわれる。(15)

読谷村には戦前三ヵ所の酒造場があった。一つは六ヵ部落共同の酒造場で、高志保、宇座、長浜、儀間、渡慶次、瀬名波の六部落の有志が経営に参画していた。「読谷南部酒造所」と呼んでいたようで、この共同の酒屋はその後、高志保部落の有志が六〜七名で所有する「高志保酒造所」になる。戦後は一九四八（昭和二三）年には民営移管の南部酒造組合として創業し、一九五三年に改名、出資者の一人であった現在の比嘉酒造に引き継がれた。戦後、高志保・波平部落の天久源吉の酒屋及び大木部落にも酒屋があったが、いずれの酒造場も営業期間は長くなかったという。(16)

首里の酒造所から地方へ

首里は古くからの泡盛の伝統的醸造地で、戦前は一〇〇余の酒造場を数えた。しかし現在（二〇二二年四月現在）、いわゆる首里三箇には瑞泉酒造（首里崎山在。一八八七・明治二〇年創業）と識名酒造（首里赤田在。一九一八・七年創業）の二社のみが酒造業を営んでいる。二〇二〇年までには咲元酒造（首里鳥堀町在。一九〇二・明治三五年創業）も首里にあったが、第六章で後述するように現在は恩納村に移転して泡盛を製造している。戦前、泡盛のメッカであった首里と考え合わせると隔世の感がある。戦前ならびに戦後の復興後に廃業した酒屋がある。また他地区の酒造所の中には、もとは首里三箇の酒屋に系譜を持つという酒造所がある。また首里は城下町としての性格上、同地での工場の拡大や展開は厳しいため、広い工場敷地を求めて郊外や他市町村へ移転した酒造所もある。

新里酒造は現在、沖縄市古謝に所在するが、元々は一八四六（弘化三・道光二六）年に首里赤田

【表4】1962（昭和37）年　酒造組合名簿・商標一覧

番号	名　　称	商　　標	所　在　地
1	合資会社新里酒造所	芳春	那覇市壺屋町
2	新栄酒造所	新栄	与那原町字与那原
3	合資会社安謝酒造所	㊒福	那覇市安謝
4	赤嶺酒造所	金恒	豊見城村字金良
5	琉球醱酵工業株式会社	浜千鳥 / 玉竜	那覇市首里寒川町
6	合資会社石川酒造所	玉友	那覇市首里寒川町
7	合資会社竜泉酒造所	竜泉	那覇市字大道
8	上原酒造所	新泉	糸満町字座波
9	糸満酒造所	白富士	糸満町字座波
10	マルゲン酒造合資会社	(元)　泡盛	那覇市壺屋町
11	大城酒造所	忠孝	豊見城村字名嘉地
12	琉球酒造株式会社	新世紀 / ゴールデンウイスキー	那覇市字繁多川
13	神谷酒造所	南光	東風平村字伊覇
14	合資会社神村酒造所	神村	那覇市松川
15	ミナト酒造所	宝泉 / 千鳥	那覇市小禄森口原
16	喜屋武幸誠酒造所	マルコ　(幸)	那覇市首里鳥堀町
17	合資会社南部酒造所	福の泉	具志頭村字新城
18	金城酒造所	南風	南風原村字喜屋武
19	咲元酒造合資会社	咲元	那覇市首里鳥堀町
20	合資会社瑞泉酒造工場	瑞泉	那覇市首里崎山町
21	丸平酒造所	純泡盛	糸満町
22	合資会社南陽造酒	竜宮	那覇市小禄
23	城間酒造場	守礼の華	那覇市首里崎山町
24	識名酒造場	時雨	那覇市字大道
25	合資会社新里酒造所	ヿ　琉球 / 朝日	那覇市牧志町
26	合資会社謝花酒造所	琉球泡盛 / 白菊	那覇市字安里
27	沖縄酒類醸造株式会社	瑞穂	那覇市首里末吉町
28	合資会社仲里酒造工場	久米仙	久米島仲里村宇栄城
29	久米仙酒造株式会社	久米仙	那覇市字大道
30	合資会社玉副酒造工場	玉副	糸満町
31	米島興業合資会社	米島	久米島具志川村字大田
32	仲順酒造場	宝船 / タカラソフトワイン	浦添村字仲間
33	合資会社太平酒造場	太平	那覇市字与儀
34	仲本酒造場	中　泡盛	那覇市壺屋町
35	鉢嶺酒造工場	(八)　竜宮	那覇市首里鳥堀町

番号	名　称	商　標	所　在　地
36	比嘉酒造所	まさひろ	与那原町字与那原
37	宮里酒造所	春雨	那覇市字宇栄原
38	宮国酒造合資会社	銀泉梅酒	那覇市字識名
39	三光洋酒株式会社	Rumsweet/ 三光	浦添市字牧港
40	まるや酒造工場	千石	那覇市字松川
41	日本合成酒造工場	友鶴 / 正宗	那覇市字寄宮
42	中央醸造科学研究所	ラッキーワイン スロージン / 乙姫	宜野湾村字大山
43	玉那覇酒造工場	(玉)	北谷村字吉原
44	玉那覇酒造工場	紅酔	コザ市字安慶田
45	当間酒造工場	美泉	美里村字大里
46	徳原酒造工場	勝連	勝連村字平安名
47	中里酒造所	曙光	与那城村字屋慶名
48	高志保酒造所	誉 /(高)　泡盛	読谷村字高志保
49	真壁醸造工場	天川	嘉手納村字嘉手納
50	松井酒造所	命宝	勝連村字内間
51	合資会社諸見里酒造工場	白サギ / 富士	具志川村字喜屋武
52	丸三酒造所	金泉	具志川村字具志川
53	松竹酒造所	松竹	具志川村字田場
54	泰石酒造株式会社	泰石 / コーラルドライ	具志川村字平良川
55	名護酒造所	轟 / 梅酒	名護市字名護
56	合資会社津嘉山酒造所	国華	名護町字名護
57	豊里酒造所	豊和	名護市字宮里
58	恩納酒造所	萬座	恩納村字恩納
59	崎山酒造廠	松藤 / 瑞兆	金武村字伊芸
60	金武酒造所	竜	金武村字金武
61	合資会社宜野座酒造	瑞泉	宜野座村字宜野座
62	宜名真酒造所	黄金の露	国頭村字宜名真
63	与儀酒造所	ヨ　泡盛	国頭村字浜
64	田嘉里酒造所	田　泡盛	大宜味村字田嘉里
65	大城酒造所	寿 / 梅酒	大宜味村字根路銘
66	羽地酒造所	竜泉	羽地村字仲尾次
67	田港酒造所	平松	屋我地村字饒辺名
68	今帰仁酒造所	(大)泡盛	今帰仁村字仲宗根
69	上本部酒造所	港の泉	上本部村字山川
70	石川酒造所	本露北山 / 石川正宗	本部町字東

番号	名　称	商　標	所　在　地
71	山川酒造所	┐山 泡盛	本部町字並平
72	伊是名酒造所	常盤	伊是名村字伊是名
73	伊平屋酒造所	照島	伊平屋村字我喜屋
74	糸数酒造所	宝	平良市字西里
75	池間酒造場	(池) 瑞光	平良市字西原
76	石嶺酒造場	金の泉	平良市字西原
77	池村酒造所	明星	城辺町字福里
78	渡久山酒造場	┐ヤ 豊年	伊良部村字佐和田
79	渡久山酒造所	アサヒ泡盛	平良市字東仲宗根
80	平良酒造場	┐タ 瑞泉	上野村字宮国
81	中尾酒造場	菊の露	平良市字西里
82	野村酒造場	Ⓐ 泡盛	平良市字西里
83	山内酒造場	千代泉	平良市字狩俣
84	真喜屋酒造場	(喜) 泡盛	城辺町字友利
85	古謝酒造場	┐コ 泡盛	平良市字西里
86	ことぶき酒造場	ことぶき	平良市字西里
87	洲鎌酒造場	宝の泉	平良市字久貝
88	宮の華酒造場	宮の華	伊良部村字仲地
89	砂川酒造場	白菊	上野村字上野
90	多良川酒造場	(多) 多良川	城辺町字砂川
91	野底酒造所	寿	石垣市登野城
92	塩谷酒造所	金波	石垣市登野城
93	池原酒類醸造場	白百合	石垣市字大川
94	石垣酒造所	瑞泉	石垣市字大川
95	崎山酒造所	鷲の鳥	石垣市字大川
96	座喜味酒造場	八重泉	石垣市字石垣
97	玉那覇酒造場	玉の露	石垣市字石垣
98	白保酒造所	白梅	石垣市字新川
99	漢那酒造所	請副	石垣市字新川
100	高嶺酒造所		石垣市字川平
101	仲間酒造所	宮之鶴	大浜町字宮良
102	波照間酒造所		竹富町字波照間
103	島仲酒造所		竹富町字黒島
104	入波平酒造所		与那国町字与那国
105	久部良酒造所		与那国町字与那国
106	長浜酒造所		与那国町字与那国

にて創業した県内でも老舗の酒屋である。現当主で五代目を数えるが、その間、大正初期に那覇市若狭町に移転し、戦後は工場敷地が米軍に接収されたため、やむなく那覇市牧志にて工場を再開した。しかし、那覇市の中心街に所在し、都市化の進展にともない工場地としては不向きとなり、一九八八（昭和六三）年に本社工場を沖縄市に移転した経緯をもつ。

瑞穂酒造は首里鳥堀で一八四八（嘉永元・道光二八）年に創業した酒屋の老舗であるが、首里三箇は工場の拡張が厳しいこともあり、一九六九（昭和四四）年に首里末吉町に新工場を設立し移転した。同工場では古酒蔵を設置するとともに、工場見学の設備やかつて用いられた酒造道具なども展示するなど教育普及面にも力を入れている。

まさひろ酒造株式会社にはギャラリーが併設されている

また、まさひろ酒造株式会社（旧比嘉酒造所）は一八八三（明治十六）年に創業した首里の酒屋である。創業者の比嘉昌文は料理人職の腕前を評価された父・昌続が王より授かった「ホウチュウヒガ」の屋号を継承しつつ、泡盛製造を始めたという。首里の地で泡盛業を長らく営んでいたが、戦災を蒙《こうむ》り戦後復興の中、三代目である昌廣は本島南部の与那原に工場を移し、再スタートした。与那原はかつて山原船が本島東海岸から国頭方面に様々な物資を交易する拠点であったことから、北部方面には「まさひろ」が運ばれたという。そのため、今でも国頭村の安波集落では「まさひろ」がよく飲まれており、共同売店でも並んでいる商品は「まさひろ」がほとんどという人気ぶりであり、とても興味深いつながりである。[17] その後、一九六七（昭和四二）年には設備の近代化のため、首里の石嶺に工場を移転した。さらに一九九一（平成三）年には、創業一〇〇周年を記念して、糸満市に西崎工場を落成した。酒造所にはギャラリーが併設され、泡盛コレクターであった座間味宗徳コレクションを中心に年代物の泡盛を収集展示した「泡盛まさひろギャラリー」を開設した。泡盛についての資料を取り揃え展示し、工場見学も充実している。

石川酒造場は王国時代から首里三箇にて酒造業を営んでいたと伝えられ、戦後は一九四九（昭和二四）年に首里寒川で再興した。長らく同地で生産をしていたが、一九九〇（平成二）年に工場拡張のため沖縄本島中部、西原町小那覇に移転した。多くの酒造場がステンレスタンクによる醪の仕込み発酵を行うなか、同社は広い敷地を有効活用し、甕による仕込みを実践継承している。

また、北谷町の玉那覇酒造工場は初代の玉那覇仁牛が一八四八（嘉永元・道光二八）年に首里赤田で酒屋を設立した。赤田町で酒造りを営んでいた本家から暖簾分けし、一九一〇（明治四三）年に北谷村桑江で酒屋免許を取得した。戦後は元敷地が米軍用地となったため、一九五〇（昭和二五）年に現在の北谷町吉原に工場を設立し、再興した。二〇〇六（平成十八）年に玉那覇酒造工場から北谷長老酒造工場株式会社へと名称変更している。

金武町の崎山酒造廠は、もともとは初代の崎山オトが一九〇五（明治三八）年に首里赤田で創業した。オトは酒屋の比嘉酒造所に生まれ、崎山起心のもとへ嫁入りした。実家が酒屋だったので麹たてを習っていた経験があり、夫の起心が若くして亡くなったため生計を立てるために起業したという。戦後はアメリカ軍政府の指令により、一九四六（昭和二一）年に官営の酒造所として伊芸酒造廠を設立・再出発した。その後一九四九年に民営化されたが、当酒造廠はそのまま伊芸の地に残り現在に至っている。名称は当時の「酒造廠」を用いていたという経緯をもつが、「崎山酒造廠」は二〇二〇年八月八日をもって「株式会社　松藤」へと組織変更した。松藤は代表銘柄であるが、二代目崎山起松と妻藤子の一字をとって命名されたものである。

なお、一九一八（大正七）年に首里城近くの首里鳥堀町で創業した識名酒造は、戦後には那覇市三原に一時工場を移していたが、一九八四（昭和五九）年に首里赤田の地に戻ってきた経緯を持つ。識名酒造には戦火をくぐり抜けた一六五年（一八五七年頃貯蔵）と一一三年（一九〇九年頃貯蔵）ものの古酒が大切に保管されていることは泡盛ファンにはおなじみの話題といえよう。

首里ではないが、都市部を避けて郊外へ移転した酒造所もある。神村酒造は一八八二（明治十五）年に初代・神村盛真が那覇市繁多川にて創業した。歴史ある老舗の酒造所である。戦後はアメリカ軍政府の指令により那覇市樋川で官営の専売工場として真和志酒造廠を営んでいたが、一九四九（昭和二四）年に民営化され、酒類製造免許が交付されて、神村酒造所（那覇市松川）となった。一九七三（昭和四三）年には新製品のウィスキータイプの樫樽貯蔵の泡盛「暖流」を販売開始し、注目を集めた。一九九九（平成十一）年に現在の沖縄本島中部うるま市石川に工場を移設している。

首里は泡盛醸造の本拠地であったことから、本島北部（次節参照）や離島には首里から職人を呼び寄せて酒造を始めたとか、首里に系譜をもつ酒屋も少なからずある。

四、中北部の酒造所の変遷

やんばるの酒

名護博物館『企画展15名護・やんばるの酒』（一九九八年）には沖縄本島北部の酒造所の成り立ちや変遷が詳しくまとめられていて、大いに役立つので紹介しておきたい。

本島北部の酒造所としては、一九〇六（明治三九）年には名護には六軒、国頭郡では本部の渡久地二、久志、金武、恩納に各一カ所の酒造所があったが、名護以北には酒屋がなかった。一九一一（明治四四）年から一九二四（大正十三）年にかけて名護港への泡盛の移入は六倍に膨れ上がっている状況であった。酒造所はあったとはいえまだまだ生産量が多くなかったためか、北部地域における酒の需要を満たすところまではいかなかったことが窺える。例えば、国頭村の奥では戦前は船で薪、木炭、材木を那覇に出荷し、食料、日用雑貨、酒は那覇（首里）の崎山酒造から一斗、二斗入りを共同売店が仕入れし販売したという。大宜味村田嘉里には今でこそやんばる酒造（旧田嘉里酒造）があるが、戦前の田嘉里では酒は首里の方から買い付け、那覇から村の船（四〇トン）で水管に入れて持ってきたといい、那覇の新里酒造、首里の崎山酒造などと取り引きしていたと語られる。

一九二四（大正十三）年に津嘉山酒造所（現、名護市大中）がいち早く名護で酒造りを始めた。一九二九（昭和四）年には喜屋武酒造所（現、名護市名護）が操業を開始し、経営者は喜屋武幸章で、首里崎山出身だった。また翌五年には名護の宮里に玉那覇酒造所が創業した。経営者は首里の玉那覇実信であった。さらに、ブラジル移民帰りだった大城孫吉（明治二二年生）は、一九一二（明

現在も残る名護の津嘉山酒造所の建物は国の重要文化財となっている

治四五）年に名護市街地で卸商「大宮商店」を経営しつつ、三人の共同で青葉酒造所を設立したが、すぐに潰れてしまった。その後一九三九（昭和十四）年、八重山の屋比久松の小さな酒屋（一二〇石）より免許を譲り受け、羽地の仲尾次に羽地酒造所（現、龍泉酒造所）が創業した。当時、首里出身の女性より麹造りなどを習ったと伝えられる。

以上が戦前の酒造所設立の状況である。昭和期になると名護の市街地を中心に泡盛の酒造所が操業をはじめ、一定程度地元の需要を満たしたようである。ただし、伊平屋島や伊是名島、伊江島には酒造所ができることはなかった。伊平屋島では今でこそ地元の伊平屋酒造所があるが、かつて島には酒造所はなかった。伊平屋酒造所は一九四九（昭和二四）年の創業で、当時、首里から職人を迎えて泡盛造りを始めたとされる。戦前は伊平屋島に酒屋がなかったので、首里で造られた酒が入ってきた。国頭地方へ出す酒と伊平屋島向けの酒が区別されたという。国頭向けをクンザン酒といい、純粋酒であったのに対し、伊平屋島向けの酒は蒸留酒を造るさい最後に出てくる度数の弱いマーサー酒を混合してあるので、味が落ちたという話も伝わっている。[18] 沖縄本島から運ばれる酒や地元で造られるそのほかの酒類で需要を満たしていたと思われる。

戦後の北部地区の酒造所

戦後は北部地域でも各地に酒造所が設立され、離島においても酒造所ができた。終戦後の一九四八（昭和二三）年、アメリカ民政府は各地区に酒造所をつくって酒を醸造して販売させ、密造を取り締まることになったので、伊平屋島では新垣安助村長が村民に諮り、希望者を募ると二三名もの希望者が出たことから、協議の上酒造組合を組織した。最初に米五斗麦五斗を現物出資し、麹をつくるためニクブクも供出した。場所は我喜屋の名嘉英保宅に酒造所を造り、製造は首里から経験者（島袋）を雇って醸造を始めた。麹人は後々は地元の関係者へと引き継がれた。酒の銘柄は懸賞募集して「照島」と命名した。一九五〇年には別敷地に移転し、労力奉仕で新たな建物を三棟（麹小屋、醸造小屋、事務所）建て酒造を再開した。また酒造だけでは利潤が少ないので、廃物利用として養豚業も始めた。「照島」は一九七二（昭和四七）年の日本復帰と同時に村外移出も自由化された。税務署の勧告により五名の合資会社となるが、運営が厳しいことからに昭和四九年に組合は解散した。その後、保久村保と名嘉徳佑が譲り受けて共同経営したが、一九七九年からは保久村昌弘が酒類（乙類）製造免許を取得して酒造所を引き継いで経営した。

一方、伊是名島では終戦直後はどこの家庭でも、米、麦を原料として、甘蔗汁を入れるなどして、自家用の酒を造っていた。当時は来客があると、お茶より先に酒でふるまっていた。また酒を造れない家は原料を出して親戚の者に頼んで酒を造らせていた。一九四九（昭和二四）年一月一日に酒造の民営化が許可されると、字諸見の伊禮徹と字伊是名の銘刈正助の二名が酒造の免許を得て、同年一月には字伊是名に銘刈正助ら四名の合資により伊是名酒造所ができた。麹人は最初は首里から来た年配の女性が行っていたが、その後関係者に引き継がれた。

【国頭村】

国頭村地域には三カ所の酒造があった。最北に位置する奥酒造所は一九四九年に酒造免許が交付されたので、工場を建築し、設備を整えて一九五〇年から製造を開始した。奥酒造工場は酒造技術の指導は南洋パラオでも酒造所に勤務していた上原二雄が担当した。酒造所は一九五九年まで操業した。

宜名真酒造所は一九四七〜四八年頃に創業した。創業当初は部落内の人びとが作った酒を販売していた。ソテツを乾燥させて粉にして麹の原料としたもので、当時は南洋パラオ、サイパン引揚者がいて酒造りをリードしていた。その後はドラム缶に水を入れ、麹を混ぜて発酵させそれに砂糖を加えて蒸留した。一九五二〜五三年になると酒造組合から砕米(タイ米)が供給されはじめ、その頃には首里から年輩の酒造り人が時々来て指導し、名護からも同様に来ていたという。浜酒造所（国頭村字浜）は一九四九年頃に創業。当初は部落直営であったが、七〜八年後に個人に酒造所を譲り、與儀酒造所となる。もろみ造り（仕込み）は、最初は専門家が中南部のほうから来て、田嘉里酒造所と両方をみていたが、その後従業員が教わって技術者となった。一九七六（昭和五一）年まで操業していた。

【大宜味村】

大宜味村では終戦直後、芋酒を作っていたが、その後二カ所の酒造所が設立された。大城酒造所（大宜味村字根路銘）は酒造免許制とともに大城栄吉が取得し創業し、一九四八〜四九年頃には北部で一番多く酒を出荷し、税務署に多額納税していたという。後には酒屋はみな同じ外米（タイ米）を使っていた。一九七五（昭和五〇）年前後に事業を止め、免許は竜宮酒造に引き継がれた。もう一つは田嘉里酒造所（現、やんばる酒造。大宜味村字田嘉里）である。創業以来、酒造所では米で麹を作り、今帰仁から買った黒糖を加えた酒を造っていた。一九五〇年頃からは酒造連合組合を通じてタイ米を仕入れ、麹菌は六〜七年は、首里の専門家のもとに直接買いに行っていた。一九六二年頃までは砂糖を使った醸造が行われていた。仕込みをする技術者は最初の頃、専門家が那覇から来て浜の與儀酒造と田嘉里酒造の両方をみていたが、一九六五年頃から自分たちで仕込みをした。

【東村】

東村には比嘉という人物が一九四九年頃設立した酒造所（東村字慶佐次）があった。その後、税務署の紹介で名護酒造所の慶佐次興栄（首里出身）が経営を引き受けた。麹は名護酒造所でつくり仕込みは東村でおこなっていたが、長くは操業しなかったという。

【名護市】

名護においても戦後に酒造免許が交付されて以降は各地で酒造所が設立されていく。戦前からあった津嘉山酒造は建物が戦災を受けなかったため、戦後一時期、慶佐次興栄（東村の慶佐次酒造所）が同酒造所の場所を借りて酒屋をしていたが、一九四九年には東京に疎開していた瑞慶村が戻ってきて津嘉山酒造を引き継ぎ、四～五人で酒造りを再開した。一方の慶佐次は同年近隣の別敷地に移って名護酒造所（名護市字名護）を設立した。酒屋は義弟と、首里から三人連れてきて操業を始めた。銘柄は「轟」だったので轟酒造とも呼ばれ、復帰後の一九七三年まで操業していた。

一九五七年前後に、玉那覇酒造所の敷地、建物はそっくり使用して、豊里酒造所が設立されたが、長くは続かなかった。さらに、戦前に設立された羽地酒造所は戦後の時期は官営酒造所として「羽地酒造廠」と呼ばれた。民営化にともない大城酒造所となり、一九七五年に社名を龍泉酒造所に変更した。田港酒造所（名護市字饒平名）は屋我地島にある酒造所で、一九四九年一月一日に創業した。当初は地元でとれた芋やキューバ糖、大東ザラメ、古宇利糖砂糖を原料に酒を造っていたが、その後タイ産の砕米を使用するようになる。銘柄は「平松」。一九五三(昭和二八)年十二月までは、運天港から泡盛「平松」を奄美大島、徳之島、沖永良部島、与論島へ船積みし、これらの道の島(奄美諸島)からは家畜が移入された。酒造所のない伊江島へ出荷し、東村では酒造所に必要な薪と交換したという。創業から一〇数年で酒造所は閉鎖される。なお、戦後からだいぶん経過するが、ラム酒を製造する太陽醸造(現、ヘリオス酒造)が一九六一六年に創業している。

【今帰仁村】

今帰仁村では酒造所が二カ所できた。一九四八年に大城酒造所(今帰仁村字仲宗根)が創業。首里出身の山之端(男性)が麹職人をしていたという。一九八〇年に今帰仁酒造所に名称を変更し、現在に至っている。金城酒造所(今帰仁村字仲宗根)は一九五〇年頃創業する。従業員は外交員(村内)三人、工場に七人、麹を扱う技術屋として首里出身のおばあさんがいたようである。製造方法はタイ米の砕米を使い、種麹は首里の酒造所より買っていた。酒造所は十五~十六年くらい続いたが一九六五年頃廃業した。

【本部町】

本部町には四つの酒造所があった。山川酒造(本部町字並里)は一九四六年に創業する。当初、南洋帰りの人が麹を作っていたが、その後首里出身の当間のおばさん(当之蔵の酒屋の娘との情報)から、山川宗秀(二代目)が麹造りやモロミの仕込み方を教わった。当間のおばさんは二年近くいて、その前は龍泉酒造にいたという。石川酒造所(本部町字東)は一九四七~四八年頃に創業し、従業員は一〇名位いた。酒の銘柄は「琉華」「本露」「北山」などで、泡盛を元にした合成酒「石川正宗」などがあった。販売は町内だけでなく、伊江島にもよく出していて、また「石川正宗」は那覇など中南部にも多く出荷した。一九七五年の海洋博覧会の頃まで続いたようである。上本部酒造所（本部町字山川）一九四八年に三名が共同で設立した。一九五〇年頃に酒の銘柄を「港乃泉」とした。一九六三年まで操業していた。玉城酒造所（本部町字渡久地）は、玉城勝太郎（明治三一年生）は、一九二八（昭和三）年南洋パラオにわたり、そこで泡盛醸造業を手広く展開して業界の第一人者として活躍していた。戦後本部町に帰り、南洋での実績をもとに、一九四七（昭和二二）年に南洋で共に酒造りをしていた弟の玉城勝造（工場長）他と共同で玉城酒造所を創業。その頃原料は米が高かったため、ヤミで仕入れた砂糖（特にザラメ）を使った。ザラメを水で溶かして冷まし、麹菌が手に入らないのでイースト菌を加えて発酵させていた。酒の販売は町内のみであったが、一九五〇年には廃業した。

【宜野座村】

宜野座村には時期を違えて二カ所あった。幸地酒造所（宜野座村字惣慶）は戦前は首里にあった酒造所である。一九三六（昭和十二）年頃の杜氏は喜納兼吉で、戦時中はビルマでの泡盛造りに出征したことでも知られる。沖縄戦で首里の酒造所もなくなった。一九四七（昭和二二）年に杜氏の腕をかわれて金武村伊芸の試験場に勤めていた。一九四九年、幸地行啓（社長）と喜納が惣慶に幸地酒造所を再建した。銘柄は「瑞泉」であったが、惣慶で一年操業したあとは字宜野座へ移転した。宜野座酒造所（宜野座村字宜野座）は一九五〇年頃に惣慶から幸地酒造所が移って名称変更した酒造所である。字伊芸の崎山酒造廠とは親しい関係にあり、麹造りがうまくいかない場

戦後の北部地域の酒造所

『企画展15名護・やんばるの酒』
「やんばる酒造所マップ」参照（一部修正）

合は協力したという。酒造所は数年は操業したが、二人ほどの手に移って後に廃業した。

【金武町】

金武には二カ所の酒造所がある。金武酒造（金武町金武）は一九四九年に創業。奥間清盛が実質的なオーナーであったが、代表者は息子の奥間慶幸が務めた。二人とも別に仕事を持っていたこともあり、酒造所は母親と妻がきりもりしていた。麹人は慶幸の母ツルがつとめた。慶幸のあとは金城政保そして奥間尚登へと引き継がれていく。

崎山酒造はもともと首里三箇で一九〇五（明治三八）年に創業した老舗の酒屋で、戦後は一九四六年に、民政府が県下に設立した五つの官営酒造所の一つが崎山酒造廠（金武町字伊芸）である。工場長に崎山起松が就任し、酒造所は米軍のコンセットを使用した。当時は、米軍の払い下げ品の乾燥りんご・チョコレート・台湾ザラメ等を利用したいわゆるリキュール酒をつくったが、その後加州米で泡盛ができるようになった。首里よりコウジサー（杜氏）の玉那覇カミをよんで麹造りをはじめ、職人も首里より五〜六人呼び寄せた。一九四九年一月一日付で、官営から酒造の民営化が許可され、酒造免許が交付された。崎山酒造も民政府の許可を受け民間経営となった。一九六五年頃に　喜納兼吉がコウジサー（麹職人）となる。宜野座村で記したように、喜納は戦前、首里の幸地酒造所で働いていた人で、終戦後は金武の伊芸の試験場（官営酒造所）、続いて宜野座村惣慶の幸地酒造所でも働いていた経験を持つ。同酒造は二〇二〇年八月に株式会社松藤に組織変更した。

【恩納村】

恩納村では一九四九年一月に、字恩納の家畜小屋を利用して、仕込み甕や蒸留機などを設置して、恩納酒造所が設立された。創立者は玉那覇仁恵他十一名で、個人名義で発足した。原材料は米、砂糖等を一般商社より仕入れ、酵母菌もイースト菌を使用していた。一九五〇年に現在地に木造トタンの工場を新築し移転。杜氏として首里出身の与那嶺真助がいた。一九七三（昭和四八）年に合資会社となり、現在へと引き継がれる。

以上、戦前から戦後にかけての沖縄本島北部における酒造所の移り変わりを紹介した。戦前は名護以北には酒造所がなく、国頭村の奥部落にみられるように船で薪や木炭などを那覇に出荷し、食料や日用雑貨、酒は那覇（首里）の崎山酒造から共同売店が直接に仕入れしていた。すでに記したように昭和期には名護に酒造所はできたが、交通の便などの事情で直接仕入れは続いた。意外にも近代において本島北部の遠隔地に首里・那覇の酒（泡盛）が流通していたことが興味深い。昭和期になると、名護の市街地では酒造所が設立されるが、経営者や麹造りは首里から来ており、泡盛業の関係者であったことがうかがえる。

戦後には官営の酒造廠が羽地酒造廠と金武・伊芸の試験場と崎山酒造廠ができ、民営化後には各地に酒造所が操業をはじめるが、初期は酒造所は乱立ぎみで、黒糖・芋を利用した焼酎が生産されていた。いくつかの酒造所は地元出身が経営したが、多くは経営者や麹造りの職人が首里・那覇の酒造造りの経験者が関わっていたことがわかる。またこれも興味深いことにやんばるでは、南洋諸島サイパン、テニアン引揚者の酒造経験者か首里・那覇の麹人が戦後の酒造りを支えていたのである。

2001年に復刻された「天川」のラベル

戦後の中部の酒

【銘柄「天川」】

嘉手納町には現在、酒造所はないが、かつて泡盛銘柄「天川《あまかわ》」を製造した酒屋があった。[19]「天川」は一九四八（昭和二三）年創業の当時の真壁酒造（醸造）工場（字嘉手納三一二番地）が一九五五（昭和四〇）年まで製造販売していた銘柄である。終戦間もない頃、当初は原料の米が入手できず、野生のソテツを刈り取って、そのデンプンを利用して発酵させ手造りで酒を製造していた。やがてタイ米が輸入されるようになり、設備・技術の改良を重ね本格的に製造するようになったのが「天川」である。当時は地元の大きな産業であった。

この「天川」の名前は、現在の中央公民館裏側の比謝川沿いの「天川」と呼ばれた池にちなんで命名したものという。ラベルには雌雄一生離れることがないといわれる、つがいの鴛鴦《えんおう》（おしどり）が天川の池で泳ぐすがたが描かれ、また古典音楽の天川節「天川の池に遊ぶおしどりの　思い羽のちぎり与所やしらぬ」の歌が書かれる。池の周辺には目出度い松竹梅、鶴亀が配置されるなど特色あるラベルである。「天川」はその独特

な風味、味で人気が高く、町内はもちろん、読谷村、当時の石川市やコザ市の一部でも販売され、多くの人たちに愛飲されたという。二〇〇一（平成十三）年一〇月、嘉手納町商工会は「天川」を懐かしむ人たちの思いを込めて野國總管まつりの機会に、真壁食品と合名会社新里酒造の協力を得て限定販売したという逸話もある。

「ラッキーワイン」製造元の建物と看板（宜野湾市立博物館所蔵）

【泡盛「乙姫」とラッキーワイン】

宜野湾市大山にはかつて三洋酒造場があった。戦後一九四九年に酒造が民営化されるにともない、宜野湾では知花正文、石川栄良、具志堅興雄の三名の酒造業者がみえる（『うるま新報』一九四九年一月一〇日）。このうち、順調に操業が軌道にのったのは三洋酒造場のみだったようで、『うるま新報』（一九五一年二月一日）の「中部酒造組合（広告）」には「宜野湾村大山区 三洋酒造工場 組合長工場者 石川栄良」とある。

名称は当初、三洋酒造工場だったが、社名が何度か変更されている。一九五五年『地方自治七周年記念誌』には沖縄醸造化学研究所、一九六二（昭和三七）年の組合員名簿では中央醸造化学研究所との社名になっている。創業者・石川栄良の甥にあたる石川栄春（大山区在）によると、大山区は近くに川があり、水も上等であったので、酒造りには最適であった。酒造場の土地は、戦前は沖縄県の所有で、製糖工場があった場所である。製糖工場の隣は戦前は軽便鉄道の大山駅であった。会社は石川栄良とその次男が中心になって経営していた。酒のタンク四〇～五〇基ほどを半分埋めるように設置してあった。三洋酒造工場では一九五三年当時には泡盛の「乙姫」、その後

「ラッキーワイン」の広告看板（宜野湾市立博物館所蔵）

ビール瓶を使用した未開封の「ラッキーワイン」（宜野湾市立博物館所蔵）

には「白龍」も加えて製造販売していたが、米国統治下の趨勢であろうか、沖縄醸造化学研究所時代にはラッキーワイン醸造本舗として「ラッキーワイン」という泡盛ベースのリキュールを発売している。他に「ラッキースロージン」、「ラッキードライ」という銘柄などを製造していた。アルコール度数は十五度で、ラベル表示には「ＦＲＵＩＴ ＷＩＮＥ」「栄養酒」とあり、ワインの名称なので紛らわしいがブドウ酒ではなく、香味を加えた泡盛リキュールである。

沖縄タイムス社・平島夏実記者の取材によると、石川栄春は高校時代に中央醸造化学研究所でアルバイトをした経験があり、工場では甘い香りがしていて、酒瓶を再利用するための洗う仕事をした。ラッキーワインは乙姫よりも高めで、那覇の女性ダンサーの間で人気があり、米兵は氷を入れて飲んでいたという。[20]

宜野湾市立博物館には未開封の「ラッキーワイン」が所蔵されており、その瓶はビール瓶の再利用である。大山にあった中央醸造化学研究所の工場外観やラッキーワインの看板は当時の社会を色濃く反映していて、時代を感じさせる。大山区の旧公民館からほど遠くない場所にある工場跡地は、現在は住宅街へと変貌している。

このように泡盛の酒造所や銘柄は時代を追って変化し、地域での盛衰はありながらも、その伝統的な製造技術は関係者の手によって連綿として受け継がれてきたのである。

【注】

(1) 野白喜久雄「沖縄見聞記」『日本醸造協会誌』一九六〇年、三五一頁。

(2) 東恩納寛惇「泡盛の話」『東恩納寛惇全集　第五巻』第一書房　一九七八年、三五九頁。

(3) 高良倉吉「名酒泡盛をめぐる社会史」『続おきなわ 歴史物語』ひるぎ社　一九八六年、一二五～一三六頁及び高良倉吉「泡盛に関する史料探訪（その四）」『地域と文化』第九号　ひるぎ社　一九八一年、十三～十六頁。

(4) 池宮正治『沖縄ことばの散歩道』ひるぎ社　一九九三年、五九頁。

(5) 同上書、五九頁。

(6) 玉那覇文『沖縄（琉球）今昔』発行者・土田操（大阪府）一九九六年　四九～五〇頁。

(7) 崎原恒新「沖縄市知花の民俗断片（二）―島袋盛保・大宜見トミの話から―」『あやみや　沖縄市立郷土博物館紀要第十六号』二〇〇八年、二五頁。

(8) 中部農業改良普及所『農業と生活』一九八三年　二二頁。

(9) 前掲書、野白喜久雄「沖縄見聞記」、三五四頁。

(10) 砂川玄正「サケを通して見る宮古の人々」『開館3周年記念　第20回平良市総合博　物館特別企画展　宮古のサケ―サケを通して見る宮古の人びと―』平良市総合博物館　一九九二年、二一頁。

(11) 萩尾俊章「宮古・八重 山諸島における〈酒〉の歴史的変遷」『沖縄県立博物館紀要』第17号　一九九一年、二六～二八 頁。

(12) 前掲書、砂川玄正「サケを通して見る宮古の人々」、二四頁。

(13) 前同書、二四～二八頁。

(14) 萩尾俊章『泡盛の文化誌』ボーダーインク　二〇〇四年、一一一頁。

(15) 名護博物館『企画展15　名護・やんばるの酒』一九九八年、三三頁。

(16) 比嘉酒造（読谷村）・二代目比嘉健代表への聞き取り調査（一九九一年）による。

(17) 仲村征幸『泡盛よもやま話』醸界飲料新聞　仲村征幸、二〇〇九年　七八頁。

(18) 上江洲均『伊平屋島民俗散歩』ひるぎ社　一九八六年、五〇頁。

(19) 「さす森・字嘉手納郷土史」編纂委員長の真喜屋清氏他事務局の皆さんからの情報提供、ならびに嘉手納町商工会「天川」ラベル解説を参考とした。

(20) 石川栄春さんへの聞き取り及び『沖縄タイムス』二〇二〇年七月十五日付参照。また情報収集にあたっては、大山区書記の末吉孝行さんと宜野湾市立博物館・中村圭吾さんの協力を受けた。

【コラム参考文献】

・稲垣千明「戦前の南洋における泡盛の生産」『沖縄県酒造協同組合三十年史』二〇〇七年。
・沖縄県教育委員会『南洋政庁施政十年史（影印本）』〔昭和七年　南洋庁官官房〕二〇〇一年。
・サイパン会誌編纂委員会『創立二〇周年「サイパン会誌」平和を祈念して』二〇〇三年。

●コラム　南洋諸島の泡盛

戦前、南洋庁管轄下では約五万人の沖縄県出身者がいた。南洋諸島で製造された酒類には、糖酎、焼酎、日本酒、ウイスキー、それに泡盛等があった。酒類製造の中心となったのは南洋興發株式會社で、製糖事業の副産物である糖蜜を利用して糖酎の生産を始めた。焼酎は甘藷、砕米を原料としていた。酒類（種別）製造の統計によると、一九二二（大正十二）年からは糖酎一九六石の生産がみえ、焼酎はわずかながら十一石生産とある。糖酎は以降、一九二七（昭和二）年四四二石まで生産が伸び続けるが、その後は減少に転じている。一方、焼酎は一九二七年に五四八石となり、糖酎を上回った。その後一九二七年には一、五四二石となり生産が伸張したことがわかる。

　酒類の製造は当初サイパン島に限られていたが、一九二九年からはパラオ島、一九三一年からはトラック島でも製造が始まっていて、これらの酒はすべて島内にて消費されていたという。ウイスキーも一九二九年～三一年にかけて二〇〇石～四〇〇石ほど生産された。他に麦酒（ビール）や日本酒、葡萄酒が生産されたが、数石ほどの微々たるものであった。日本酒でも当初一九二八年で四五石程度であった。その後漸減し一九三一年には八石まで下がっている。

泡盛はサイパン島、テニアン島、パラオ島の島々において、少なくとも七軒の泡盛醸造元があった。サイパン島には櫻泡盛醸造元（上地商店：上地安傳）、(文)城間商店（城間文義）、〈大 大峰泡盛醸造店、泡盛醸造業（山口栄樽）、テニアン島には〈正 泡盛醸造所、〈中 仲本商店、そしてパラオ島の(た)泡盛醸造元、(た)大洋水産株式会社である。このうちサイパン島の〈大 峰泡盛醸造店とテニアン島の〈正 泡盛醸造所は新聞広告に「兄弟醸造店」とあることから兄弟関係にあった。仲本商店の本店はサイパンにあったが、泡盛の醸造はテニアンで行ない、仲本酒造場の名での新聞広告もみえる。仲本酒造場の経営者である湧稲國安亮は泡盛製造の本場・首里出身であった。なお、「商店」や「水産株式会社」という名称からも推察できるように、泡盛の醸造は専業ではなく、多角経営の一事業として行なっていたと考えられている。

　泡盛は一九三〇（昭和五）年一二四石、一九三一年一〇二石の生産記録がみえ、一定程度の需要をまかなっていたことが推測できる。稲垣千明によると、「テニアンの仲本商店（仲本酒造場）、〈正 泡盛醸造所（大峰泡盛醸造所）は、一九三〇年頃に酒造を始めており、ともに八〇〇石の年間生産高があったという。テニアンだけでも少なくとも年間一、六〇〇石の泡盛が醸造されていた」と記している。

一九四〇年におけるテニアン島の日本人は約一万五千人で、その大半が沖縄県出身者であったことを考え合わせると、泡盛の生産が盛んであったことは間違いなさそうである。

湧稲国氏の仲本酒造場（「沖縄テニアン会提供」）

サイパンにおける泡盛関連のエピソードを紹介しておきたい。日本統治下の南洋諸島において、現地の原住民であるチャロモ族の人たちは酒の売買及び飲酒は法律で禁じられていて、関係した日本人は始末書を書かされたという。ただそうは言っても厳格に守られていたわけでなく、石川家の聞き書きでは父の亀十は、近くに住むチャロモ族の人と親しく、チャロモ語で話したりしていて、彼らに泡盛を振る舞ったりして、彼らからは椰子の実、パンの実、マンゴーなどを貰っていたという。

また、サイパン会誌の上運天研成編集委員長によると、チャロモ族のマネールは大の酒好きで、よく沖縄の人の家に行き、仕事を手伝ってご褒美に酒（泡盛）を飲んでいた。ある時駐在に見つかって、罰金が払えずカラボーズ（留置場）に入れられたが、偉いことには飲ましてくれた沖縄の家の人の名前を決して言わなかったという。さらに次のような逸話もある。

お母さんは上運天商店を経営していて、漁に出るチャロモ多くは決まって勝手口から入って、「おばさん、水飲まして（ぬまち）クミソーリ」と言いながら調理台の上にある一升瓶の水を「グイッ」と一口飲み、ニコッとして「クワッチーサビタン」と出て行く。漁の帰りには籠に満杯の魚を捕ってきて、又勝手口から入って「あー喉が渇いた、水を飲ましてね」と一升瓶からグイッと飲み、傍らのバケツに魚を分けると又一杯飲んで「ありがとうよ」と出て行ったという。調理台には常に酒を満たした一升瓶があり丸米酢のラベルが貼られていた。飲酒の漁師が巡査に発覚されることはほとんどなく、万一我が家で発覚されても漁師は「水だと思って飲んだら美味しい水だった」と云い、母は「水飲ましてねと来たから、どうぞと答えただけ、何を飲んだかのか見ていないから分からない」と答えていた。巡査はチャロモを赤服大学（赤茶色の服を着て労働刑）に入学させ、母には注意しただけだった。お陰で我が家は他家に比べて魚料理には恵まれていたという。この酒についてご本人に確認したところ、サイパンの山口酒屋がつくった泡盛であった。

第三章　泡盛の周辺

一、泡盛の原料米

地元産米・粟とタイ米の関係

泡盛の原料米に関して、現在はタイ米を使用していることがよく知られているが、一般の人びとの間では古くからタイ米を使用していたと勘違いする向きも多い。古くからタイ米を使用していたのではなく、元々は沖縄の地元の米や粟を泡盛製造の原料に用いていたことを、しっかり確認しておくべきである。

琉球王国時代、王府が公認した泡盛製造は既述のように首里三箇に限られ、王府の役所から米や粟の原料が支給されていた。一八七九（明治十二）年の琉球王国の解体とともに、近代以降は泡盛の原料は首里の製造業者といえども自前による調達が必須となった。

『旧慣調査資料』の中の「焼酎製造営業人検査」には、一八九三（明治二六）年頃の醸造場の概況や醸造方法、蒸留器などについての記述がみえる。(1) 原料は米と粟を用いるとし、粟のみを用いることはないという。米価が高騰したときには米と粟を同じ割合で混交し仕込んでいた。原料の米は唐米（朝鮮米もしくは支那米）と先島の粟を用いた。唐米は那覇商人により輸入されていた。また、先島の粟は蔵所や宮古宿の公売品を現金で買い取っていたという。この点からすれば、明治二〇年代半ばにはすでに焼酎の原料として地元の米に頼らずに、唐米を輸入していたことになる。

一九〇一年（明治三四）一月一日付『琉球新報』「明治三十三年本県事略」には重要輸入として、「唐□米」ということで、一文字不明な文字があるが、この時期も同様に他府県を経由して唐米の類を輸入していたようである。これが泡盛の原料に用いられたかどうかは新聞には記述はないが、『旧慣調査資料』の記載からすると原料米としていた可能性は高い。

明治三〇〜四〇年代の新聞資料には、泡盛の原料米そのものという記述ではないが、市場では輸入米が販売されたり、米の輸入等を示す記事も比較的散見される。那覇あたりの市場には東京米や外国産の米がもたらされていた。国外からは中国の唐米（支那米）や南京米、蘭国米、西貢米、シャム米などがみえる。この中で蘭国米は別の那覇小売相場新聞記事には「蘭国米」とあり、一方では那覇卸売相場新聞記事には「ラングン米」とあることから、現ミャンマーのラングン米と想定される。西貢米はサイゴン米である。このように、シャム米など東南アジア地域の米が多く流通していたことが判明する。

一方、泡盛の原料米としては唐米や朝鮮産の粟が流通していた。ただし、こうした泡盛の外国産原料のあり方は首里・那覇を中心とした泡盛製造業者にかかわる問題であり、首里・那覇など以外の地方にある製造業者では様相を異にしていた。

一九一四（大正三）年五月九日付『沖縄毎日新聞』「産業の琉球（二）」には、粟は宮古、八重山を主とし、宮古では甘藷と共に常食に供されていた。品種は早生種に赤粟、晩生種に黒粟、米粟、赤粟があり、一般に栽植されているものは赤粟、黒粟の二種といい、米とともに泡盛の醸造に供せられていた。大正期においても、宮古や八重山の泡盛業者は地元の米とともに粟を原料として利用していたようである。

また、一九一四（大正三）年五月十一日付『沖縄毎日新聞』「産業の琉球（四）」には、琉球泡盛の名は人に熟知されていて、一名を芋焼酎というが、原料に甘藷を用いることは少量で、従来は粟を用い、近時は外国砕米を用いると記している。

泡盛麹菌の図
（田中愛穂著『琉球泡盛ニ就イテ』）

泡盛の醸造調査と原料米

泡盛の原料米については、照屋比呂子（当時、沖縄県工業試験場食品室長）が醸造調査で沖縄を訪れた研究者の報告から要領よくまとめてあるので、(2) それをもとにしながら、若干加筆して変遷を紹介しておきたい。

一九〇一（明治三四）年に調査した乾《いぬい》環博士は古くは米と粟の二種であったが、現今は専ら米のみを用いていて、国産米は中国（支那）産米に比べて醸造上良好としているが、価格の面から唐米のみを使用していると記している。一九一三（大正二）年に調査した熊本税務監督局の技師・山下筆吉は粟を搗臼したものを原料にしたが、相場の変動により唐産砕白米の方を多く使用とし、また一九一五年の野白金一らは唐粉米もしくは粟が普通であるが、その年は唐粉米が高価なため台湾米を使用するところも少数あった。さらに、一九一九年の河内源一郎は唐粉米、粟、内地米、稀に台湾米等を使用するが、時価の関係によってはそのいずれも使用するとある。

そして、本書でもよく取り上げる一九二四（大正十三）年の田中愛穂の調査報告がある。田中は鹿児島県出身で、一九二三（大正十二）年に沖縄県立農林学校の教師として赴任し、当時の泡盛製造の実態を調査し、一九二四年に『琉球泡盛ニ就イテ』を著した。その報告書からは原料米が大きく変動している様子がよくわかる。現今は主として唐粉米を原料に当て、これとは別に国頭産の米及び外米を充てていたが、粉砕された外米、シャム白米、台湾米、本県産米、内地米等を使用するようになった。なかで最も普通に用いられるのはシャム米、ラングーン米の砕米としている。(3) このあたりからは東南アジアの原料米へのシフトがみてとれる。

昭和期に入ると、一九二六（昭和元）年の大崎正雄『泡盛醸造視察記』によれば、明治初年以来全て外国砕米を原料として用いていたが、現今はシャム砕米を使用しているとしている。また、一九二七（昭和二）年の熊本税務監督局の報告でも、近年は生産費及歩合の関係により外国砕米で、南京米と称して、西貢（サイゴン）、蘭貢（ラングーン）、シャム産の米が大部分を占めていたと記されている。一九三五年の川崎義徳らの調査でも主としてシャム米を使用し、他に蘭貢米、柴棍（サイゴン）米、稀に内地米を使用するとある。ところが一九三五（昭和一〇）年の報告では普通に台湾米、内地の砕米を使用している。これは一九三〇（昭和八年）年下期の外米輸入禁止によるものと考えられる。

以上のような経過を見ると明治から大正期にかけては泡盛の原料に粟もよく用いられ、内地米の利用もありつつ、照屋は「輸入外米の記述は、支那米、唐米、唐産砕白米、唐粉米等となっており、当時は支那米を中心とした外米を使用していた」と推定した。一九二四（大正十三）年の田中の報告に初めてシャム米の記述が見られる点は注目され、昭和期以降には「シャム米の他にラングーン米、サイゴン米、台湾米など種々の外米で泡盛醸造が試みられており、その中で製麹および醪経過、収得量からみて、泡盛の最適米はシャム米である」ことを報告書から摘記している。

原材料の高騰とタイ米への転換

さて、こうした泡盛の原料米の外国への依存過程はどのような理由によるのだろうか。一九〇九（明治四二）年一月三日付『琉球新報』の「泡盛業の盛衰と県下利害の関係大要」には、本県泡盛醸造は原料品たる袋米の価額の高まるにつれ、朝鮮粟などに乗り換へつつあることが指摘され、米価高騰が外国産米への転換に影響していることが示されている。課税による泡盛価格の上昇ならびに米価等の高騰にあったと記されている。

また、一九一二（明治四五）年一月二八日付『琉球新報』「泡盛騰貴の原因」にも、酒造業者では近年、米価が騰貴していることから粟を原料として醸造していたが、在庫が少なくなり、ほとんど品切れの状態になり、営業不振となっている。そのため、泡盛の価格を高くしたとしても均衡を保つことが難しい状況にあることが記述され、安南《あんなん》（ベトナム）・暹羅《シャム》（タイ）等より新米輸入、満州等より新粟輸入がなされてもなお原料の騰貴がされるかもしれないとしている。酒造組合創立以後、廃業をしたものが一〇戸、現在休業が二戸あることも報告されている。なお、同年七月四日付『琉球新報』の「泡盛製造原料騰貴」には、原料である粟・米の高騰により泡盛の販売価格が引き上げられていることが報じられている。このように、米価の高騰は泡盛価格を高騰させ、庶民の消費行動にも影響を与えていたのである。

以上のような新聞資料や泡盛醸造調査などの記録資料から推察すると、明治二〇年代以降から大正期にかけて、米価の高騰などの要因もありながら、首里・那覇を中心とした泡盛業者はしだいに中国やラングーン、シャム等の外国米に大きく依存していく状況が指摘できる。

酒造組合連合会関係の記録によれば、種々の米を試した結果、シャム（タイ）米は泡盛製造に一番適した米であることが判明し、酒造組合連合会が一括購入を始める一九二八（昭和三）年以降に定着したようである。(4) その理由としては、タイ米は麹やモロミの工程で温度の管理がしやすいこと、麹として扱うにもサラサラして作業がしやすいこと、さらにはアルコールの収量が多いことなどがあげられていた。

戦前の酒屋風景（坂本万七撮影：日本民藝館提供）

二、泡盛の銘柄・ラベルの誕生

量り売りでのサキ販売

かつては各地でよく見られた光景と思われるが、例えば沖縄本島北部のやんばるでは、サキ（泡盛）は必要に応じて雑貨店で一合二合と量り買いをしていた。夜に来客がある時には、子どもたちは暗い道を、酒を買いに二合瓶を持って走らされることもたびたびであったという。(5)このように、泡盛は瓶類などの容器が普及する以前は店での量り売りが一般的であった。したがって、当時は瓶に表示される銘柄ラベルは必要なかったのである。泡盛そのものが宣伝広告され、また宣伝用に泡盛の銘柄が登場するのはいつ頃のことであろうか。マスメディアの媒体として当時有効なツールは新聞と広告チラシである。ここではそれらの点を主に新聞資料から抽出し、確認しておきたい。(6)

泡盛そのものを強調して宣伝広告しているものとしては、『沖縄朝日新聞』一九二一（大正一〇）年一月二四日の「広告　泡盛　風味佳良度数確実　大勉強　那覇区西新町二丁目四十六番地山川橋四ツ角側◇金城豊一商店」が初期の広告である。宣伝文句は少ないが、泡盛の風味や度数の品質等を前面に出している。ここでは単に「泡盛」と表

初期の泡盛広告（『沖縄朝日新聞』1921年1月24日）＊1

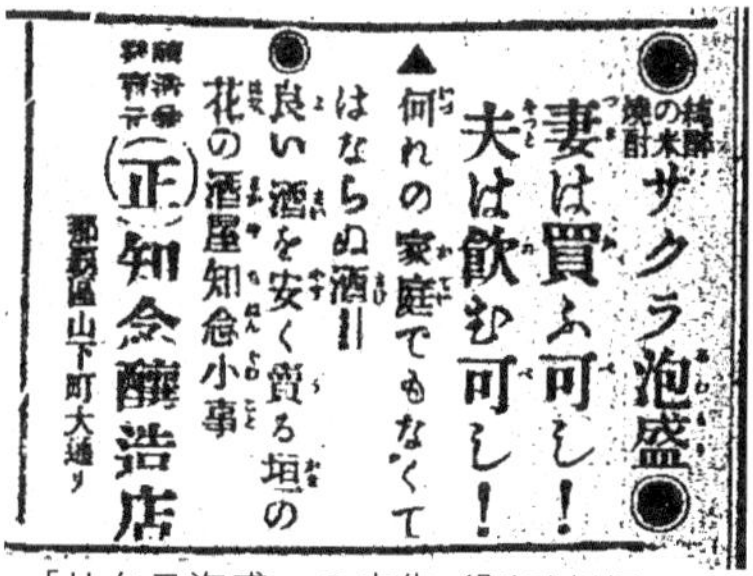

「サクラ泡盛」の広告（『琉球新報』1917年9月）

記され、まだ個々の酒造所の銘柄などは登場していない。

戦前の広告に見る泡盛の銘柄

泡盛の銘柄らしきものが登場するのは次の広告である。『琉球新報』一九一七（大正六）年九月、「純米の米焼酎　サクラ泡盛」とある。「サクラ泡盛」は知念醸造店の広告銘柄である。また、同じく『琉球新報』一九一七（大正六）年九月八日には、那覇の渡地前ノ浜通り見取眞元俊の広告として、「酒ヲ召上ルナラ品質純良　大正泡盛」とみえる。この「大正泡盛」も銘柄と理解できるが、他の泡盛との違いなどは「サクラ泡盛」と同様に、広告からは把握できない。銘柄の登場としてはこれらは初期のものといえるが、初出か否かはすべての新聞広告等を詳細に調べないと判断できないため、ここでは留保しておきたい。いずれにしても、「サクラ泡盛」と「大正泡盛」は戦前の泡盛の中での初期の銘柄と位置づけられる。

その後の『沖縄朝日新聞』一九二〇（大正九）年九月二一日には「秋季ノ飲料ニハ　改良泡盛　浦島酒　芳香美味　南陽焼酎　大得用ニシテ心気爽快ニナリマス／那覇区外小禄　◇南陽造酒株式会社　電話二七一私書函一七／渡地前ノ濱　出張所販売部」とある。本広告の「改良泡盛　浦島酒」が泡盛のどのような改良酒なのかが不詳であるが、銘柄と思しき「浦島酒」がお目見えしている。また、もう一つの銘柄「南陽焼酎」がどのようなものであるか不明であるが、原料等の相違なのか気にかかるところである。この南陽造酒株式会社は平尾商店を経営する平尾喜三郎が社長でもあり、南陽

昭和 10 年創立の首里市営バスの車告に「あさひ泡盛」の文字（那覇市歴史博物館提供）

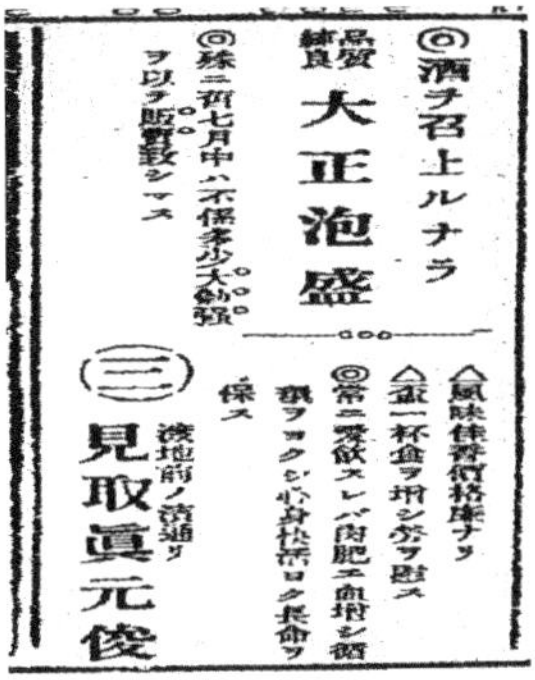

「大正泡盛」の広告（『琉球新報』1917 年 9 月 8 日）

自転車や南陽薬品なども幅広く経営し、沖縄経済界の重鎮でもあり、沖縄県酒造組合長にも就任している。

『沖縄日日新聞』一九二一（大正一〇）年二月二日、同二月一三日、同二月一九日にも、所在地が「小禄村」との違いはあるが、これと類似した広告が掲載されているが、こちらの広告では少々気になる文面がある。

「近来当社浦島酒及ビ焼酎ノ売出シニ付キ区内各商店ニ於テハ内地ヨリ輸入シタル芋焼酎又ハ似品ヲ以テ浦島及ビ南陽焼酎トシテ販売致サレ居ル由ナレハ世ノ愛飲諸氏ノ御試飲ヲ希ノト共ニ多少共御買上御引立アラン事ヲ願フ」とあり、九州の鹿児島あたりからもたらされた焼酎が同社製品の類似品として出回っていた様子がうかがえる。ある意味では泡盛が好評価の対象となっていたという解釈ができるかもしれないが、違法な商売が横行していたことも事実である。

さて、那覇市の写真集『激動の記録　那覇百年の歩み』には首里市営バスの写真が掲載され、その車告には石川酒造醸の銘柄として「アサヒ泡盛」がみえる。首里市営バスは一九三五（昭和一〇）年の設立なので、「アサヒ泡盛」はその時期には販売されていたことがわかる。

このように、沖縄本島の新聞では「サクラ泡盛」「大正泡盛」「改良泡盛　浦島酒」「アサヒ泡盛」などは初期の銘柄といえるが、あくまでも「〇〇の酒」という意味合いの銘柄と思われ、人びととの間でどの程度認知され、酒の香りや味わいなどの違いがどのように認識されていたかも不確かで、現在の銘柄とはかなり違うことは留意しておく必要があろう。

県外への出荷やお土産には焼物の壺が利用され、壺には「琉球泡盛」「泡盛」等の名称ラベルが付けられたが、特定の個々の銘柄ラベルはなかった。

最初の銘柄ラベル

戦後、瓶に銘柄を入れた泡盛を販売したのは首里の識名酒造（銘柄「時雨」）が最初といわれる。時期は一九五三年頃とされ、ソース瓶に銘柄のラベルを貼って売り出したという意味では銘柄「時雨」が一番早く古いといえる。(7)

店の量り売りの場合には銘柄はとくに表示していなかったが、どこどこの酒という呼び方はあり、「佐久本の酒」というように名前や屋号、銘柄的な命名はあったようである。例えば、首里の「瑞泉」は瓶詰めに「瑞泉」のラベルを貼って売り出したのは一九五八（昭和三三）年頃といわれるが、「瑞泉」の名称自体はそれより前の先代の時代にも使っていたと語られる。(8)

泡盛の一般的な銘柄が登場するのは戦後のことであるが、すでにみたように八重山の新聞でも戦前の昭和一〇年代には新聞広告に酒造所の個々の銘柄が頻出している。大正期から一九三四（昭和九）年頃の新聞広告には単に「泡盛製造　浦添酒屋」とか「泡盛釀造所　屋比久酒屋」としか記載はないが、一九三七（昭和十二）年の広告になると「玉の露泡盛製造元　玉那覇有和」（『先島朝日新聞』昭和十二年一月一日）とか「泡盛鷲の鳥　崎山釀造所吟釀」（『海南新聞』昭和十二年七月十一日）など、戦後の泡盛銘柄につながる銘柄を表記した広告が登場している。

三、泡盛ビン詰めのはじまりと容器

トタン製の泡盛樽からビン詰めへ

戦前、泡盛の量り売りの場合は、醸造元で「トゥータン」と呼ばれるトタン製の泡盛樽に入れられて、各地の小売店に運ばれた。このトゥータンは戦後もビン詰めが普及するまではよく使用されていた。酒造所が小売店にある二斗甕に泡盛を量って入れ、その分の代金をもらう仕組みだった。したがって、当時は既述のように銘柄のラベルは必要なかった。ラベルが必要といえば、年一回開催される国税局鑑定部主催の鑑評会に出品する時くらいであったという。

しかし、戦後に酒造が民営化された後には、泡盛が一斗入りの水罐でバラ売りされるようになり、一九五〇年代の初めに瓶詰めの泡盛が発売されると、飛ぶように売れたという。

ビール瓶を利用した泡盛（識名酒造所蔵）

このようなことを契機にして、量り売りだった泡盛は、ビン詰めで販売されるようになる。当初は泡盛専用の瓶がないため、ビール瓶やソース瓶、醤油の瓶を再利用して詰めて売られたこともあった。最初に瓶詰めの泡盛を製作したのは識名酒造とされ、一九五三年頃に同社がソースの瓶を使用したのが初とされる。識名酒造には一九五〇年代後半にビール瓶を再利用した泡盛瓶が残されている。

空き瓶回収業の人たちから調達したが、その数を確保するのも大変だったという。その上、集めた瓶を手作業で一本、一本ブラシで洗う作業があり、苦労のほどがうかがえる。もちろん瓶詰めも手作業で、王冠はコーラのそれを集めてきて、整形して使用された。

三号瓶が六〇〇㎖のなぞ

ところで、昭和期の末までは、泡盛はほとんど二合瓶、三合瓶、一升瓶で出回り、特に手頃感のある三合瓶に人気があった。三合瓶は一升瓶をやや寸詰まりにした形である。瓶も蓋も全銘柄共通で使われ、一升瓶と同じ柄のラベルが貼られていた。

参考に泡盛の課税高の出荷量を容器単位で表示した資料【表6】があるので、次に掲げておきたい。表をみればわかるように、各年度を通じて最もウエイトが大きいのは、六三三㎖瓶（ビール大瓶）である。これがビール瓶を転用した三合瓶といえるものであった。

現在の泡盛容器において伝統的に「三合瓶」と称される瓶は、実は容量五四〇㎖ではなく六〇〇㎖である。既述のように泡盛の専用瓶がないため、ソース瓶や醤油瓶、ウィスキー瓶、ジュース瓶なども再利用され、一〇〇㎖や一八〇㎖だったり、三六〇㎖など容量は種々であった。広く利用されたビール瓶は圧倒的に六三三㎖が多かった。琉球政府の酒類表示法（一九五二年）においても、容量は一、八〇〇㎖、六三三㎖、三六〇㎖、一八〇㎖等の区分で、三合瓶相当の容量はなかった。一九五三年の泡盛価格表には一升瓶詰6ドル7セント、ビール瓶詰5ドル32セントなどと堂々とビール瓶詰表示がある。また、一九五八年の酒類価格設定にも一合瓶詰、二合瓶詰、三・五合瓶詰、一升瓶詰の分類で、同様に三合瓶というものはみえない。この三・五合瓶詰は六四〇㎖なので、ビール瓶詰に相当する容器である。こうした再利用瓶の伝統が日本復帰まで長く続いたことから、いわゆる「三合瓶」相当の容量六〇〇㎖容器が誕生したと考

【表6】　課税移出数量の容器別構成比（昭和42・43・46年度）
国税庁間税部酒税課『沖縄県の泡盛製造業実態調査報告書』（昭和48年4月）

容器区分	昭和42年度	昭和43年度	昭和46年度
360ml瓶（2合瓶）	22.2%	21.7%	17.1%
633ml瓶（ビール大瓶）	53.9%	53.8%	49.6%
1800ml瓶（一升瓶）	18.8%	19.9%	28.8%
その他	5.1%	4.6%	4.5%

えられる。この三合瓶の容量六〇〇㎖に関して、まさひろ酒造の比嘉昌晋会長に照会したところ、沖縄の日本復帰にともない、商標や度量衡の関係もあり、ビール瓶等の使用ができなくなり、「多分でありますが六三三㎖では容量の検査等に支障があるので六〇〇㎖にしたと思います。」とのご教示をいただいた。加えてビン製造メーカーの丸宗株式会社（沖縄支店：うるま市）にも確認をしていただき、復帰後、マルショウ六〇〇㎖の泡盛瓶を製作するため初めて金型を起こしたのは一九七二（昭和四七）年十一月二九日との履歴があるということが判明した。沖縄の日本復帰にともなって様々な制度変更もありつつ、六〇〇㎖の泡盛瓶に落ち着いていったと思われる。

1960 年前後の泡盛ラベル

銘柄ラベルの制作

日本復帰後にまとめられた国税庁間税部酒税課「沖縄県の泡盛製造業実態調査報告書」（一九七三年四月）には現在の泡盛の主力製品容器であるビールの空き瓶利用は、泡盛がビールのお古を使う低級な酒であるとのイメージを強めているように思われるので、県内向けであっても泡盛に適合した独自の専用容器の開発が必要と指摘している。泡盛の専用ボトルが本格的に造られるようになるのは復帰後のこととなる。その後、泡盛用のボトルの開発も進み、現在では、様々な形の瓶やそのまま寝かせるための甕、記念品や土産として琉球ガラスや陶器に詰められた泡盛も流通しており、デザインを凝らした多種多様なボトルを目にすることができる。

こうした瓶詰め泡盛の動きは必然的に銘柄のラベルの制作も促した。一九五五（昭和三〇）年頃から泡盛メーカーによっては各々銘柄の思案をはじめることになる。一九六二（昭和三七）年の酒造組合加盟酒造所の商標一覧（【表4】66頁）をみると、当時の銘

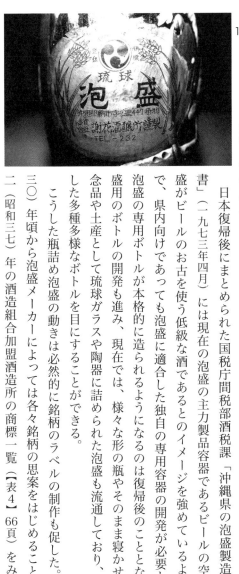

現在は残っていない銘柄ラベル「若松」
（石垣島浦添酒造所）

柄の特徴を見ることができる。銘柄で多いのは「泡盛」の名称に「中」「大」「高」などの符号や屋号の記号と「泡盛」の語を組み合わせたもので、なかには良泉にちなんだ「瑞泉」「竜泉」「美泉」「金の泉」などの名称も多くみられる。地名と関連した「萬座」「勝連」などもあるが、重複した名称の銘柄（「竜宮」「瑞泉」「寿」）があったり、まだ商標を定めていない酒造所もあった。なお、泡盛ではないが、酒造所によっては米国統治時代を反映して、「ゴルデンウィスキー」「タカラソフトワイン」「Ｒｕｍｓｗｅｅｔ」「スロージン」「コーラルドライ」などカタカナや英語名による銘柄も発売されていた。このように、泡盛等のラベルは当時の世相や時代背景を物語り、反映していることが理解できる。

【注】

(1) 琉球政府『沖縄県史　第21巻資料編11　旧慣調査資料』琉球政府　一九六八年、二六五〜二七〇頁。

(2) 照屋比呂子「泡盛の醸造技術」『紺碧とともに　沖縄県酒造協同組合一〇周年記念誌』沖縄県酒造協同組合一九八八年、一七七〜一七八頁。

(3) 田中愛穂『琉球泡盛ニ就イテ』(一九二四年) 永田社　一九七八年復刻版、二五二頁。

(4) 沖縄県酒造組合連合会『沖縄県酒造組合連合会誌』一九七七年、六五〜七三頁。

(5)『日本の食生活全集四七　聞き書 沖縄の食事』一九二頁。

(6) 本書の内容は萩尾俊章「近代沖縄の新聞広告等にみる新たな酒類の登場と泡盛 (予備的考察)」『沖縄史料編集紀要』(沖縄県教育委員会　二〇一四) の一部に基づく。

(7) 識名酒造代表の識名研氏への聞き取り調査ならびに仲村征幸『仲村征幸の泡盛よもやま話』醸界飲料新聞　二〇〇九年、十四頁による。

(8) 佐久本政敦『泡盛とともに』瑞泉酒造株式会社　一九九八年　五七〜五八頁及び一一五頁。

●コラム　ブラジル生まれの泡盛

宜野座村出身の安村政人氏から連絡がきたのは二〇〇七年頃だっただろうか。お話を聞くと、ブラジルで泡盛を製造するが、その際に私が執筆した『泡盛の文化誌』に掲載されている図版をモデルにラベルを作成したいとの相談であった。当該図版は明治期の刊行で、すでに著作権の対象ではないことを説明し、とくに許諾の必要はないことをお話した。その後、二〇〇八年には新作のラベルを貼り付けて関係者に振る舞ったことが新聞で紹介された（『沖縄タイムス』二〇〇八年八月二五日付夕刊）。

安村さんは一九五八年にブラジルに渡り、長らく畑仕事をしてきたが、息子に仕事を引き継いだのを機会に、二〇〇一年頃からブラジルで泡盛を作りたいと考えていたそうだ。地元の蒸留酒は「ピンガ」と呼ばれ、サトウキビが原料で、強い度数でのどが焼けるくらい強い。そのため沖縄の泡盛を作りたいと常々考えていた。沖縄に帰るたびに泡盛を持ち帰り、麹菌や製造法の資料を入手して、二〇〇二年に自宅にて高圧釜で試作したところ、自慢の泡盛ができたという。その後、設備を整えて製造をはじめ、身近な人に配ったり、飲食店に出したりしている。

ラベルには琉球泡盛「サキ」（沖縄方言の酒の意）と表示し、兄弟で設立しているので YASUMURA&YASUMURA とし安村酒造所、アルコール度数は三〇度である。原材料は一〇〇％発酵米としている。ウチナーンチュとしてのアイデンティティが産んだ貴重な泡盛といえよう。

第四章　沖縄の伝統的酒文化

一、口噛み酒の習俗と伝承

神酒としての「口噛み酒」

琉球王国時代の口噛み酒や神酒についてはすでに記述したとおりであるが、近代以降の記録や伝承からさらに具体的な様相をひもといておきたい。

伊波普猷は「南島の稲作行事について」（一九三六年）において西原間切と王城の事例を紹介している。一時代前には、西原辺りはお祭りの一週間前に、数名の宮童（みやらべ：乙女のこと）が選抜されて、魚類その他のヒルグサリ物を食べるのを禁ぜられ、最後の日には砂糖蔗をかじって、歯を奇麗に白くしてから、米を口で噛んで磨りつぶした米を水に漬けた桶の中に吐き出し、表面に浮いた涎を、竹のアカシ（スプーン形の皮）ですくい取った後で、一晩置いて醗酵させた。また、廃藩置県前までは王城内でも未婚の王女たちが同様な方法で神酒を醸したという。(1)

折口信夫が一九二三（大正十二）年に来沖した際、那覇近郊の小禄村における神酒のウンサクのことを聞き書きした。都市に近い農村の事例としては唯一の事例である。ウンサクは十四〜十五年前までは、小禄の字具志にもあった。処女で、家がらで美しいのが、口を洗うて水に浸した米を噛んだのを、別に粥の様に炊いた中に入れて、二〜三日で醗酵させたのを、祭りに使った。折口は小禄村長談としてこの話を紹介し、ただし、字小禄では現にするそうであるが、この話は少しわりびきの必要があるとしている。(2)とはいうものの、祭りなどでは当時でも口噛み酒を醸していた可能性は大きいと思われる。

『安謝誌』（二〇一〇年）には、ウンサクはお米をウスでひいて造るのだが、大正期までは人が噛み砕いたカングミ（お米）も少しは混ぜていて、カングミする人は歯がきれいで健康な女の人が選ばれたとしてカングミする人たちの名前も紹介している。このように首里・那覇の近郊において大正時代でも口噛み酒の習俗は残っていたことがわかる。

口噛み酒を担当する女性は若い未婚の女性ということが基本的な条件として多くみられる。社会学者の河村只雄が一九三七（昭和十二）年に波照間島を訪問した際に、口噛み酒と遭遇している。[3]島の神事のときに供えるのは「ミシュ」と称する神酒であった。何人かの乙女（ミヤラビ）が選ばれ、沐浴潔斎をして、粟や米を噛んで吐き出して口かみ酒を造っていると記録されている。乙女が選ばれたのは、若い人の方が唾液の分泌率が高いことによるという。沐浴潔斎をして口噛み酒を造る点は共通しているが、波照間島では「乙女」であることから、未婚の女性だったと推定される。同時期に河村は多良間島を訪れ、豊年祭での神酒は粟で造るが、その頃にはすでに麹を用いて造ったという。[4]

さらに、河村は伊是名島を訪問していて、仲田の村落では旧暦六月のお祭りに供える神酒はきれいな歯をした十五〜十六才の無垢な処女に噛まして造っているという。米を噛んで造ったミキは白糖をいれたものよりもおいしい味がしたという。噛んでつくったものは白く、麹で造ったものはやや黒いので、前者を「シロキ」と称し、後者を「クロキ」と称して神前に供える。つまり、仲田では口噛み酒と麹酒の両者を供物として用いていたことになる。伊是名の村落では、昔のウンサクは水につけた米を童女が口をみがき歯でかんだ汁で造っていて、昭和七〜八年頃まで行われていたという。隣接する具志川島では各家庭でも噛んでミキを造っていると記録している。[5]

一方、伊平屋島の田名では、六月十五日のウマチーにおいて、田名神社の前で神人は神酒のウンサクを飲むが、これは十四〜十五才の少女を四〜五人選んで、スンジャ川に連れて行って塩で歯を洗わし、米を噛ませてそれを湯に入れて炊いて造った。(6) 宮城真治「山原　その村と家と人と」の記述からすると、昭和初期において国頭村安波や伊平屋村我喜屋にも口噛み酒の伝統はあったことがうかがえる。(7)

さらに、久高島では供え物としての酒に米で造るタルマミキがある。以前は炊いた芋を木臼ですりつぶし、麦粉と水を混ぜて造ったというが、昔は選ばれた未婚の娘たちが麦粟を噛んで造ったとの伝承されている。(8) 伝承のため、明確な時期は特定されていないが、口噛み酒をはじめとした酒の製造法の変遷がわかる。

このように沖縄本島の都市地区周辺や離島において、戦前の大正から昭和期において口噛み酒の習俗があったことが確認できるとともに、伝承も多く採集されている。

口噛み酒の担い手と要件

口噛み酒の造り方は、八重山・石垣島の事例で詳細にうかがえる。(9) 石垣島のミスは豊年祭（プール）につくる神酒で、方言でミスという。米八升を用意し、四合は生米のまま水につけてやわらかくする。残りの七升六合を大きなシンメーナービ（四枚鍋。四枚とは大きさを表す言葉。黒糖製造にも使用された鉄製の平鍋）で炊く。ごはんが冷めた頃、鍋のまわりに塩をまき清め、乙女たちがわらで髪を巻き上げ、わらのたすきで身支度をととのえ、さらに塩で口を洗い、身を清めて座る。そして、ごはんと生米を交互に一にぎりずつもみながら口に入れ、かみ砕いて吐き出す。米噛みはとんとんと鍋の縁をたたきながら調子よくやる。七升六合の飯と四合の生米を噛むので、休む暇もない。全部噛み終えると、三升五合の水を加えてかき混ぜ、石臼で細かくなるようゆっくりと三時間余りもひく。二斗入りの甕に詰め、水で適当に薄めて、マルバチシャ（ケーズ）という植物の葉っぱを幾枚も重ね、小口の甕に押し込むようにふたをし、三日間発酵させたという。

口噛み酒を造る際には、乙女が噛むもので、前もって塩で口を洗い、身を清めることが必要で、材料は炊いた米と生米を交互に噛むことでおこなわれた。ただ、噛むとはいっても、米の量も多く、多大な労力が求められた。健康で丈夫な歯の者たちの特権であったようで、当時としては一種の誇りもあったという。

宮古島の旧平良市地域での伝承によると、[10]材料は主として粟で、他に大麦や甘藷で造る。はじめに粟を臼でついて、粕を取り除き、大きな釜に入れ、水をたっぷり加えて炊き、粥状になるまで、水煮してから、タライなどに移して冷ます。三〜四名の若い女性が噛む前に塩水で口中を丁寧に洗い、粟粒を液状になるまで噛む。噛み終わったら、それを壺や甕の容器に入れて、密閉する。三〜四日すると醗酵し、ほどよい飲み頃になる。この粟の神酒を「アー・ンキ」と呼び、昭和の初め頃まで続いていたという。このように若い女性が噛んで造ったというが、若い女性のみがミキ造りの条件だったわけではない。平良市の北部では三月のムギプーズ（麦の収穫祭）に、歯並びのよい娘たちが集まって塩で歯をみがき、噛んで造ったが、平良市下崎では五月の粟の収穫祭（アープーズ）で、婦人たちが歯をみがいてから、噛んで造った。平良市島尻の三月の麦の感謝祭（麦プーイ）では、神役のツカサンマたちが特定の家に集まって、麦のミキを噛んで造った。噛む人は虫歯のない人で、塩でゆすいでから噛んだという。こうした点からすると、結婚した婦人たちや神役の女性も担当したこと、加えて歯並びがよいことや虫歯がないことなどが条件としてあった。

口噛み酒を造るには前にみたように、事前に慎むべき事項もあったことがわかる。魚類や臭いが強い食べ物などを避け、直前にはサトウキビを噛んで準備を調えた。このサトウキビを噛む行為は他の地域でも見出せる。南城市知念字久手堅では、五月十五日の稲穂祭り(稲の大祭・収穫祭り)において、神酒を当間殿に供えるのであるが、以前は女性がサトウキビを食べてから、米を噛んで吐き出し、それを醗酵させ神酒としたという。(11)このサトウキビを食べる事前行為は、糖分を口に含むことにつながるため、米などの穀物を噛んだ際に、アルコール発酵を促進する効果があったと考えられる。

さらに、口噛み酒を造ると言っても、その出来具合は単純ではなかったようである。久米島の郷土史家・仲原善秀は久米島の嘉手苅ノロからのミサクを噛んだ話を紹介している。(12)「人の口にはイクタティ(幾通り)もある。牛乳のように沈殿することもなく、濃度を保つ口。これがよいミサクになるらしい。容器に移したら沈殿して上の方がシガ水(すむ)になる口もあれば、すっぱくなる口もあるという。糖や塩で口を清め、容姿を正して噛みはじめたが、めいめいの容器に口移しにしたのが右のような成績で、失格することもあったようで、虫歯や月経だけが落第でもなかったようだ」とあり、人の口を介して醸す酒だったことから、一通りではなかったことがうかがえる。先に、歯並びがよいとか、丈夫な歯をしている、虫歯がない、塩で歯を磨く、生臭い物は食べない、サトウキビを食べるなど条件をつけたことも、こうした口噛み酒の出来具合を考慮した結果であったと思われる。

以上みてきたように、口噛み酒を造るのは必ず女性であったが、地域により、未婚の女性であったか、あるいは主婦や老年の女性というように関わる女性も様々であった。また、祭りにあたっては担当の神役があたることもあり、こうした場合は年配の女性があたることも考えられる。口噛み酒をつくるのは女性の役目であったが、麹による神酒造りとなっても、酒を醸す作業は女性の役目として引き継がれていく。

こうした口噛み酒の話は沖縄では地域によってすでに聞けないところも多いが、既述のように離島においては昭和一〇年代初めまで造られていたことがわかる。最近聞いた口碑によると、与那国島や石垣島、宮古島では戦後間もない頃まで口噛み酒を造っていたという。石垣島の白保では、戦後も口噛み酒を造っていたが、マラリアの発症があった際に、口噛み酒が禁止されるようになった。

また、宮古島の旧平良市久松でも、戦後祭りの際に口噛み酒を造っていたという。多良間島の話者から聞いた話では、お隣の水納島では戦後しばらくは粟の口噛み酒を醸造していたという。さらには、『八重山生活誌』を著した宮城文の記述によれば、[13]噛み酒のミシは昭和の今日まで神祭に供えてそれを飲む儀式が続いているが、近年からは噛まずに発酵する新式の酒を供えるようになったとあるように石垣島の一部では祭祀用には復帰前までは醸されていたことをうかがわせる。

二、神酒の様態と変遷

祭壇に供えられた神酒
（本部町備瀬）

神酒の論考より

神酒や口噛み酒については平敷令治の論考が詳しいので、要約して紹介しておきたい。[14] 平敷の考察によると、以下のように整理できる。クチカミの酒をつくるのは女性であった。米を原料とする場合、飯を噛んで発酵させるか、水に漬けて柔らかくした生米を噛みそれを発酵させるか、米粉を煮てそれに柔らかくした生米を噛み入れて発酵させた。また、王朝時代にはどのムラでも米でクチカミの酒をつくったのではなく、畑作地帯では粟・大麦・高粱が用いられた。クチカミの酒は、粟・大麦・稲の刈り上げ祭に際して醸されることが多く、甘藷の豊作祈願、あるいは旧盆明けのシヌグやウンジャミなどの大折目に醸すムラもあった。

こうした指摘については異論はなく、首肯出来る内容である。ただ、口噛み酒は基本的には祭祀儀礼用に供されたものであるが、必ずしも祭祀・儀礼にのみ用いられたのではなく、様々な機会に飲料としても利用されたことがうかがえる。

前述の宮城文によれば、かみ酒（ミシ）は神祭や諸行事に造られた。[15] これは「カンミシ（噛神酒）」と称し、ミシカンピトゥ（神酒を噛む人）は歯の丈夫な妙齢の健康な女を選んで、材料を噛んで造った。八重山では大正時代の頃まで、家造り、墓造り、田植え、稲刈り、畑仕事などに盛んに飲まれた。とくに稲刈りの時は四斗入れのチュウツブガメにミシを詰め、田の中に据えておいて、仕事の合間に自由に飲めるようにしてあったと記している。

シニグ祭事の神酒用の米を蒸している
（本部町備瀬）

別の聞き書きによると、石垣島では唾液で発酵したミスは、農作業などの折に飲み物代用となり、またひとつの栄養剤としても重宝がられた。結い（共同作業）をした主婦たちは、それもひとつの親睦であり、「今日は誰々の家のミスづくりだ」といいながら良く歯を磨いて出かけたという。[16] なお、伊是名島や宮古島の報告例でも、各家庭での飲料酒として口噛み酒が造られたと記されている。

沖縄本島においても、口噛み酒というわけではないが、飲料や栄養補給源として神酒が代用されたりもした。祭事で供えられるウンサクは、米をウスで碾き、少し甘味をつけた乳白色のものであるが、赤ちゃんの離乳食にしたり、産後、母乳の出ない母親（トゥイヌエークと呼ばれていた）が、母乳代わりに赤ちゃんに飲ませたりもしたという。お年寄が不元気な時、陶器で作った一人用の小さな鍋（サークー）で炊いたお粥やウンサクをつくってあげた。サークーで炊いた米飯を「サークー飯（メー）」と呼び、香しくて美味しくお年寄りから好まれていた。[17]

琉球諸島の各地においては、近代以降、伝統的な口噛み酒がしだいに麹による神酒醸造へと変化していくが、地域や時期によっては琉球諸島内で両者が並存して醸されていた。最後に麹などを用いた神酒の製造法をみておきたい。

麹を用いた神酒

北部のやんばるでの神酒造りは宮城真治が詳しく記述している。要約して紹介すると以下のようである。神酒は一斗をもって普通は一つと称え、白米三升三合三勺を用いた。米は水に漬けてよく洗い、臼についてこれを粗く砕き、そのうちの二升五合を軟い飯に炊く。これをクサムホといい、それがまだ熱いうちに麦芽の粉を一合ないし一合五勺加

ウンガミ祭用の神酒（大宜味村田港）

える。この麦芽の粉をことをアリーといい、麦芽の粉を加える時のクサムホの温度（四十五度位）がとても大切なポイントだったとされている。アリーを入れて攪拌し充分冷えた後、残りの八合三勺の米粉を加える。この粉をウチグーという。かくして夏は一夜置き、冬は二、三十時間置いて水を加えつつ碾《てん》臼でひき、薄めて一斗にして、三〜四時間置くと甘い神酒となる。これをさらに一両日置くと酒精分が多くなり、サァサァと泡が立って来る。昔の人はこの酒精分に酔うて楽しんだとしている。[18] 材料の米に、麦芽を発酵のスターターとして用いていたことがわかる。

こうした例は他の地域でもかいま見える。[19] 同じやんばるの事例であるが、神酒の材料はおからや小麦、こうりゃんを蒸して麹をつくる。麹ができたら、粟やこうりゃんを煮て冷まし、すっかり冷めたら麹と合わせて一晩おいて発酵させ、それを石臼で水びきするという工程である。同じ北部地域でも用いられる材料や麹の元になる素材には違いがみられたのである。

本島の他の地域についてもいくつか紹介しておくと、うるま市与那城の宮城島は大豆を炊いて三日間ほどおき、麹ができると、さらに芋を加えて麹にして缶に入れて煮る方法。南城市知念字久手堅では米を柔らかめに炊き冷ました後、桶に入れ、麦粉を混ぜ一緒にこね、それを芭蕉の葉で被い、翌日に水をかけながら臼でひく方法であった。糸満の神酒は豊年、豊漁を神々に感謝して祈願する行事、二月ウマチーや五月ウマチーに、門中でつくって供えるものである。製造方法は裸麦を発芽させて、干して粉にする。うるち米は洗って水につけ、水を入れながら石臼でひく。水の混ざったうるち米の粉に白砂糖を入れて、かき混ぜながら麦粉も入れて炊きあげる。二〜三日お

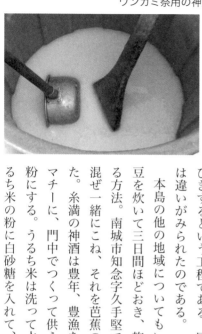

芋でつくった紫色の神酒（本部町備瀬）

くと酸味が出ておいしくなる。材料の割合は米一升、裸麦三合、水と白砂糖適量である。座間味島では米と麦粉、粟国島では大麦と芋、さらに宮古島では小麦（または大麦）と芋などであった。むろん伊是名島（勢理客）のような米どころでは、米麹をたてたものに飯を入れて沸騰させて一晩置く方法のように、米が材料として基本のところもある。八重山の石垣島でも同様で、宮城文の『八重山生活誌』には新式のミシ（神酒）の造り方として二つの方法が紹介されている。[20] 一つは、材料は固く炊いた粳米飯一升、生米一合、それに水二升七、八合である。生米を水に漬け、石臼でひく。粳米を固い飯に炊き、飯を水に入れて、石臼で細かくひく。両者を甕に入れて、三日目に白酒のようになったら飲む。いま一つは二リットルの米で炊いた固い飯を石臼で水びきにして、甕に詰め、蓋をきつくしておく。二日目に砂糖二〇〇グラムを入れてよくかきまぜる。これは生米の代わりに麹を利用したとされている。

このようにみると、神酒の醸造方法は、地域により原料はもとより、その製造過程も様々であり、大枠での工程には共通するところも多いが、麹の原料や製造工程、発酵方法にも細かな違いがそれぞれ見いだせる。各地域の生業形態により神酒の材料も左右されるが、米作地域では米を麹の原料としても利用したが、スターターや麹の素材には米と麦芽の粉、大麦と芋、大麦と芋、小麦と芋、おから・小麦・こうりゃんの組み合わせなど多様である。原料を水に浸け臼でひく方法、原料を炊いた上で臼でひく方法、原料を煮るだけで臼は用いない方法、そしてこれらを組み合わせた方法など様々である。簡易的に発酵を早める方法として、米を臼でひき水に溶かして砂糖を入れるやり方はかなり広く採用されている醸造法のように思われる。

三、芋酒（ウムザキ）

芋酒の普及

沖縄の酒というと、すぐに泡盛を思い浮かべる人が多いと思う。それは確かにそのとおりなのであるが、時代によっては泡盛がメジャーでない時期もあったし、また地域やどのような階層の人びとかでも飲む酒は違ったりしていた。

近代初頭における一般庶民の酒はどのような様子であったのだろうか。酒飲料については、一八九三（明治二六）年の『旧慣調査資料』の「各地方自家用飲料醸造ノ概況」調査に読みとることができる。[21] この調査は焼酎の自家醸造の実態を把握する目的でおこなわれたものである。

島尻地方（沖縄本島南部）で巡検したのは大里・真和志の両間切の一部のみで、醸造の様子は明らかでなかった。しかし、中頭地方（沖縄本島中部）では美里・具志川・勝連間切のうち、浜比嘉島の浜と比嘉の両村は最も多額の焼酎醸造を行っていると報告されている。浜比嘉の両村はほとんどの家で醸造をおこなっていて、近隣の各村にも広く販売していた。浜比嘉で醸造された焼酎は統計資料などから推察すると、芋焼酎であったことに間違いない。

なお、『琉球新報』（明治三四年十二月十五日付け）には「具志川間切の芋」と題して、芋酒のことがみえる。要約すると、芋というと第一に具志川間切が屈指で、もっとも同所の芋酒も名産と呼ばれるが、本年は暴風で非常に損害を蒙り、芋一斤の相場九厘迄騰貴した。といって芋酒などは来年頃になると醸造することができなくなるが、しかし今日通り泡盛が下落すると芋酒の醸造するに及ばないと報じている。これは今後の酒税法の改正により芋焼酎の製造禁止が予定されていることを示したものである。

一方、「各地方自家用飲料醸造ノ概況」調査によれば、国頭地方（沖縄本島北部）にいたっては、金武・名護・大宜味などを除く他は、大概どの家も酒の醸造を行い、自家飲料に充てていた。国頭役所の資料によれば、一八九三（明治二六）年中の醸造高は二〇〇〇石余りであった。各地方ともに首里の焼酎（泡盛のこと）は祝祭日でないと用いない状況で、すべて自家製の芋焼酎を普段飲んでいた。

日本本土では一八九九（明治三二）年からは自家用酒の醸造が禁止された。そして、一九〇二（明治三五）年頃からは自家消費用酒類の醸造がしだいに難しくなっていく。一九〇八（明治四一）年一月、沖縄県内消費の酒にも一様に酒税法の適用を見るようになった結果、自由醸造についても厳禁されることとなり、農家所有の蒸留器は全部撤去されてしまった。

その後の新聞『琉球新報』（明治四一年九月二三日付）には芋焼酎の醸造禁止のことがみえる。密醸取締のためか、農家自家用の芋焼酎醸造は本月初旬より堅く禁じられたことにより、代価が騰貴したこと。また泡盛に関しても、田舎の商店ではどこでも泡盛を買入れることが生じて、泡盛の相場が一桝三十銭位に騰貴したことが報じられている。このように首里の泡盛酒が流通していく要因には酒税法の改正が大きく影響した。この点は民俗調査報告書の中にも散見できる。

勝連村（現うるま市勝連）字南風原では、酒は自家製で、芋やそら豆でウム（芋）酒を造っていた。一九〇九（明治四二）年頃、酒を造る道具を税務署の人に取り上げられてからは造ることはなくなった。その後はムラの売店が首里の酒屋から酒を購入するようになったという。『琉球泡盛に就いて』（大正十三年）を著した田中愛穂《ちかほ》の見聞（一九二三＝大正十二年）当時でも、官吏が各戸を厳密に点検して、器具のすべてを没収・破壊したために、今では芋酒はむろんのこと、これに用いられた器具の片鱗も見ることができないと記している。このように沖縄本島の芋酒は明治時代の終わりには一般庶民の酒としては姿を消していったが、一部の酒屋ではしばらく製造は続けられていた。

今でこそ、芋焼酎といえば鹿児島県が有名であるが、鹿児島県で芋焼酎が製造され始めるのは、サツマイモが普及し始めた後のことで、十八世紀の半ば以降とされている。さらに芋焼酎の製造が産業化していくのは、一八九九（明治三二）年に自家醸造が禁止された後のことである。[22] 鹿児島県でもそれ以前はほとんどが自家醸造だったのである。自家醸造が禁止されたことから、村落ごとに免許が与えられ、共同の集団で酒を造り始めた。一九〇一（明治三四）年には共同製造場が三六九六場あったようであるが、それが酒税確保と業界の近代化のために、明治四五年頃には行政主導によって四八五場までに減らすという大改革が行われた。このことは熊本県や沖縄県も一緒の状況であったという。こうしたなかで沖縄の芋酒は姿を消してしまうが、一方の鹿児島県の芋焼酎は壊滅そのものは免れながら産業化が推進されていった。

日常酒としての芋酒

さて、佐喜真興英の『シマの話』（大正十四年）は現在の宜野湾市新城の民俗誌であるが、その中に芋焼酎のことが登場する。[23]「島人は概して酒好きであった。酒には首里で買ってきた米製の焼酎と、島で出来る芋製のものと二種あった。島で出来る酒を全部飲み尽くし後、首里で出来る焼酎を飲んだ」ことが記されている。もっぱら常用されていたのは芋焼酎で、首里からの米製の焼酎、つまり泡盛は貴重な酒として酒宴の終わりに提供していたことがうかがえる。

戦前に書かれた泡盛に関する調査研究報告書である田中愛穂の『琉球泡盛ニ就イテ』（大正

十三・一九二四年）は、本島南部の与那原町で泡盛を製造していた金城時男には研究材料の提供を受けたことが記され、また熊本税務監督局技師の河内源一郎の協力を得て『琉球泡盛ニ就イテ』は執筆されたという。同書によれば、泡盛以外では焼酎は当時、島尻郡小禄の酒工場において生産するだけであった。甘藷焼酎は第一次世界大戦（一九一四～一九一八年／大正三～七年）の頃は、好景気で製造戸数は五戸もあったが、大正十三年当時はすでになかったという。(24)

田中は「甘藷酒（芋酒）」（田中は甘藷焼酎、甘藷酒、芋酒などと表記しているが、主として芋酒を使用していることから、以下は「芋酒」と表記）について細かく記述している。芋酒がいつ頃から一般に普及したのかを示す史料は今のところ確認できていない。田中は芋酒のことを「ウムザケー」と表記している。またうるま市石川では「ンムザケ」と呼んでいた（石川市立歴史民俗資料館『あわもりの歴史と文化』一九九五年、二九頁）。芋酒の方音表記については、「ウムザケー」「ンムザケ」の呼称もあるが、酒は一般に「サキ」であることから、ここではとりあえず「ウムザキ」としておきたい。

田中は明治以前の時代、芋酒が日常酒精飲料としての唯一のもので、泡盛が上流階級の一部の人への飲料であるのに対し、芋酒は中流以下ほとんどの庶民の飲料となっていたと記している。このあたりの指摘をそのまま鵜呑みにすることはできないが、芋酒が一般庶民にもかなり浸透していたことは想像にかたくない。

田中が紹介している挿話があるので、ここに取り上げておきたい。琉球の高位の役人でありながら、米焼酎の泡盛を常用せず、芋酒は泡盛よりも美味であるとしてこれを飲んでいた。それで良質の芋酒をさがし求めていて、ある村に芋酒の逸品が醸造されると聞けば、直ちにその村に逸品を上納するように命じて、飲用するのを習慣としていたというのである。しかも、この上納命令を受けたる当人はもちろん、たとえお金はなくても、このことを無上の光栄と心得て誇りに思ったというのである。芋酒が庶民のみならず上層の人びとにもいかに重宝されていたかがわかる。

また、もうひとつ芋酒に関する当時の状況を伝える田中の記述がある。芋酒は冠婚葬祭や様々な行事に用いられ、常に五、六升の芋酒を絶やすことをしなかった。とくに墓の造成や出産祝いなどには多量の酒が入用とされたことから、一回の宴会に一、二石を消費することもあったという。芋酒が祭事で非常に重用されていたことから、自家で芋酒を製造しないで、他所より求めたりして、宴会用に充てたりすると、その家の主婦は経済知能に乏しい者として、周囲からの嘲笑と指弾を受けたのである。田中が芋酒のことについて、教えを請うた老翁は自分たちが若い時は、「男は飲むもの、女は作る者と決まっていたから製造法なら女に聞かれたし」といわれたという。芋酒の製造が農家の主婦たちの重要な責務であったことが知れる。当時、婦人の芋酒製造技能の巧拙は、今日の中流以上の婦人における、音曲や文芸趣味のように、人びとから非常に注目を浴びたもので、嫁を迎える時は、先ず第一に酒及び味噌を巧みに製造できるかであったという。このように、農民の間にあっては女性の芋酒や味噌製造の技術の巧拙は、女性を評価する重要なポイントになっていたのである。

以上、芋酒は一般庶民の酒として定着して、かなり広範に普及していたことがうかがえ、上級の役人も芋酒に大いなる関心を寄せていたもので、一般庶民を含めて考えると、芋酒は泡盛を大きく凌駕していたことを予想させるのである。この芋酒については、豊川哲也「中世から近代における琉球・沖縄の酒について」『沖縄県工業技術センター研究報告』第二〇号（平成二九年度）において、泡盛とともに詳しい考察があるので、参照されたい。

芋酒用の団子状の餅麹
（田中愛穂『琉球泡盛ニ就イテ』より）

芋酒の製造法

当時の芋酒はどのように造っていたのだろうか。田中愛穂は『琉球泡盛ニ就イテ』の中で芋酒の醸造についても詳しく記述しており、大変示唆に富んでいる。

大まかな工程を先に記すと、芋酒の原料は米や粟、麦の籾殻、その他豆莢《さや》などで麹を作り、この麹にて甘藷澱粉を糖化させて、これに砂糖製造で取れた糖液を添加して、発酵させることで醪を作る。これを簡単な蒸留器にかけて蒸留すると芋酒が得られる。

農民たちの間では麹の材料は台所の廃棄物を原料としていた。米・粟・麦の籾殻、諸種豆莢、及び大麦、時としては砕米なども原料としていた。これらは芋酒の原料として生産されたものでなく、食物調理の際に残った廃棄されるようなものを集めて、容器に保管しておき、醸造の際に使用した。したがって、とても経済的な利用法であった。米や粟、麦の籾殻、豆莢等を任意の割合に混合して、十分に陽干する。これは原料中に付着する細菌、微生物の数を太陽光にあて殺菌・消毒作用を目的としている。こうして十分に乾燥させたら、適当な器具を用いて粉砕しておく。

次に、精白した大麦を約一昼夜、きれいな水に浸して、これを普通の飯の場合よりやや多量の水を用いて、柔軟に焚きあげ、大麦粥を作る。これに先ほどの砕いておいた籾殻粉を加えて十分に練り込んで、団子状に丸めて成形するが、その適度な硬さが重要だった。硬さは籾殻粉の添加量で調整し、この団子を長楕円形に握り固め、水平にした手掌の上で直立する状態で、壊れない硬軟度の状態としている。田中がそのイラストを載せて示している。

これを竹の簀《す》の子《こ》か藁製の筵《むしろ》の上に厚さ一寸五分位（約四・五センチ）で一様に平たく広げる。適当な厚さは人さし指の先端より第二関節までの長さであるという。こうしておくことで麹菌を繁殖させるのである。夏季のように室温が高い時はそのまま放置しても麹菌が繁殖するが、冬季はその上に筵を被せるなどして保温した。夏場でも速やかに良い麹菌を繁殖させるには保温の設備を要し、いずれの場合にも温度は四〇度近くに上昇した。麹室はとくに設けなくても、座敷、天井、土間などの外気の影響をうけることが少ない場所、つまり気温の変化が少ないところはどこでも製麹できるもので、中でも天井は格好の場所としている。

だいたい三日目頃より麹の菌糸が発生し、七〜一〇日経つと、菌糸は全体に繁殖し、「黄白色の菌糸胞子」がつく。いわゆる出麹の段階である。菌糸が黄白色の菌糸ということは、黒麹ではないということである。泡盛は黒麹菌であるのに対して、芋酒は黄白色の麹菌を用いていたということでとても興味深い。胞子はこの頃からは原料の表面に亀裂が出てきて、麹特有の香りを放つようになる。これで製麹完了の証である。

麹は揉み砕いてから、夜間は屋外に出して、夜露にさらす。次に麹は日中陽干しし、再び夜露にさらして更に陽干する。このように再度の夜露曝露と陽熱とを交互に受けた麹は、堅硬であるが脆い状態で、これを揉むと、微細に破砕し、この麹は直ちに芋酒製造に使用することができる。

第一次仕込と第二次仕込

醪《もろみ》の製造方法は、第一次仕込と第二次仕込との二段階がある。第一次仕込は蒸した甘藷と麹とを混合して発酵させるもので、第二次仕込は黒糖製造の中の廃液を添加して、さらに発酵させる操作である。第一次仕込では品質が上等で、新鮮な無傷の甘藷を浄洗し、芽根毛等を除いて、よく蒸して煮る。芋の皮は成品に影響するため、最も品質よい酒を製造するときは皮を取り除いた。

蒸した芋は、木臼に入れて搗《っ》き砕き、これに麹の適量を混和する。さらに手杵にて十分に両者を混和するようにして注意して搗く。甘藷と麹との配合量は甘藷十五斤に対し麹三升の割合である。この配合割合は麹歩合五〇％となり、現在の鹿児島県などで製造される芋焼酎の二〇％よりずっと多いとされる。その後、これを槽に移して、内容物が冷却したら蓋をして、室温二十度位で気温の変化が少ない場所に放置しておく。以上が第一日目である。

この醪の経過は、二日目になると酸味を帯びた臭気を放つようになり、二日目の夕方より早くも酒気を感じ、日を追ってこの酒気は強まり、六日目には最も甚だしくしなって、容器に鼻を近づけると強いアルコール分の刺激臭いがする。この間、毎日欠かさず攪拌して、塊を砕いて発酵を促進させ、腐敗菌の侵入繁殖を防止する。この期間について夏季は仕込の後六日、冬季は七日としている。その後、直ちに第二次仕込となる。

第二次仕込は第一次仕込の甘藷澱粉が糖化され、かつ酪酸作用も旺盛となった六ないし七日目に行う。仕込は第一次仕込容器の中に糖液を添加して、両者を十分に攪拌混合、さらに発酵させる操作である。この時に使用する糖液には三種類あり、①黒糖製造に使用した鍋の洗浄液汁、②甘蔗圧搾汁、③黒糖液である。一般には鍋の洗浄液汁を使用するが、甘蔗圧搾汁を使用する場合も少なくない。黒糖液は製糖時期ではないなど特別な場合にのみ使用した。

この時の醪と糖液との混合割合の見立ての方法がとても面白い。それは第一次仕込醪と糖液との混合物を、二尺程の長き「しゃもじ」（酒造所ではカイ（櫂）と呼称）で強く攪拌してできる渦巻の中央にしゃもじを直立させ、手を離してもそれが傾倒しない程度に濃度を保つというものであった。

第二次仕込が終了すると、仕込容器は気温の高くない所に置いて発酵させる。土間は最も適当である。醪の経過は仕込後、四時間で泡の発生が始まり、液は徐々に柔軟になる。三日目になると泡の発生は、しだいに衰弱し、ついで透明な上澄み液が現われ、種々の雑物は底に沈殿する。これが、蒸留を始める好時季のタイミングである。

この二次仕込みの段階の状態を考えると、発酵は中国式の完全な固体発酵というよりも半固体発酵のようなもののように見受けられる。「透明な上澄液が現われ、種々の雑物は底に沈殿する」との記述は一定程度の液体を含んでいたことを示している。中国では固体発酵法ばかりでなく、液体発酵法もあり、さらに半固体発酵法もある。半固体発酵法は、おもに広西省や広東省の米酒製造に採用され、蒸米に約一・二倍にあたる水を入れ茶漬けの状態で発酵させる方法と、広西壮族自治区の桂林三花酒では発酵の前半は固体発酵、後半は水を加えて液状にして発酵させる方法の二つがあるという。[25] 芋酒の第一次仕込と第二次仕込の工程は、第二次仕込（後半）における糖液と水の違いはあるにせよ、むしろ後者に近い方式といえるように思える。

蒸留方法について

そして、最終工程の蒸留である。蒸留器はイラストが添えられている。竈の上に四枚鍋（シンメーナービ）をおき、鍋上には木製円筒形の甑《こしき》をのせ、その上方に冠状冷却器を置く。鍋と甑との間には、蒸気が漏れるのを防ぐために、乾燥させた芭蕉葉を巻き付け、練った芋あるいは粘土を塗っていた。この冠状冷却器の下部内面は丸天井の形状で、甑より立ち昇る酒精蒸気が凝縮する仕組みで、天井に凝結し液化した酒が、小管を通って器に集まるようになっている。冷却器の上部は冷却用冷水の貯溜所にして樋でもって冷水をこの中に入れ、管にて温水を出す仕組みである。この蒸留器は八重山でも使用されていた。沖縄本島では、冠状冷却器にて凝縮された蒸留液を、再

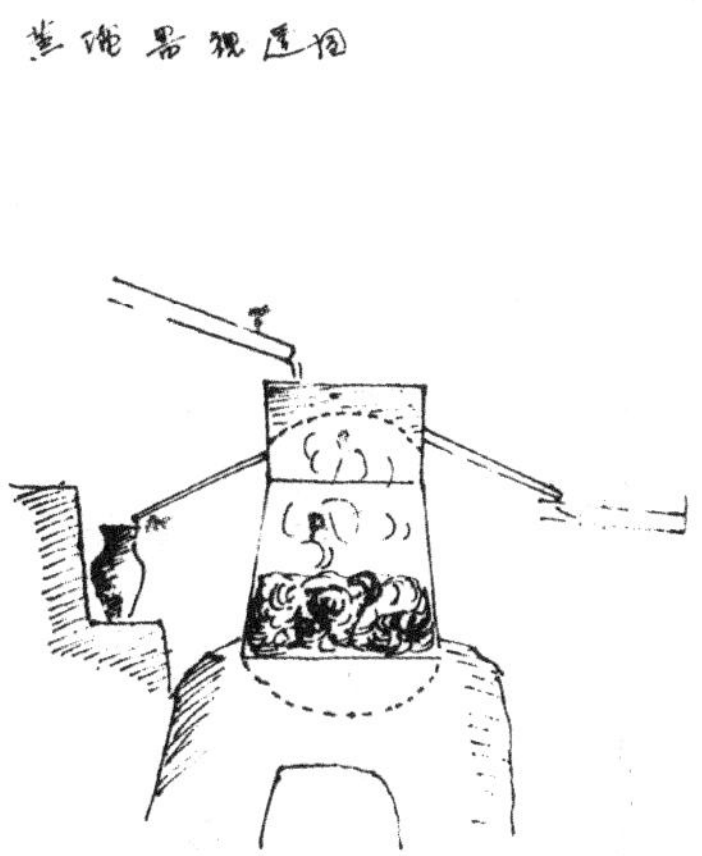

芋酒の蒸留器透視図
（田中愛穂『琉球泡盛ニ就イテ』より）

び蛇管式冷却器にかけて冷却する改良型も登場したという。

　蒸留方法は、醪を蒸留器に移す。冠状冷却器を除き、甑の上口より醪を鍋に入れ、直ちに蒸留に着手する。醪が温まるとともに、しゃもじにて入念に攪拌を続ける。この攪拌はとても大切な作業で、かつ技術を要し、製品の良否は、この攪拌操作の巧拙に左右されるといっても過言ではないという。適度に攪拌をしたら、直ちに冠状冷却器をしっかりと被せて蒸留する。

　蒸留して出た芋酒の外観は普通の焼酎と何も変わらず、一番酒は品質風味で、酒精度数等ほとんど泡盛と同等としている。生産量は一釜より酒一斗で、もし豆（そら豆）を原料に使用するときには一斗三升が得られる。このうちの六升が一番酒にあたる。芋酒にも一番酒などのランクが設けられていた。

　以上が田中が『琉球泡盛ニ就イテ』の中で紹介している芋酒の製造法である。これだけ詳しく製造法を記した資料は他にはないので、大正時代の芋酒製造を知るうえでとても貴重な記録といえよう。

　田中が紹介した芋酒と中国の白酒の製造工程を比較してみていくと、多くの共通した工程と同タイプの蒸留器を使用するなど、芋酒の製造に中国からの影響があったことを十分にうかがわせるものである。むろん、中国とはいえ広大な地域に種々の原料を用い、さまざまな麹や工程で白酒を製造しているので、比較検討において安易に共通性だけを強調することには注意しなければならないが、芋酒の製法は沖縄の蒸留酒の展開を考えるうえで重要な位置を占めているといえよう。

中国式餅麹

芋酒の麹に関して、ここで検討しておきたい。大麦粥に籾殻粉を加えて団子状に丸めて成形したものが麹として用いられる。この麹は中国式餅麹にならったものであり、仕込みには水を加えないことなどから、すべて中国式仕込法であるとの考え方も示されている。麹を団子状に成形するというのは、確かに中国の餅麹を連想させるものである。

ここで中国の蒸留酒造りや麹について簡潔に紹介しておきたい。[26] 中国の蒸留酒といえば、茅台《マオタイ》酒や汾《フン》酒、五粮液《ゴリョウエキ》などの白酒が有名である。白酒の製造には「曲（麹のこと）」が用いられる。日本の麹は「散麹（ばらこうじ）」で、その菌はコウジカビが利用される。米麹や大豆麹、小麦麹のように蒸した原料に種麹を加え、その表面に麹菌を繁殖させる。できあがった麹はバラバラの粒状なので、「散麹」と称される。これに対して、中国では、一部に散曲の例もあるが、多くは原料の穀類や豆類を生のまま粉砕してから水で練り固めて、団子（餅）状にしたり、木製の木枠や機械で煉瓦状や円板状に成形し、これにクモノスカビを増殖させた「餅曲」が用いられる。その後、日陰で十分に乾燥させてから貯蔵して使用する。日本でいうところの「餅麹」である。これは原料を蒸したりしないでそのまま粉砕すること、菌がクモノスカビであることなど大きな相違点で、形状も丸い団子状なので、形態も散麹と対照的である。さらに、餅曲は乾燥させてから貯蔵し粉砕してから使用し、大きさにより大曲（大麹）と小曲（小麹）、その他の種類がある。

白酒の製造には大曲を使用するが、その発酵方法が「固体発酵」と呼ばれるきわめてユニークな製法なのである。中国以外ではごくわずかにしか見ることができない世界的にも特異な発酵法である。工程はとても複雑であるため、ここでは簡略に示しておきたい。原料は多くは高粱で、他にトウモロコシや黍、大麦、小麦なども使われる。原料は粉砕し、これに蒸す時に蒸気が通り

中国茅台酒工場の大きな穴（窖チャオ）での固体発酵

やすくするため、籾殻などを加え混ぜてから、散水し甑で蒸す。もちろん中国では発酵法にも地域によりさまざまであるが、代表的なのは茅台酒の工場でみられるような、土に大きな穴（窖チャオ）を掘り、そこに先ほどの冷ました原料と大曲を入れ、上から土をかぶせて、その中で原料を固体のまま発酵させるものである。発酵期間も一〇日間から一～二ヵ月とさまざまで、名酒といわれる工場では九～十二カ月までの期間をあてることもあるという。固体発酵が終了するとこれを蒸留するが、醪が固体状なので、蒸留器は水を入れた鉄鍋の上に甑を据え、甑の中には固体の醪を入れ、鉄鍋を熱すると蒸気によって蒸留する仕組みである。したがって、現在の泡盛や焼酎で行われている液体の醪をそのまま煮沸して蒸留する方法とは全く異なるのである。

　このように、中国の白酒の製造は餅麹や固体発酵、蒸気による蒸留法という製造工程が大きな特色なのである。曲の原料は大麦や小麦、豌豆などを粉砕し、これに籾殻を加えて水で練り固めているが、芋酒でも麹には米・粟・麦の籾殻、諸種豆莢を用い、これらを粉砕して、大麦粥を加えている。工程の段階は非常に共通していることがわかる。また、田中のイラストにあるように団子状に丸めて成形して楕円形に握り固める方法も中国の餅麹と共通している点である。さらに、芋酒ではできた麹を揉み砕いてから、夜間は屋外でさらし、日中は陽干しするなどして乾燥させると、揉むと簡単に微細になり、芋酒製造に適する状態とするなども、中国の餅麹が乾燥させて粉砕し使用する工程と類似しているのである。

　さて、田中は、第二次仕込の時、味噌少しを入れるととても良好の芋酒ができることを紹介している。そのため嫁は姑にかくして味噌を使用したら、姑に発見されては叱責されたという。このことは味噌の力を借りることなく酒を造りきれないようでは、

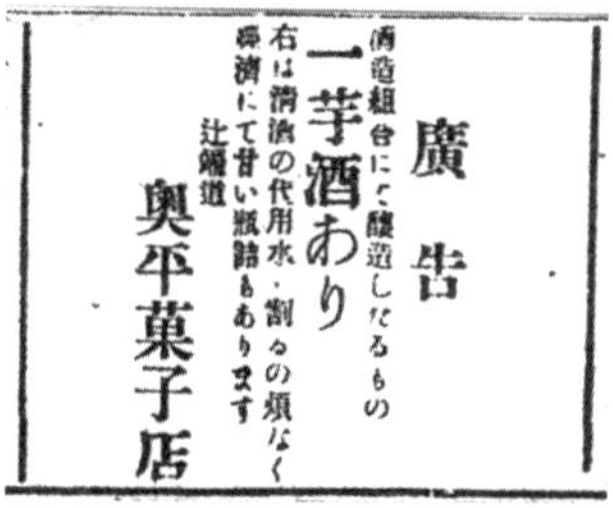

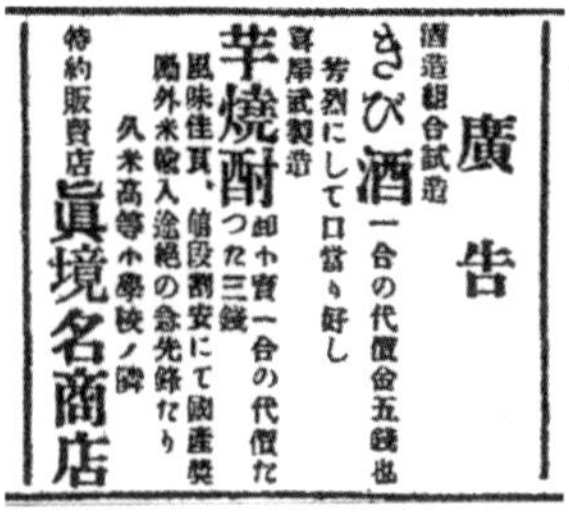

芋焼酎の広告
（右）奥平菓子店
（『琉球新報』1914年6月23日）
（左）真境名商店
（『琉球新報』1916年1月23日）

女としての資格はないという理由からであった。この味噌を入れるという添加も興味深い工程である。用途は宴会用、自家用としての需要が多かった。しかし稀には販売するものもあった。価格は、芋酒一升の価格で、一番酒二十貫（四十銭）、二番酒十五貫（三十銭）、三番酒　四ないし六貫（八ないし十二銭）という状況であった。

なお、糖液として甘蔗の搾汁を使用すれば溜液に少しく赤みを帯び、風味もまた優って、従って高価に販売された。「トーナチン酒」と称して一般に珍重されたのがこれであるという。芋酒が販売用としてもあり、一番酒から三番酒、さらには高価な「トーナチン酒」もあったというから芋酒の隆盛は注目に値する。

このことを裏付けるように戦前の新聞広告を見るとなんと「芋酒」の広告もみえる。早い時期としては『琉球新報』一九一四（大正三）年六月二三日に那覇の奥平菓子店による芋酒広告で、酒造組合醸造の芋酒であった。那覇の奥平菓子店は芭蕉煎餅・芭蕉飴の元祖と謳っているが、それらとともに泡盛と芋酒を販売していた。この広告には代価はないが、『琉球新報』（一九一六年一月二三日）には、那覇の眞境名商店がきび酒と芋焼酎を販売していることがみえる。黍酒も興味深いが、こちらは酒造組合試造として一合五銭、一方芋焼酎は喜屋武製造としてあり、一合三銭の値段である。芋焼酎については「風味佳良、値段割安にて国産奨励外米輸入途絶の急先鋒なり」と宣伝しており、大正年間の泡盛一合が約四銭であったことからするとやはり安い価格といえよう。

その他の資料にみる芋焼酎

この芋酒を考える上でもうひとつ紹介しておく資料がある。『旧慣調査資料』（一九八三年）

の「各地方自家用飲料醸造ノ概況」にも芋焼酎、すなわち芋酒の製造法が簡潔に記されている。(27)国頭地方の自家醸造調査において、芋焼酎の醸造方法は、蒸した芋五〇斤に米または粟麹三升を加え搗き混ぜ、壺に密封・発酵し、これに甘藷の絞り汁もしくは砂糖水を二〜三升と水一斗を混ぜ合わせている。これを蒸留して芋焼酎を醸造していた。これで芋焼酎一斗が得られた。蒸留器の類は数戸共同で一個を備えていて、各ムラにはいずれも七〜八個を所持していたという。芋を原料として、米や粟の麹を用いていたこと、仕込みは二段階で行われ、甘藷の搾り汁や砂糖水、さらに水を加えで発酵を促していたことがわかる。仕込みが二段階というのは田中の紹介した芋酒の製造工程と同様であるが、水一斗を添加する点は大きな違いである。この国頭の仕込みにおける水の割合は、全原料に対して〇・六六程度となり、現在の芋焼酎と同程度にあたる。

一九〇四（明治三七）年の新聞記事には、松田商務鑑定官の談話として焼酎製造のことがみえ、その中に芋酒の製造もみえる（「本県の酒類（承前）」『琉球新報』明治三七年一〇月十一日）。それによると、仕込方法は麹と甘藷を混ぜて、一週間位そのままにして、後に甘藷汁または砂糖及水を混和するものが多い。また、麹に甘藷及甘藷汁（汁の代りに砂糖を用いるときは水は汁と同量）を同時に加えて発酵させる方法と、甘藷汁と砂糖を用いないで水のみとする方法があった。前者は固体発酵で、後者は液体発酵と考えられる。国頭郡羽地間切での方法は、首里区において普通に行われるように、小米麹を水に浸し、それが発酵するとこれに甘藷または甘藷汁を加へて発酵させるが、その醪の取扱は、他の地方ではみな攪拌する方法を知らないという。国頭郡名護間切においてはこの方法をとり、醪の状態に注意して時々攪拌した。醸造の工程も地域により異同があったのである。そして、具志川間切の一釜分量の割合が示され、麹三升、甘藷四十斤（各地とも三十〜四十斤程度）、甘藷汁一斗（砂糖ならば二斤もしくは十斤位に水二斗を混入）にして、製造される焼酎は五升ないし八升位で、酒精分の分量は十四ないし三十度位であったと報告している。いずれにしても、甘藷汁一斗あるいは水二斗を加えるというのは明らかに液体発酵の工程である。

また、旧具志川市の栄野比・赤道・平良では芋酒について「作り方は大豆や豌豆、麦などでこうじをつくり、それにンムニー、キビの汁、水を混ぜて二週間くらいおくとムルンが出来上がる。このムルンをシンメーナービに移し、そしてなーびの中にクシチをたてて火を燃やすとクシチーの管を通って芋酒が出てくるわけ。最初にでてくるのをハナ酒というが、強くてね、マッチの火を近づけると燃えよったよ。だからコップ一杯で酔っぱらったよ。」との聞き取り報告もある(『具志川市史　第一巻　新聞集成(明治編)』具志川市役所　一九九一)。ここでもキビの汁や水を混ぜて、液体で発酵させていたと考えられる。

田中が示した固体発酵の事例がどの地域のものかはわからないが、芋酒の製造方法は、沖縄全域で共通というわけではなく、国頭地方の羽地間切や名護間切、中部の具志川間切のように仕込みに甘藷汁やキビの汁、あるいは水を加える液体発酵法もあった。したがって、こうした地域では現代と同じ液体発酵の方法で、蒸留器は簀の子なしの、直接モロミを煮沸するタイプが用いられたと推察される。したがって、芋酒の蒸留器についても、醸造方法に応じて蒸す型と煮沸型の二つのタイプが使用されたと考えた方が実態に即している。

いずれにしても、芋酒の製法は沖縄を含めた日本の蒸留酒を考えるうえで見逃せない事例である。かつて琉球の泡盛は中国式の固体発酵で製造されていたと推定されている。中国型の泡盛製造から日本型の泡盛製造への転換があったと仮定するとき、この芋酒の製造法は醸造技術史の変遷を考える上でも重要なポイントになるものといえよう。(本章コラム「芋酒(イムゲー)の復活」参照)。

四、歴史的記録にみる「味醂酒」

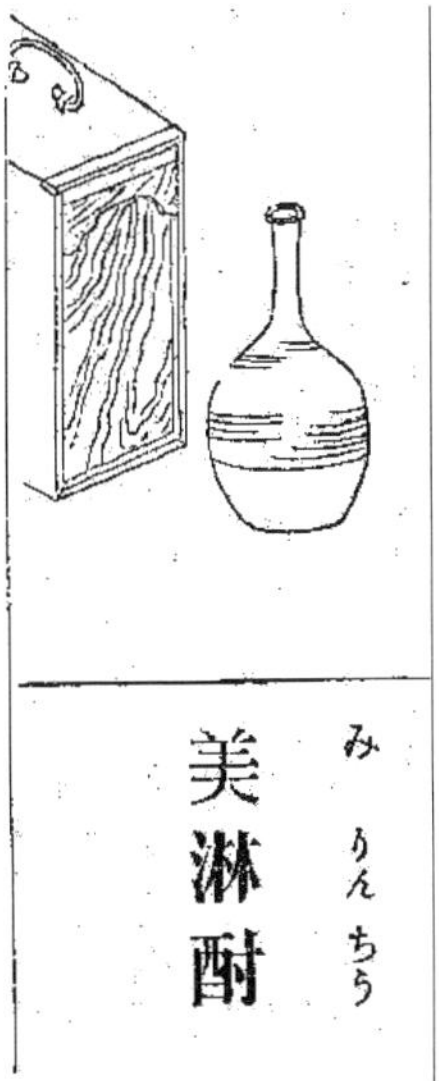

「美淋酎　みりんちう」
『和漢三才図会』より

「紅酒」とはどのような酒か

味醂《みりん》酒は、私たちが調味料としてよく知る「味醂・味淋（みりん）」の製法と同じものである。味醂はアルコール度数が二〇度から三〇度の蒸留酒（焼酎）に米麹を漬け込んだものを濾過して作られる酒である。現在、その製造販売には酒造免許が必要になる。この味醂は飲用の酒というよりも、甘みと照りをつけるための調味料として一般に知られている。沖縄ではあまり馴染みがないように思われがちであるが、昔から味醂が存在していたのである。それではこの味醂酒は沖縄ではどのような歴史を辿ったのだろうか。

冊封使録には琉球の酒に関する記述がみられる。徐葆光の『中山伝信録』（一七一九年）には、宮古島（太平山・麻姑山）では「紅酒を産出する。この酒を太平酒とよぶ。」とある。また、八重山（北木山）では「紅酒を産出する。密林酒とよぶ。」とある。[28] 宮古・八重山のこの「紅酒」はどのような酒なのか。

その後の周煌の『琉球国志略』（一七五六年）には、「酒」の項目で三種の酒「焼酒」「ミキ（米肌）」「紅酒」が登場する。[29]「焼酒がある。国では自ら醸造し、味は甚だ烈で、遠来の客をまねき、供応するには水をうめて用いることが多い。紅酒は、太平山の産で、太平酒といわれている。八重山から出るのは密林酒といわれてい

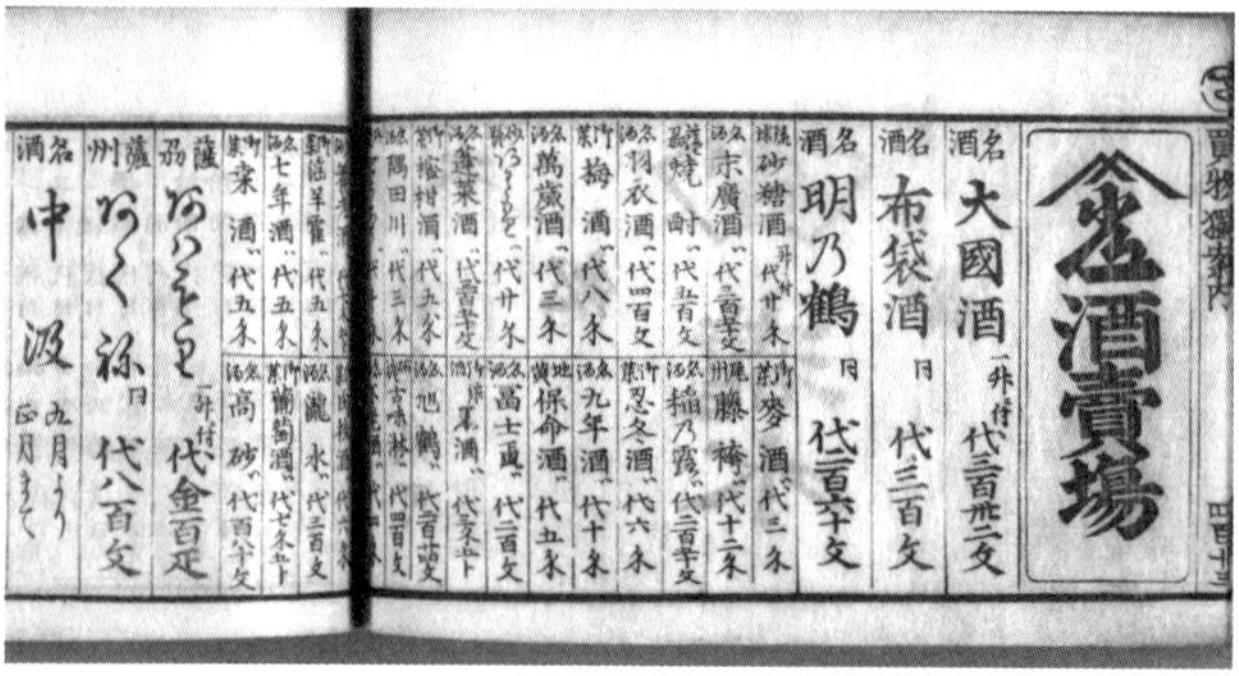

「琉球砂糖酒」などが明記された「江戸買物独案内　下巻」

る。吐噶喇《とから》から出る酒は芳醇である。みき（米肌）は米を噛んで汁にしてからつくる。乳酪のように甘く、淡く、日がたてば酸っぱくなる。」とある。紅酒について、宮古産は太平酒、八重山産は密林酒としている。この名称は『中山伝信録』と同様である。

これらの記録からすれば、紅酒は焼酒（＝泡盛）やミキ（口噛み酒）とは別の酒のようであるが、「紅酒」なるものが蒸留酒なのか醸造酒なのか、それとは異なる酒なのか、本文からはその実相が明らかではない。「紅酒」の名称の由来にはふれられていないが、「紅」とは見た目からの色合いを指しているように考えて差し支えないだろう。

ところで、この「紅酒」に関連して、江戸時代のヤマトでの泡盛事情で取り上げておくべき酒類についてふれておきたい。

元禄年間（一六八八～一七〇四）以降、焼酎はしだいに庶民の馴染みになり、その地位を固めていくが、琉球産の泡盛は依然、大名や豪商の愛用酒にとどまっていた。それが文政年間（一八一八～三〇）ともなると、琉球の泡盛は市中の酒屋などでも売られるようになり、清酒や焼酎に比べ高いとはいえ、遠い存在ではなくなった。この頃には「琉球砂糖酒」「砂糖あわもり」「砂糖焼酎」といった黒糖焼酎を連想させるような酒が酒屋で売られていた[30]。砂糖泡盛の価格は砂糖焼酎の二倍もしたといい、当時の泡盛と焼酎の関係を物語っている。これら「琉球砂糖酒」「砂糖泡盛」「砂糖焼酎」とは一体どのような酒なのであろうか。

密林酒と大平酒と砂糖泡盛

時代は下るが、一八九六（明治二九）年刊行の『沖縄風俗図会』には「砂糖泡盛」

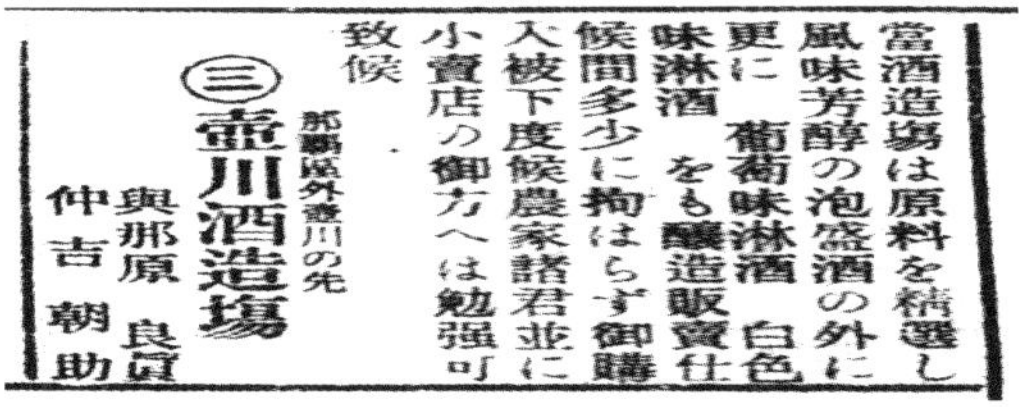
當酒造場は原料を精選し
風味芳醇の泡盛酒の外に
更に　葡萄味淋酒　白色
味淋酒　をも釀造販賣仕
候間多少に拘はらず御購
入被下度候農家諸君並に
小賣店の御方へは勉强可
致候
那覇區外壺川の先
㊂壺川酒造場
與那原　良貿
仲吉　朝助

壺川酒造場の味淋酒の広告
（『沖縄朝日新聞』1918年2月26日）
＊Ⅱ

に関する言及がある。「酒をキンボと称して太平山より出るをダヒンシウ（太平酒という）紅酒（色朱の如くにして清し之を神前にささぐ）といひ八重山より出るを密林酒といひ上（土の誤字）噶喇より出るを粟酒《あはぎんぼ》といふ薩摩にて砂糖あはもりといふは即ち是なり右はいづれも焼酎にして此方の如き酒は曾て無し」とある。つまり、「砂糖泡盛」とは、太平酒・紅酒・密林酒と同種系統の酒であり、焼酎の一種として、薩摩の方で命名した名称であることなどがわかる。

また、明治初期の「旧慣調査資料」（『沖縄県史21』）には、先島の焼酎製造のことが記されている。この資料には伝聞として、宮古島で製造される焼酎は「密林（ミリン）」といい、八重山で製造されるそれを「白酒（パーチウ）」と記している。これらはともに無税で島内で互いに売買される。沖縄本島へは琉球藩王そのほかに献上されるだけで、それが本島へ輸入されることはないとしている。

ここでは宮古の焼酎が「密林」、八重山の焼酎が「白酒」ということで、とくに「白酒（パーチウ）」の名称に違いがみられるものの、冊封使の記録した宮古の「太平酒」と八重山の「密林酒」と同一の類と考えられる。

さらに興味深い一つの論考、古川榮「琉球土産泡盛ノ説」（一八八七年）がある。古川は医科大学を卒業した医師で、どのような経緯で琉球の泡盛に関して発表することになったのか経緯は不詳であるが、同論考は明治二〇年の『藥學雜誌』に発表したもので、琉球の泡盛や白酎・味淋の製法について詳しく言及している。

白酎は「パーチュー」と読みをふり、作り方の詳細は省くが以下のようである。大麦と精白糯（もちごめ）、及び蓼（たで）などの材料で白麹を作り、この麹一合と糯一升の割合で精白糯一斗を蒸して、その後麹粉を混ぜ合わせて壺に入れ、泡盛一斗五升を注入し、芭蕉葉を焙ったもので壺の口を覆って、六〇～七〇日間で九升五合の白酎が出来上がるという。白酎は八重山において産するもので、その名のとおり透明無色で、蓼の臭みもなく、泡盛を彷彿させるもので僅かに甘味が強いとしている。

また、味淋は精白糯一斗五升を壺に入れ、これに泡盛一斗五升を混和し、およそ七〇日間で八升の味淋が得られるという。また、その残り滓に泡盛五～六升を注加すると二〇日間して搾取すると二番味淋ができる。この二番味淋は瓜類を漬けるのに適しているという。味淋は宮古島で産するものとしている。

この古川の論考により、明治期の沖縄における白酎や味淋の実相がよく理解できる。「旧慣調査資料」に登場する「白酒」と「密林」もきちんと符合している。

「味醂酒」の作り方と二番味醂

宮古島の「太平酒」や「密林（ミリン）」に類する酒に関しては、管見の限りでは、民俗事例などではその後の展開を伝承として記録されているものがなぜか見当たらない。そのため、ここでは八重山地域の味醂酒について民俗の伝承などから紹介しておきたい。

宮城文『八重山生活誌』にはミーリンチュ（味醂酒）のことが記述され、「八重山味醂」の作り方として紹介されている。

材料は糯米麹五升、三升どり（二五度）酒六升である。作り方は次のようである。

①質のよい酒がめに定量の材料を仕込み、蓋をしておき、三～四日間、日に一回かきまぜる。
②四十～五十日経てからシタディヌファー（細長いざる）を入れて澄み汁を汲みとる。

③よく澄ましてから飲む。
④糟に更に前の半量の酒を入れて十日位経って後再び汲みとる。それを「二番味醂」という。

この作り方は竹富町黒島の八十才余りになる宮良ナビに教えて貰った方法と記している。なお、味醂のアルコール度が十五度以下になると腐る心配があるから三十度の酒で作った方が最も安全だということである。合わせて、昔は首里王府の冊封式には八重山の味醂を貢納したというから、味醂作りも古くから発達していたように思われると付記している。

この伝承から八重山のミーリンチュの製法がよく理解できる。材料は糯米麹と泡盛の三升どり(二五度)を使用し、おおよそ四十～五十日で出来上がる。糟を再利用し、「二番味醂」も作っていた。首里王府に八重山のみりんを貢納したという伝承は「旧慣調査資料」の記述と符合し、「二番味醂」は古川が記した宮古島の味淋の製法に対応している。ということは、宮古・八重山地域において「二番味醂」の製法が知られていたことが指摘できる。

また、『石垣市史　各論編　民俗　上』(一九九四年)にもミーリンチュー(味醂酒)の製法が採録されている。材料はムチィマイ(糯米)と砂糖である。作り方は、①ムチィマイ一升を一晩水に漬けて、蒸籠で蒸し、莫蓙などに冷えるまでおく。②夏の麹の厚さは中指の中程、冬は指の付け根までにする。③上から藁を広げて置き、その上に芭蕉の葉を被せ、黄色麹ができると甕の中に入れ、お酒を一升入れ、砂糖(字白保では、氷砂糖)を入れる。三カ月程すれば飲めるようになる。

著者の聞き取り調査でも、石垣島の宮良において祭事では「ミーリンチュ」が作られた。作り方はもち米を蒸してから、麹をたてる。これを甕に入れて、泡盛を加えて発酵させたものである。このようにすると、ウィスキーのような琥珀色の酒ができるという。琥珀色はＪＩＳの色彩規格では「くすんだ赤みの黄」としていて、「紅酒」の名称もこのあたりに求められそうである。

このような「ミーリンチュ」は焼酎・泡盛を製造する技術がないと生まれない。その意味では蒸留酒の副産物である。田中の『琉球泡盛ニ就イテ』では、味淋は八重山郡で産し、大正一〇年は製造戸数はすでになく、大正七年に二戸あったのが最高だったと記している。大正時代当時でもわずかに八重山地域で生産されていただけであった。[31] この「ミーリンチュ」がどのような地域でどれくらい製造されたのかは今後の課題であるが、石垣島や黒島、西表島、与那国島などで作られていたことは確認できる。

与那国島の「味醂酒」

さて、与那国島にも「味醂酒」があることは地元の方や関係者の間ではよく知られている。ただ、現在では味醂酒はあまり公に語られることはなく、種々の報告書や文献にもあまり登場しないことから、実相が不明である。ここでは調査記録や伝承等からその様相について概略を記しておきたい。「味醂酒」のことは、与那国の言葉で「ミリントゥ」「ニリントゥ」「ニディントゥ」などと呼称されている。

文化人類学者の原知章は一九九三〜九七年にかけて与那国島の葬送儀礼を詳しく記録しており、墓に遺体を納めた後に、参列者に酒が振る舞われる様子が次のように記述されている。[32]

「ムヌチの拝みがすむと遺族の代表者が野辺送りの参列者にお礼の言葉を述べる。同時に、参列者にはハナダギ（花酒。もろみを直釜で直火蒸留するさい、最初に得られるアルコール度数の高い泡盛）やニディントゥ（泡盛のなかに餅をいれて長年ねかせてつくる酒）がふるまわれる。これが参列者と故人との別れの盃になる（戦前は、一斗入りの酒甕にハナダギを満たして、墓地まで運んで参列者にふるまったという）。また、このとき参列者の一人ひとりに肉とタオル、清めの塩が手わたされる。」

葬礼における別れ際の酒として、花酒のハナダキと味醂酒の「ニディントゥ」が慣習的な習俗として振る舞われたことがわかる。

本山桂川の『与那国島図誌』によれば、正月元旦にも味醂酒と花酒が振る舞われた。[33] ここにいうミリンは注記には餅米で醸した地酒とし、また花酒は島の米で醸した強烈濃厚なものであると記している。本山が与那国島を訪問したのは一九二三（大正十二）年暮れから一九二四（大正十三）年の春にかけての頃で、この記述によれば、味醂は餅米を材料としたことが考えられる。先に紹介した原の記述には泡盛の中に餅を入れるとあり、著者の関係者による伝聞でも同様の話を確認した。この餅米と餅による相違については後述することにしたい。

比較的新しい論考としては公の刊行物・報告書ではないが、山本雄大の「ふさわしい酒 ―泡盛・花酒・ミリントゥ、与那国社会における酒の格―」がある。[34] 同論文では、与那国島ではミキ・泡盛・花酒・ミリントゥという四種類の酒が作られており、それぞれが様々な生活の儀礼的場面で使い分けがなされていることを考察している。特にミリントゥに関する記述は詳しいので引用しつつ要約・紹介しておきたい。

ミリントゥは、アルコール度数が一〇度から二〇度くらいの茶褐色で甘い酒で、その色や香りからは、中国の紹興酒のような印象を受けるが、紹興酒よりも甘くとろみがあり、かすかな苦味があると記している。著者自身も関係者から偶然にもミリントゥを提供していただいて、賞味する機会があったが、苦みというものは感じないものの、同様の感想をもった。

山本によればこのミリントゥの製法は次のようである。「アルコール度数三〇度の一般的な泡盛を、もち米で作られた味噌などに使われる麹と共に、容量が約一斗（一〇升）の甕に漬け込む。これは、約三ヶ月で麹が溶けてしまい、ドロドロの「原液」と呼ばれる状態になる。この原液は、見た目・味ともに溶かしたチョコレートに似ているが、これを一〇倍以上の三〇度の泡盛で希釈するとミリントゥになる」という。

既述の原知章によれば、ニディントゥは泡盛に餅を入れて発酵させた酒とのことであった。著者も与那国島関係者から同様の話を聞いた。山本の調査では餅米の麹を泡盛とともに漬け込む方法であり、また先の本山桂川の記録では餅米とあり、これは餅米の麹の可能性もある。それぞれに若干の相違もみられるが、餅米（餅米の麹）を利用する方法と餅を利用する二つの製法があるとも考えられる。

以上、八重山諸島の味醂酒に関する内容を概括してみた。石垣島や黒島などでは伝承として聞くことはできるが、現在では確認することはできない。与那国島では祭事における伝統的な慣習として利用されているようである。それは葬礼や正月などの特別な儀礼的場面においてであることがわかる。

味醂酒に関する史料より

味醂酒に関しては興味深い味醂酒造立の史料がある。(35) この史料は個人所蔵の史料であるが、出所は不明で記載年もないことから、いつの時代のものかなど不明な点もあるものの、味醂酒の製法を具体的に記述している。味醂酒造立には意外にも「芋泡盛」を使用しており、芋泡盛一斗、芋泡盛の二三番の場合は五升との規定である。芋泡盛の二・三番とは芋泡盛のランク付けと推察される。その他の原料としては餅米と白米の麹を用い、芋泡盛：一斗／芋泡盛二三番：五升／餅米：一斗五升／白米麹：七升五合の割合である。これらを合わせて造り込むもので、飯匙を入れて攪拌し目張りをして、その後百日間で上味醂酒になるという。

味醂酒を早く造る味醂早造法には「中位之泡盛」を用いる。こちらの割合は中位之泡盛：二斗／餅米：一斗二升／白麹：六升である。先の製法と異なるのは餅米を蒸かしてから、筵で少しさまして、これに白麹をかき混ぜ、これを桶に入れ、そして泡盛を二斗加え撹拌し目張りする。そうすると早くも一〇日目には上味醂になるというものである。

以上の味醂酒とは別に「寶銘酒」というものがあった。これには「上泡盛」及び「上泡盛二番」が用いられ、餅米と麹を利用し、五十日目で出来上がるとしている。この「寶銘酒」とは、「上泡盛」を原料として用いていることから、味醂酒でも上質の味醂酒のことを称していたようである。

本史料に登場する泡盛関連の語彙には、「芋泡盛」、「同二三番」、「中位之泡盛」、「上泡盛」、「同二番」であり、芋泡盛も含めて様々なランクの泡盛があったことがわかる。芋泡盛は芋酒のことと考えられるが、芋酒に一番酒・二番酒・三番酒があったことは芋酒の項目でふれている。

現在の「味醂酒」

味醂酒については、現在では八重山などの一部地域で利用されているにすぎない。八重山地方の黒島と西表島に「ミーリンチュ」などと呼ばれる飲用の味醂があったことが報告されている。与那国島のミリントゥもこの仲間であると推定される。与那国島では婚姻儀礼に花酒が用いられるが、葬送儀礼では伝統的には泡盛・花酒・ミリントゥの三種類の酒が使われていた。通過儀礼により各種の酒が使い分けられていたことがうかがわれ、興味がつきない。とくにミリントゥをはじめとした味醂酒については伝承や記録があまりなく、あまり公にはされない傾向にあることも事実であるが、民俗慣習として祭事に際して代々伝承されてきた飲料であり、そうした意味では伝統的な「ミキ（神酒）」と同様の扱いにあるともいえよう。

五、クース（古酒）の伝統

古酒はいつから？

泡盛の特性といえば古酒である。琉球では最上の古酒を「康熙年間」と俗に称していたとされ、首里城にはおそらく康熙年間の古酒があったと考えられる。康熙年間とは中国の年号で、西暦の一六六二～一七二二年にあたる。東恩納寛惇は古酒を論ずるなかで、「康熙年間」から酒を貯蔵する風が始まったと推察した。その理由としては、この時代は蔡温が国政において緊縮政策をとった時期で、飲酒の弊害を説き、造酒にも制限を加えた。穀物が高値になるのは、焼酎・麺類・豆腐などを無制限に造るからであり、これらを禁止する方策がみえる。政治上の取り締まりにより酒造高が減少したことから、酒を愛蔵するに至ったことが原因と分析している。[36]

『琉球国由来記』（一七一三年）には「焼酎」の項目に、「當国、その始まり（濫觴《らんしょう》）は洪武年間（一三六八～九八年）の初め、中華と通交し、伝授してきたことに由来する。米・粟・稗・麦をもって作る。月余で出来上がる。泡盛という。この国の名酒なり。壺に入れ、之を貯蔵する。年数を経て、いよいよ気味香る」とある。一八世紀初頭の編纂記録では、泡盛は名酒であり、壺に入れて貯蔵することで、年数を経て香気が香ることを明確に示している。「古酒」という言葉は使用していないが、泡盛古酒の特性がみえる。

また、同書には「銭御蔵」の項目がある。銭御蔵は王府行政機関の一つで、様々な官銭の収入及び差し引き計算、また御用酒の出納を司る役所であった。第二章で述べたように、一般に

「首里城図」に描かれた銭蔵（友寄喜恒作）
〔沖縄県立図書館所蔵 CC BY 4.0（一部改変）
（http://creativecommons.org/licenses/by/4.0/deed.ja）〕

「銭蔵《ぜにぐら》」と呼ばれるところである。具体的に取り扱う内容は「銭・焼酎・同古酒・酒・酢・コバノ葉・棕櫚皮・棕櫚小縄・藁・藁小縄・黒小縄・唐苧・寄糸・備後筵・割藺筵・定規・上布・天井張・錫沸・南蛮壺・今焼壺・鹿皮・錦羊角・同皮」などが記録されている。ここでは焼酎や酒、関連する酢とともに、「古酒」と明記されている点が注目される。加えて、南蛮壺は酒・古酒の入れ物と推察され、棕櫚小縄・藁・藁小縄などは壺類に巻いて運搬の際に保護目的利用も考えられ、いずれも酒・古酒に関連する物品と思慮される。

役所では銭蔵の事務を処理する大屋子二人、貨幣その他金属の鑑定を司る金見一人、上役の指揮のもとに庶務に従事する筆者一人、加勢筆者四人等の職員が従事していた。一七三三年（尚敬二一）に金御蔵を銭御蔵に改称している。王府が泡盛を管理する要となる役所であり、場所は首里城内の北側城郭にある久慶門近くにあった。一七〇〇年頃の制作とされる「首里古地図」には二階建ての建物と厩が描かれており、「首里城図」（一八八一年頃）の絵図には同様の建物と並べられた大壺を確認することができる。

沖縄県立埋蔵文化財センターが、二〇〇六〜二〇〇八年にかけて銭蔵地区の発掘調査を行っている。その成果によれば、同地区は戦前から戦後にかけて大きく改変がされたこともあり、遺構の残りがよくなく、残念ながら銭蔵のものと確証できる遺構は検出されなかった。ただ、建物の基礎工事となる礎石跡が確認されるとともに、また十五世紀末〜十六世紀代及び十七世紀前半の中国産陶磁器や沖縄産無釉陶器が出土しており、泡盛や酒の入れ物をうかがわせるも

のが確認できる。(37)

古酒を育てる〝ナンバンガーミ(南蛮甕)〟

新井白石の『南島志』(一七一九年)には「(前略)甑で蒸留して、その滴露を採取すると泡のようである。これを甕中にもり、密封すること七年、これを用いる。首里で醸造したものが最上品といわれている」と紹介している。(38)密封すること七年とは、琉球では七年古酒を嗜んでいたということになろうか。やはり首里の泡盛が最高級品として位置づけられていたことがわかる。

泡盛の古酒を育てる容器としては〝ナンバンガーミ(南蛮甕)〟と呼ばれる「本南蛮」「シャム南蛮」「南蛮壺」の四つ耳の釉薬のかかった大きな壺が重宝された。戦前、各家庭で古酒の貯蔵用に使われていた。昔は泡盛古酒の貯蔵はこうした「本南蛮」にかぎるとさえいわれた。ただし、南蛮甕の中でも、早く熟成してクースになる甕と熟成の遅い甕があることも古酒愛好家の間で話題にあがる。それが何に起因するのか、今後の究明がまたれる。

大正時代の酒壺・もろみ甕
(『琉球泡盛ニ就イテ』田中愛穂著より)

東恩納寛惇は「南蛮壺は水洗いしないことになっている」と指摘した。それは酵母を棄てないためとされる。シャム酒の容器は檀香をもって薫染して漆のようにならしめるといい、この点からもこの種の壺を洗ってはならぬ慣習ができたと思われる。南蛮酒に甘蔗の成分があったとすると、その残滓が壺底に遺留して古酒を育てることに役立ったかもしれない。徳川中期頃に砂糖を混和して火気を和らげて売られていたことも興味深い。また糖蜜を混和したシャムの「ラオローン」に古酒の風味があるということも何らかのヒントを与えるように思われるとした。(39)

琉球王国時代に「康熙年間」と伝えられた古酒は南蛮壺で長期熟成されたものであ

ろう。琉球に来航したペリー一行は、王城の酒宴で供された泡盛の古酒に言及している。「小さな盃につがれた酒が出されたが、この酒はこれまでこの島で味わったものにくらべて、はるかに芳醇なものであった。醸造が古くて、まろやかに熟しており、きつくて甘味のあるドロッとした舌ざわりで、いくらかフランス製のリキュール酒に似ていた。[40]」

この記述はとても印象的であり、宴でだされた泡盛は、長年にわたり貯蔵された古酒であったことをはっきりと物語っている。古酒は外交用の酒として大きな役割を担っていたのである。

大美御殿での歓迎会
（ペリー『日本遠征記』より）

古酒は家宝

趣味人としても名高い尚順男爵（一八七三―一九四五）の古酒論は首里の古酒文化を語るうえで欠かせない。尚順は「古酒は単に沖縄の名銘産で片付けては勿体ない。何処から見ても沖縄の宝物の一つだ」としてその評価を世間に大きく知らしめた。尚順「古酒の話」よりかいつまんで紹介しておきたい。[41]

大きな祝儀（元服、婚礼、七十三歳、八十五歳、八十八歳などの生年祝い）や大焼香（二十五年忌、三十三年忌の法事）の場合は古酒をふるまうことが名家の誇りであったと伝えられる。古酒を客に供する時には決して普通の酒の如くは扱わない。鄭重のご馳走とえいえば、吸物の三つは出るが、古酒の出現は最初には決して出さない。宴のたけなわに三番目の吸物が出ようとする少し前に、主人が五勺か一合位の小酒器に古酒を入れて、自ら酌いで廻ると記され、その思い入れのほどがうかがえる。その時の容器は中国製の紫泥《しでい》の小急須、杯は藍花《らんかぐわ》小という中国製の親指大の藍色の小点々の模様が入った小杯であった。これも一杯だけで、すぐおかわりということは失礼にもなり、他の客に対しても遠慮がいる。そのため、お客は古酒を嘗めるように賞味しながら、目を細くして賛辞を呈すれば、主人はニッコリとしてさもあらんと言わぬばかりにの笑みを含みつつ、さらば今一杯と手酌で二回目を注いで、酒入りの急須を静かに上客の前に置いて引き下がる。この時、首席に酒好きがなければ、急須はそのまま坐っているが、上戸がいると、時々頃を見計らって、自酌で何時かは飲み干してしまう。それを大抵の場合、主人は見てみない振りをしながら紛らして行くが、古酒の貯蔵が豊富で、交際上手な主人だと「うちの酒は如何でしたか、宜しければ今夜だけは特別にもう一瓶差し上げましょう」と、右手には古酒蔵の鍵、左手には紫泥の小急須(チュウカー)を持ちながら、二回目を出しに行くという具合である。首里の人びとにおいて、古酒を嗜む流儀が定着し、慣例化されていた。

大崎正雄『泡盛醸造視察記』(一九二六年)には「泡盛酒の最も古きものは二百年、百五十年は希にあらず」(42)と記述され、首里の旧家には長き年月を経た古酒が蓄えられていたことがわかる。旧家の主人は銭蔵の鍵は家扶に預けても、古酒蔵の鍵はいつも自分で保管していたと伝えられるほど、古酒は貴重なものであったというのは有名な話である。首里や那覇の旧家にはそれぞれ秘蔵の古酒があった。その古酒はどこどこ何家の古酒として一定評価の値段で販売されたということで、個々に購入されたりもしていた。

大焼香や祝儀などの場合、特別に買い入れる相場は、百年ぐらいのものが二円、三百年三円という評判が紹介されている。現代の感覚からすると年数が長くなるにつれ値段も高くなりそうであるが、そこは良心的な価格であったといえそうである。ちなみに首里山川の真栄城家の古酒は一合五円というからそれなりの高値であった。

首里・那覇の旧家の古酒

首里末吉家における古酒のたしなみについて紹介しておきたい。[43] 古酒のことは「クーシュ」と呼んでいた。「店小（マチヤグヮー）で酒などお客に出す。そんな不行儀なことがあるか」と言われた。明治四〇年頃まではこんなことがまだ首里には残っていたようである。末吉家にも納戸に古酒が確保されていた。当家の父は古酒を汲み取らせて晩酌したので、ときどき手伝いに使われた。仏間の三畳敷の部屋には納戸があって、南蛮甕が三個あった。奥に位置したものは大きくて一斗ほどもあった。中のものがその半分ほどで、一番小さな甕から汲み取った。小学校三年の頃からこの仕事は手がけていたので随分慣れた。甕の蓋を取って柄杓でポンとたたくと、フーゼル油が周囲に散るので、その際に汲み上げて容器に移すのである。フーゼル油まで飲むと、大人は頭がくらくら痛いといった。古酒というのはチビリチビリ嗜む人のもので、酔いを好む人には無用なものといわれ、当家の古酒も父の代までで消え、長兄の安恭の代までは続かなかったという。こうしたところに首里の人々の古酒に対する考え方がうかがえる。末吉麦門冬こと末吉安恭は「天水甕《ガーメ》えぼんぼんそうしが、わったあ南蛮からがーき甕（天水の甕は水がいっぱい満ちあふれているが、自分たちの南蛮甕はすっかりからっぽである）」と詠んだが、古酒に未練があったような印象を受ける一句である。かつて首里・那覇の旧家には長期に保存・育成された古酒が保管されていたが、残念にも去る沖縄戦でこれらのほとんどが失われた。古酒は一朝一夕に造り上げられるものではないため、先人の貴重な文化遺産を消失したことになる。

戦後はこうした経緯をよく知る泡盛愛好家の手により古酒造りの伝統が復活した。泡盛の古酒は世界に誇れる貴重な文化遺産であり、大きな伝統性をもつ付加価値の高い品であることを認識する必要がある。（「第六章「七、時が育む泡盛」参照）

【注】

(1) 伊波普猷「をなり神の島」『伊波普猷全集　第五巻』平凡社　一九七四年、二八七頁。
(2) 折口信夫「沖縄採訪手帖」『折口信夫全集　第十六巻』中央公論社　一九七六年、一〇一頁。
(3) 河村只雄『南方文化の探究』沖縄文教出版社　一九七三年、一五二〜一五三頁。
(4) 同上書、二六一〜二六三頁。
(5) 河村只雄『続・南方文化の探究』沖縄文教出版社　一九七四年、一八三〜一八四頁。
(6) 琉球大学民俗研究クラブ『民俗―伊是名島田名―』第四号　一九六一年、三五頁。
(7) 宮城真治「山原　その村と家と人と」『日本民俗文化資料集成　第九巻　南島の村落』三一書房　一九八九年、一七三頁。
(8) 比嘉康雄『神々の原郷　久高島　上巻』第一書房　一九九三年、三一〇〜三一一頁。
(9)「日本の食生活全集　沖縄」編集委員会『日本の食生活全集四七　聞き書き　沖縄の食事』（社）農山漁村文化協会　一九八八年、二八九頁。
(10) 平良市史編さん委員会『平良市史　第七巻資料編五　民俗・歌謡』平良市教育委員会　一九八七年、二二六・三九五・三九七・四二四頁。
(11) 琉球大学民俗研究クラブ『沖縄民俗―知念村字久手堅―』第七号　一九六三年、二四頁。
(12) 上江洲均「仲原善秀書簡集（二）」『久米島自然文化センター紀要』第四号　二〇〇四年、六二頁。
(13) 宮城文『八重山生活誌』沖縄タイムス社　一九七二年、二六四頁。
(14) 平敷令治『沖縄の祭祀と信仰』第一書房　一九九〇年、一二五〜一二六頁。
(15) 前掲書、宮城文『八重山生活誌』二六四頁。
(16) 石垣市史編集室の聞き取り調査データによる。
(17) 安謝誌編集委員会『安謝誌』二〇一〇年　四三頁。
(18) 前掲書、宮城真治「山原　その村と家と人と」一七三頁。
(19) 以下は事例が各地にわたるので逐一出典の紹介は省略した。主に『日本の食生活全集四七　聞き書き　沖縄の食事』や琉球大学民俗研究クラブ『沖縄民俗』掲載の各地域事例を参照した。
(20) 前掲書、宮城文『八重山生活誌』二六五頁。
(21)「各地方自家用飲料醸造ノ概況」『沖縄県史 第二一巻 旧慣調査資料』沖縄県教育委員会一九六八年、四七〇〜四七一頁。
(22) 菅間誠之助「本格焼酎製造業一〇〇年の軌跡」『日本醸造協会雑誌』(第七〇巻第十一号　一九七五年、七六六〜七六七頁)、及び鮫島吉廣『焼酎の履歴書』（イカロス出版　二〇二〇年、九八〜九九頁・一八〇〜一八一頁）参照。

(23)佐喜真興英『シマの話』郷土研究社　一九二五年(『日本民俗誌大系 第一巻　沖縄』再録　角川書店　一九七四年、一五四～一五五頁)。
(24)以下、芋酒に関する解説は、とくに断らない限り、主として田中愛穂『調査研究　琉球泡盛ニ就イテ』一九二四年（昭和五三年復刻　永田社）を参照した。甘藷焼酎の製造戸数については同書四七三頁～四七四頁、その他は五五四～六〇四頁参照。
(25)花井四郎『黄土に生まれた酒』東方書店　一九九二年、一四八～一四九頁。
(26)小泉武夫『銘酒誕生―白酒と焼酎』講談社　一九九六年、四〇～六五頁。
(27)「各地方自家用飲料醸造ノ概況」『沖縄県史 第二一巻 旧慣調査資料』四七〇～四七一頁。
(28)原田禹雄訳注『完訳　中山伝信録』言叢社　一九八二年、二一二～二一三頁。
(29)平田嗣全訳注『周煌　『琉球国志略』三一書房　一九七七年、三六五～三六六頁
(30)前掲書、東恩納寛惇「泡盛雑考」三四四頁。
(31)前掲書、田中愛穂『琉球泡盛ニ就イテ』四七四頁。
(32)原知章『民俗文化の現在―沖縄・与那国島の「民俗」へのまなざし』同成社　二〇〇〇年、一二七頁。
(33)本山桂川「与那国島図誌」『日本民俗誌大系　第一巻　沖縄』角川書店　一九七四年、二三三・三二頁。
(34)二〇〇〇年人類学ゼミ卒業論文　北九州大学文学部人間関係学科竹川大介研究室ホームページ掲載。
(35)萩尾俊章「味醂酒造立史料と沖縄の味醂酒に関する一考察」『沖縄史料編集紀要』第三八号　沖縄県教育委員会　二〇一五年。
(36)前掲書、東恩納寛惇「泡盛雑考」三四六～三四七頁。
(37)沖縄県立埋蔵文化財センター『首里城跡―銭蔵地区発掘調査報告書―』二〇一五年、三〇五～三一一頁。
(38)原田禹雄訳注『新井白石　南島志　現代語訳』榕樹社　一九九六年、一七九～一八〇頁。
(39)前掲書、東恩納寛惇「泡盛雑考」三四七頁。
(40)神田精輝著訳『ペルリ提督琉球訪問記』国書刊行会　一九九七年、九〇頁。
(41)尚順「古酒の話」『松山御殿物語』ボーダーインク　二〇〇二年、三一～三五頁。
(42)大崎正雄「泡盛醸造視察記」『釀造學雜誌』四巻三号　一九二六年、二五二～二五三頁。
(43)末吉安久（編）『首里の日日』首里奨学母の会　一九七八年、九七～九八頁。

●コラム　芋酒（イムゲー）の復活

今では芋焼酎というと鹿児島県が主要な産地で、全国的にも知られている存在である。しかし沖縄にも芋酒が存在していたことはあまり認知されていなかった。もちろん年輩者には馴染みのお酒であったと思われるが、沖縄では酒税法による自家醸造酒の禁止のため急速に消滅していった。鹿児島県では既述のように大いに打撃を受けたものの、熊本酒税局の指導のもと、産業界の整理・統合、近代化が進められ、芋焼酎生産の一本化が推進され、産業として生き残りが行われた。沖縄で芋酒が急速に消滅したことについて、鮫島は沖縄には泡盛が存在していたことが大きな違いと指摘している。指摘はそのとおりで、泡盛という全国的にも知られた酒造業があることで、庶民酒として親しまれた自家醸造的な芋酒は生産の活路を見出せないまま、産業化もされず消え去り、記憶の中に留まる存在になってしまった。

それから沖縄戦をはさんで約一〇〇年あまりが経過した二〇一五年、新たな挑戦が始まった。請福酒造株式会社、株式会社多良川、株式会社久米島の久米仙および沖縄県工業技術センターの四者が県内酒造業界の活性化、農業の活性化、二次加工業者の活性化を目標にイムゲープロジェクトを結成し、芋酒に関する研究開発を開始していた。そうした研究開発のなか、県工業技術センターの主任研究員・豊川哲也氏の紹介で私も「芋酒」を試飲させていただいたことがある。黒糖の仕込み過程もあるせいか、芋焼酎とも違う風味が豊かな酒の印象であった。

そしてついに、四者は二〇一八年十月には「イムゲー（芋酒）」販売に向けた共同の取り組みを発表し、請福酒造が造ったテスト品を沖縄の産業まつりなどで試験販売後、各社とも二〇一九年春の商品化を目指すことを発表した。さらに、二〇一九年八月沖縄の庶民に親しまれていたお酒「イムゲー（芋酒）」を、泡盛酒造所三社が共同開発したことを発表し、那覇市内で試飲即売会があり、販売が開始されたのである。多くの客がイモと黒糖が醸し出す風味を楽しむ姿がみられたことが報告されている。

イムゲーは、商品のラベルをみてもらえばわかるが、「スピリッツ」と表示される。酒税法上、焼酎ではなくスピリッツの分類である。「芋焼酎」は、麹に水と酵母を加えて発酵させる一次仕込み、さらに甘藷を加えて発酵させる二次仕込みで造られるが、このイムゲーは二次仕込みの後、さらに黒糖（粒・米）を加えて発酵させる三次仕込みを行っている。甘藷のモロミの発酵を促すために加えた黒糖というが「甘藷」に「黒糖」というこの原料の組み合わせは現代のお酒ではほかに例がないことから、焼酎とも異なる独特な製法の蒸留酒なのである。

イムゲーの復活は産官学の連携がなかったら誕生しないお酒だったといえよう。新たな取り組みといえ、今後の新規プロジェクトにも期待がかかる。ちなみに、「イムゲー（芋酒）」の名称について、文献の中では「甘藷焼酎」「芋焼酎」「芋酒」などと表記されているが、大正時代に芋酒のことも調べた田中愛穂は芋酒のことを「ウムザケー」と表記している。豊川哲也氏によれば、イムゲーの名称は、工業技術センター内の職員の間では普通に使われていたことから、採用されたという。「イムゲー」の名称については、「ウムザケー」が訛って変化したものだろうか、気になるところである。

現在発売中の４社の芋酒「IMUGE」
（IMUGE 協議会提供）

第五章　飲酒習慣と食文化

一、飲酒習慣の広がり

思いのほか新しい飲酒習慣

日本本土における飲酒の大衆化・日常化は、江戸時代の中期以後に始まったといわれる。酒屋の出現とともに、いつでもふんだんに独りでも飲めるようになり、家庭でも晩酌をたしなめるようになっていった。いわゆる「独酌」の様式が生まれたのである。独酌は近代の明治から大正時代にかけて町方を中心に広まっていった。(1)

ところで、明治時代になると、西欧のビール醸造が伝来するとともに、日本の酒造業界へも技術の見直しを含め大きな影響を与えた。酒造技術の改良や酒質の向上を目的に国立の醸造試験所が創設され、酒造の近代化が政策的に取り組まれた。日清戦争（一八九四〜九五年）や日露戦争（一九〇四〜〇五年）により、兵士の出征や凱旋の際に祝宴を催す機会が増えるとともに、戦地での戦勝は必ず兵士の飲酒につながり、飲酒習慣を身につけた者が故郷に帰るという新しい慣習が地方に広まった。(2)こうした風潮の中で、一般庶民の間でも独酌や晩酌などの習慣が始まったといわれる。

資本主義の発達は都市的生活の拡大をもたらし、街には酒屋、飲食店が増えていく。祝いや見舞い、慶弔事に酒を贈ることは当然の礼儀とされ、お中元やお歳暮に酒を贈ることも人気を博すようになった。日本国内で地域によっても差はあるが、一般の人々が普段から酒を買って飲む習慣が広まるのは明治の中頃からであり、思いのほか新しいスタイルなのである。

沖縄における一般庶民の飲酒慣行の普及については、先行研究や調査資料があまりないため、不確かな面が多い。やはり地域により変差があるとはいえ、文献資料や民俗事例などからすると、沖縄でも一般の飲酒慣行は明治中期以降に徐々に広まっていったと考えられる。

嗜むための酒と酔うための酒

はじめに首里の伝統文化に詳しい宮里朝光が記述した資料から首里旧士族層における飲酒のありようをみておきたい(3)。例えば、生年祝いの宴会では酒は本膳料理とともに出され、男の接待は男の給仕が、女の接待は女の給仕が担当した。泡盛は四五度位あって、水で割ることもなく、そのまま飲んだという。酒は嗜むためと酔うためのものとがある。晩酌などは嗜むもので、食前酒であるが、生年祝いのように祝いの酒は酔うためのものであるから、当たらないように腹ごしらえをしてから飲む食後酒である。そのため、本膳（一の膳）は食膳といえるものであった。祝いの宴では酒を飲めない者にも無理強いするので、ティーサージ（手布）を懐にしのばせて飲む真似をして手布にこぼしたという。

酒の座では乱れるので酒瓶が倒れないように、上流では錫製のカクビン（角瓶）やサキジューカー（酒急須）を用い、庶民の間ではカラカラー（沖縄の酒器）を用いた。庶民は料理が少ないので、あらかじめ家庭でトーフヌカシタシヤー（豆腐の粕炒め）を食べて腹ごしらえをしていた。

なお、酒の座ではサミ（本拳）・虫拳（ブーサー）・ナンク（何個）など遊戯の罰杯は、負けた者に酒を飲ますものであった。これらは拳の一種で、サミは二人が互いに適宜指を出し、出すと同時に双方の出した指の数を言いあげるもの。ブーサー親指は人差指に、人差指は小指に、小指は親指に勝つ遊戯。ナンクは短い棒などを手に握って差しだし、その数をあてさせる酒宴の遊技であった。

またチョーバン（一升枡）に酒を満たし中央に盃を浮かべ、二人が対角から酒を飲み、どちらに吸い寄せるか勝負するガーヌーという酒飲み勝負もあったという。

明治の記録から

沖縄県となってしばらくした明治初期、泡盛を飲んだ兵士の様子を記した事例があるので、ここに紹介しておきたい。医師・古川榮の「沖縄土産泡盛ノ説」には、一八八七（明治二〇）年の五月八日のこと、首里の沖縄県歩兵分遣隊の兵士二四名が同盟し、泡盛四升を携帯して、近郊の原野にて酌むこと四時間ばかりにして、一名の兵士がアルコールのため斃れたという。当該兵士が飲用した泡盛の量がどれくらいだったのか類推すると、一人平均一合七勺弱の量で、二人分を飲んだとしても三合四勺弱なのであえて大量と言えなかったようである。ただこれを水で希釈することなく少時間で飲み尽くしたら身体の安危にかかわるとしている。(4)おそらくは泡盛を飲み慣れていない県外出身の兵士だった可能性もあり、度数の強い泡盛の飲み方に慣れていなかったことが原因かもしれない。

第二代の上杉茂憲県令が一八八二（明治十五）年に沖縄本島を巡回した際に地元の住民にいろいろな質問をしているが、その中に飲酒の有無を聞いた箇所がある。沖縄本島中部の北谷間切（現北谷町）では長寿九二歳の老人は酒は大好物であるが、多量には飲まないこと、農夫の身分であることから毎日の飲酒はなく、快気のために時に少し飲むことを答えている。また、北部の大宜味間切（現大宜味村）では長寿九〇歳の老婦人が酒は好物で、自ら盃を取り飲んで、上杉県令にもすすめたことが記されている。(5)このように地方にも飲酒の慣行が徐々に浸透していることがみてとれる。

一九〇一（明治三四）年一月二五日付『琉球新報』の「芋の葉露（田舎生活）」には、当時の宴会の様子が記されている。人々はムラの事務所に集まり、豚豆腐などの煮しめを肴とし、泡盛を飲んで楽しむまで、三味線を弾き、鼓をたたくようなことはなく、カラカラに泡盛を入れ、四方盆と称する杯台に小さき杯を載せて出していた。上席のものより、飲み順序に廻わすもので、各手酌にて飲む。村落において男子不可欠なものは携帯用に便利な椰子の実の酒器であった。小さいもので一〜二合が入り、大きいものは六〜七合入るとありこれらが重宝された。都市部を離れたムラにおける一般的な宴会の様子が記されている。酒器であるカラカラを上席から順に酒の座を廻す輪環作法は宮古のオトーリと起源を共通にする民俗である。泡盛の入れ物に椰子の実の酒器が重宝されている点も興味深い。

退廃的飲酒の新聞記事

ムラにおけるこうしたある一定のルールをもった行事や祭事における飲酒と位置づけられるものとは別に、日常的な退廃的飲酒行為といえるような記事も目に止まるようになる。「風俗談片」（『琉球新報』一八九九（明治三二）年一一月二一日）には、金武間切（現在の金武町）の様子が記述されている。同間切の人間ほど酒を好むものは県下中にも稀であるとし、朝起きると茶湯を飲まずして酒を飲む風習があり、土地割などの協議では朝から晩まで酒を飲み遂に口論を惹き起こすといい、女の戸主などは泥酔して路傍に倒れ家族の厄介となるもの多いというような記事があり、飲酒が無秩序な状態で蔓延する様子がみえる。

また、引き続く「風俗談片」（『琉球新報』一八九九（明治三二）年一一月二七日）には、土地割換と飲酒について触れていて、田舎の風習として些細なることとはいえ、飲酒しないと協議がまとまらないほどであった。去る五六月より各地方とも土地割換を始めにして、飲酒にふけり今に至るまで協議が進まない処ありとしていて、このような風習は今に改良しておかないと後で悔むこと多々あると警鐘を示すほどであるといい、地方での日常的な飲酒行為の広まりと弊害が指摘されている。

一方、都市地区における飲酒の様子も新聞記事から垣間見える。一九〇一（明治三四）年八月二七日『琉球新報』「他府県人の沖縄観（続）」には、芝居見物人は勝手に泡盛に酔っぱらって、高声に管を巻き、山芋を掘り（酔っぱらって管を巻くたとえ）、人の鼻先を無遠慮に下駄を踏鳴らして通り、傍若無人に人の席を犯すなど腹の立つことがあり、場内はすべて蜂の巣に石を投げた状態で、役者の言葉使いなどはとても聞取れないとあり、公演の場面で飲酒して騒然としていたことがみてとれる。

大正から昭和の飲酒事情

大正から昭和初めの頃の那覇の食に関する聞き書きよると、家で酒客をもてなすときは、大和人（内地の人）から教わったかしわのすき焼きをして、二〜三日かけてつくったラフテー（豚の角煮）や、自慢の自家製の豆腐ようを出す。酒は泡盛で、酒造元から一升びんを一〇本ずつとり寄せてある。床下に埋めてある大きな甕に酒を移して、古酒もつくる。甕から酒を汲むときは汲んだ分だけ足しておく。夫は毎日晩酌をし、酒器は壺屋焼のカラカラであると語られている。(6)

那覇の都市部における個人の飲酒の様子が具体的にわかる。明治期の沖縄では泡盛以外の様々な酒類が市場にも現れてくる。一九〇一（明治三四）年一〇月一七日『琉球新報』「他府県人の沖

カラカラは泡盛を入れる陶製酒器

縄観(一二)」には、酒は思いのほか普及していて、片田舎にて麦酒葡萄酒正宗あり、ただし地元の人々が好んで飲むものは泡盛酒で、一合代一銭二三厘より一銭七八厘計なりとある。ビールやブドウ酒、清酒などが流通していたことがわかる。しかし、地元の人々は好んで泡盛を飲んでいることが紹介されている。

こうした飲酒慣行の普及とは裏腹の現象も登場してくる。興味深いのは広告の中に個人による「禁酒」広告が存在することである。「自今禁酒　上の蔵　〇〇〇〇（氏名）」（『琉球新報』一九〇〇（明治三三）年一一月五日）としてこれより禁酒するというが、とくに理由は記してなかったり、「私儀病気に付自今全快に到る迄禁酒仕候　明治三三年十月一九日　〇〇〇〇（氏名）」（『琉球新報』一九〇〇（明治三三）年一〇月二五日）と病気が理由であったり、「酒は私に取つて尤（もっと）も大きな敵である事を知りながらも、つい今日迄彼と妥協握手して来たのであります、處□彼は矢張何処迄も悪魔であつて絶へず私の内にある生命を亡ぼそうとして居る事を痛感□せられました……爰（ここ）に一寸禁酒の理由を申述べて置きます　一月五日　〇〇〇〇（氏名）」（『沖縄タイムス』一九二三（大正一二）年一月九日）など と長々と理由を述べて禁酒を告知しているものもある。金武間切では泡盛禁止会を設立して、泡盛の飲用及輸入販売を禁止したり（『琉球新報』一九〇四（明治三七）年三月二六日）、さらには中頭郡與那城村の字平安座でも禁酒会を設立した広告がみえる。（『琉球新報』一九一七（大正六）年二月十一日）。すべての新聞紙面をチェックしていないので、掲載数の頻度は明確ではないが、当時様々な酒の流通と普及がありながら、飲酒が日常化して種々の弊害が起こっていたことに起因するものと考えられる。(7)

二、宮古のオトーリと飲酒の伝統作法

宮古の「オトーリ」は沖縄県内ではよく知られた泡盛の飲酒作法である。オトーリは円陣を組んで座り、最初に親、すなわち廻す人を決め、親が前口上を述べた後、一気に飲みほし、座の一堂に次々に注いで廻る。一巡すると、子の代表が親にお礼の意味を込めて、酒を注ぎ一段落となる。後はその繰り返しとなる。したがって、座のメンバーが十人いると、都合十回はコップもしくは盃が巡ることになるわけである。こうしてコップが何回となく廻るころにはもう酔いが廻り、一気に宴会は盛り上がっていくのである。

現在のような何度も廻るオトーリは復帰後に始まったともいわれるが、いずれにしても酒の座で前口上を述べるオトーリはあいさつを上手にする副産物もある。宮古の人は酒宴でのスピーチはまさに水を得た魚のようである。

宮古の「オトーリ」は宮古の言葉で「ウトゥー」の「通る、通過する」の意といい、角皿の酒器が酒座を通ること、神と人が通じ合うことを意味していた。大漁や豊作を願う祭事の儀式として始まったことが由来とされている。

宮古オリジナルと思われそうな「オトーリ」であるが、こうした類似の酒宴の作法は王国時代の首里城の正月儀礼にもうかがうことができる。正月の所定の朝拝が終わると、南殿で国王の出御のもと、列席者の世子・世孫、王子衆、三司官などが着座し、国王からは金耳盃により泡盛の御流れがあり、これを「御通り」または「大通り」と称していたという(8)。宮古の酒宴での「オトー

リ」の呼称とも相通じる用法である。

沖縄本島でもかつては一つの盃で口上を述べながら酒を飲み廻す慣習は存在した。年配者の話としても確認できる。比嘉春潮の「沖縄の民俗」には、「祝宴または人の集まりて酒の出る時、特異の作法があった。酒はカラカラに入れ、盃は小さい四足のついた四方盆に載せて出す。主人が上客に会釈して盃を渡し、次にカラカラを渡すと、客みずから注いで飲み、カラカラと盃を左側の客に廻す。その客はこれを受けて飲み、次にまわす。こうしてカラカラと盃が客をめぐる。明治の中期から客一人々々に盃が配られるようになってこの習俗は消えた」とある。[9]

さらに典型的な例は佐喜真興英(一八九三〜一九二五)が書いた『シマの話』(大正十四年)であり、現在の宜野湾市新城での酒を飲む時の様子や作法がみられる。[10]

当時の新城では、みんなが一個の盃と焼酎入れを次々にまわして飲んでいた。最初のまわし飲みでは、各自がお祝いの言葉を言って、盃をあげてから飲んだという。盃の受け渡しは、使う言葉やお辞儀など様々な約束事があり、面倒なところもあった。いずれにしても、一つの盃でまわし飲みにするというのは、シマの人々の触れあいを感じさせ、その結びつきを強くしていったように思われる。盃の受け渡しで興味深いのは、相手が男性である場合はからの盃を受け渡すのが作法であるが、女性に対する場合、あるいは女性から受ける場合はいずれもなみなみと酒を注いで盃をすすめたという。相手が、男性と女性では盃のさしかたも違っていたわけである。

島袋源一郎の『新版　沖縄案内』(昭和七年)には、次のようなことが記されている。[11] 当時でも宴会は純日本式に変わったけれども、以前は男の席で一組か二組の酒入れと台付の酒盃を円座に廻していた。まず酒盃台から左の方へ差し出すと、左座の人はこれを受けて互いに一礼し、次に酒家(チューカー。泡盛を入れる酒器のことで酎家とも表記される)を送って又互いに一礼する。好きな人は飲むし、飲めない人はそのまま左に廻す。女の人が一座を廻って酒盛りをしたという。その順序は各自の家から持って来た酒瓶を提げ、自ら酒杯を持って注いでは客に勧めて廻る。そして、円座の人々に酒を勧め、挨拶を述べ一人の女性はまた御重を持って御肴を配って廻る。飲めない人は頭を下げて挨拶だけを述べる。酒を持った女性が御重の主なのであるという。

このように酒の座において酒杯を廻す作法はそれぞれの地域でしっかりと受け継がれていたもので、沖縄本島においても広く行われていた飲酒作法といえる。一通り盃を廻すことに重きを置いていたといえよう。なぜか「オトーリ」が厳然として宮古地域で盛んであることに違いはないのであるが、「オトーリ」的な酒の飲み廻しはかつて沖縄本島でも広く行われていたものである。このことはその淵源をどこに求めるかというよりも、かつてはこうした酒宴の作法が、日本本土における様々な事例（中世の「式三献」や各地の「廻り盃」「流れ盃」の習俗など）でもわかるように、広く慣例化されていたことを承知しておくべきであろう。

ウトゥーイはめでたい宴席で

さて、宮古の旧上野村議会でオトーリ廃止決議がなされたのは一九八三年一月十四日であった。[12] 高校生によるオトーリに絡んだ飲酒運転の交通死亡事故により、大量に酒を飲んだり、オトーリを強要することに批判が集まり、全会一致で可決されたものである。しかしながら、その後もしばしば話題に上がるように、オトーリの慣行はなくならず、宮古の伝統的な酒文化として肯定する意見がある一方、健康を害するとして改善を促す意見も根強い。

宮古保健所では飲酒を抑制する方策として、二〇〇五年から「オトーリカード」を発行している。酒の勧めを断る意思表示のため、レッド（禁酒用）とイエロー（休肝日用）の二種のカード活

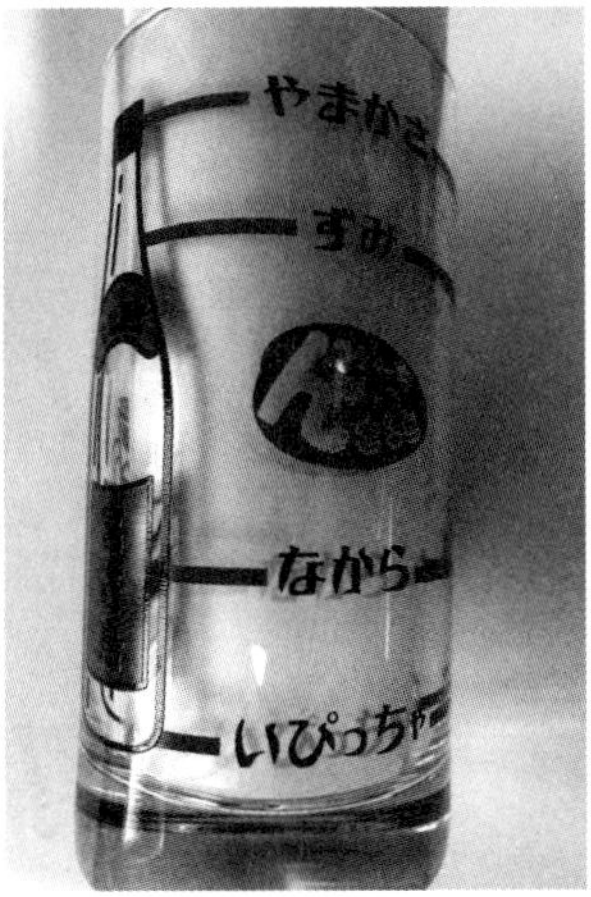

宮古の方言で 容量を示す言葉が記されたオトーリグラス

用を呼びかけた。こうした節度ある飲酒の普及が試みられている。また、同年には宮古島市の観光協会がオトーリグラスを考案・発売した。グラスには宮古の方言で「やまかさ（たくさん）」や「ずみ（ちょうどよい）」、「なから（半分）」、「いぴっちゃ（少し）」などの容量を示す言葉が記され、観光土産品としても人気を集めているという。自分の飲酒量に合わせた適量の泡盛を飲むことは大切なことであろう。

さて、宮古ではオトーリのことを方言では「ウトゥーイ」と呼んでいる。謝敷政市『ユナンダキズマ　むかしの暮らし』によると次のようである。[13]

昔のウトゥーイはおめでたい宴席でただ一回だけ廻すようになっていたとされる。結婚祝い、赤ちゃんの誕生祝い、新築祝い、還暦の祝い、米寿の祝いなどで、宴席に出席したお客さんにカリー（嘉例）をつけるために、一杯ずつ差し上げる酒であった。

伝統的な形式でのウトゥーイを見ておきたい。例えば、結婚祝いの場合、主催者は前もって話し上手で酒にも強い、誰からも信頼される方を選んで、ウトゥーイの係に決めておいた。ウトゥーイの酒はお祝いの前日に、上酒（水の入らない酒）にお砂糖を入れて準備しておく。お祝いの当日、ウトゥーイを出すタイミングはお祝いの中頃、イヌという出し物（吸い物）のすぐ後に決まっていたという。

ウトゥーイを出すにもいろいろとしきたりがあった。ウトゥーイの係とサカナ（肴）を上げる係の二名で廻すもので、ウトゥーイの係はお盆に酒瓶一升と湯呑み茶碗一個を載せて、サカナの係はお盆に一口大に切ったごちそう（煮物のテンプラ・揚げ豆腐等）を盛って持ち、挨拶をしてからウトゥーイが始まる。ウトゥーイ係の初めの口上は「今日の目出度いお祝いを真心から祝福し、肝要なウトゥーイを一滴も残さないで、おあがり戴くためのお願いです」と話す。廻す順序は上座の方から下座へと出席者に廻していた。サカナの係は受けた側がウトゥーイを飲んだ後にすぐ二切れずつあげていた。

全員がウトゥーイを飲み終わると、ウトゥーイの係が挨拶をする。挨拶の前に茶碗に酒をなみなみ入れる。この終了後の挨拶はウトゥーイに協力してもらった御礼の口上で、この茶碗の酒を飲み干して「ありがとうございました」と一礼して、ウトゥーイが終了する。これが昔のウトゥーイの回し方であった。

ウトゥーイは本来は一回のみであったという指摘は別にも見られる。古老の話として、神事・祭事・祝事の座などで、神役のツカサや長老・座主にごく近い身内の者のみが座主に替わって、願い事や喜び、あるいは部落民の無病息災や五穀豊穣を祈念して、前口上を行い、寅の方角に座っている長老や身分の高い人から順に廻すことが許され、しかも一回しか廻すことができなかったという。(14)

このような一回だけ酒杯を廻すウトゥーイに対して、宮古島市城辺の友利や砂川では「シンダチ」という飲み方があるという。祭事や祝事の宴会において前口上を述べ、願い事を酒器に託して自分から飲み、その後に一人一人に酒を注いで廻し飲みをする方法で、これは何回でも廻すことができたという。(15)

宮古のオトーリは、本来は祭りの場における飲酒作法に基づいたもので、場所を選びながら一回きりとか何回も廻せるとかの違いがあったが、戦後の復興期以降における飲酒機会の普及とともに、宴席の場では何回でも廻す慣例となった経緯がうかがえる。

三、泡盛と食文化

泡盛の酒の肴

泡盛と料理の相性や関係性は深いものがある。ここでは酒飲みにはたまらない泡盛の酒の肴の一部を紹介してみる。

島らっきょうの一夜漬けは手軽な割には、最高の泡盛の肴といえよう。島らっきょうは本土のらっきょうとは違い細身で、一晩塩などで漬けるだけで、翌日は独特の風味と歯ごたえが楽しめる。島らっきょうのてんぷらも定評があり、沖縄ならでは付け合わせといえるだろう。

スクガラス豆腐は沖縄の珍味の一つである。スクとはエー小（エーグワー：アイゴ科の海魚）の稚魚で、スクを丸ごと塩辛にしたものである。豆腐の上にスクガラスを好きなように並べ、豆腐と一緒に食すると、塩辛のスクガラスとあじわいのある島豆腐がマッチして、泡盛もすすむ。この小魚の塩漬けはかつて人々の貴重なカルシウムや蛋白源であった。

海のものといえば、シャコ貝やヤコウガイの刺身も珍味である。アジケーナシムン（しゃこ貝の塩辛）は肴としても格別である。アジケーはしゃこ貝、ナシムンとは塩辛のことで、しゃこ貝の内臓を取り除き、身を角切りにしてから塩漬けにする。これで食してもよいが、身が硬くなるので、下漬けのしゃこ貝を泡盛で数回洗い、塩抜きをする。これに氷砂糖や唐辛子少量を加えて、半年間ほど漬け込んだものがアジケーナシムンである。

琉球料理でも知名度の高いラフテーは、かつては保存食として作られていた。意外にも泡盛でよく煮込んであることは知られていないが、脂っこいという食感はなく、泡盛の鮮烈な味覚ともよくあった肴である。泡盛を使用した料理の中でも豆腐ようは有名であるが、これについては最後に述べたい。次に泡盛を使用した料理をいくつか紹介する。

泡盛を使用した料理

ここではおもに『日本の食生活全集四七　聞き書 沖縄の食事』（社団法人農山漁村文化協会）を参考とし、関連した資料も合わせつつ、沖縄の食と泡盛の関わりを取り上げておきたい。

■にんにく酒・にんにく漬

泡盛を利用した食品としてよく登場するのは「にんにく酒」である。沖縄本島南部の糸満では、にんにく酒はにんにくの実をほぐし、泡盛酒につけておいた。にんにく酒は三ヵ月以上たった方が飲みやすいといわれた。風邪ぎみやおできができた時に飲んだり、その予防薬としても飲んだ。肉汁に入れると精力がつくといってよく使ったという。(16)

沖縄本島中部の中頭地域では「にんにく漬」がある。にんにく漬は大きく分けると地漬、塩漬、泡盛漬の三種類がある。塩漬は四、五日あら漬けしたにんにくの上の皮をとり、新たに目分量で塩を入れて本漬けしたものである。泡盛漬は、泡盛ににんにくと黒砂糖を入れて漬けたもので、出来たにんにく酒は季節の変わり目に風邪をひかないように飲ませたという。また、泡盛に漬けたにんにくはお茶うけやおかずにして食べてもいた。(17)

沖縄本島北部のやんばるでも「にんにく漬」がある。にんにくは黒砂糖で漬けたが、また少し乾燥させてから一つ一つ皮をむいて、サキ（泡盛）にも漬けておく。風邪をひいたり、傷口からばい菌が入ったときに薬用として飲んだ。(18)

宮古では「にんにく漬」として黒砂糖と塩漬があるが、泡盛を利用する製法はみられない。なお、泡盛は卵酒にして飲んだりしたという。[19] 一方、八重山の「にんにく漬」は、にんにく五斤、塩三袋、泡盛と氷砂糖をたっぷり準備する。皮をむいたにんにくを丁寧に洗って、からめの塩水に二〜三日漬けてあくを抜く。塩が少ないと漬けている間に新芽を出すことがある。三日目くらいに取り出して氷砂糖を砕いて入れ、泡盛を注ぎ入れて仕上げとする。一年後、甘からい味になったときにお茶うけにする。氷砂糖のかわりに黒糖で漬けたものは、地漬にんにくといって、ふだんのお茶うけとした。[20]

このようににんにく酒やにんにく漬けに泡盛を用いる地域が多くあり、宮古では泡盛を利用した製法はないものの、沖縄では珍しく漬け物としての地位を確立している。とくに風邪をひいたり、おできができた時、傷口からばい菌が入った時などに薬用効果があるとして重宝されたことがわかる。

■コーレーグス（唐辛子の香味料）

香味料としては有名な「コーレーグス」「コーレーグース」と呼ばれる調味料があり、これに泡盛が利用されていることは多くの人が知るところである。一般的には島唐辛子を三週間ほど泡盛に漬け込んだもので、沖縄そばの薬味として重宝されている。

伝統的な食生活の中ではどのようであったのだろうか。沖縄本島北部、やんばるのコーレーグスは、屋敷の隅に一本植えてあるので必要な時にとって使った。九月〜一〇月頃に実が赤くなると、摘んできれいに水洗いして、一日か二日陰干しし、瓶に入れて泡盛漬けにする。一〇日くらいたつと、漬け汁が黄色みを帯びてくる。刺身やそうめん汁にその汁を入れたりして使用した。また、腹痛の時は卵に加えて卵焼きにして食べさせたりしたという。[21] 今でこそ、コーレーグスというと食堂において、沖縄そばとのセットの印象が強いが、普段の食事の香味に、また滋養強壮の薬味としても活用されていたことがわかる。

■酒粕の料理

泡盛の製造過程で出る酒粕を利用した料理もある。酒粕には方言で「カシゼー」と呼んだ。酒粕は、濾してから汁気だけが使われるので、余分のものは捨てられた。通常は既述のように養豚の餌に使われたが、かつては食用と断れば特別にもらえたという。酒粕は田芋のずいきとか白魚の焼き身などをつぶして入れ、豆腐をもみつぶしてあえると美味しいあえものになった。方言でいう「カシゼーイェーイ」は、酒粕の和え物のことをいい、昔はよく振る舞われたが、末吉安久は「近頃の人には口に合わないらしい」としたためている。[22]

与那国の食としてはかじきのカチダイあえがある。カチダイとは与那国で泡盛の酒粕のことである。与那国ではかじきまぐろがよくとれる。かじきは生でも、半干しものでもよく、カチダイと塩少々、グンナ（サクナ、長命草ともいう）の葉をせん切りにしてかじきの身をあえ、身とカチダイから出る汁を食べる。さっぱりとした味わいで、夏ばてもしないとされた。[23]

また、宮古でもタリカス（泡盛の酒粕）の味噌だれがある。酒屋からタリカスを一升買ってきて、味噌を少し入れて混ぜ、ゆでた野菜をしぼってつけて食べたり、焼き魚とにがな、もやし、トウナラ（のげし）などをあえて食べる。暑いときに一番おいしい食べ物であるという。[24]

なお、酒粕は民間の酢作りにも利用された。戦前、首里近郊の西原では一般には酢は与那原や首里の店から購入したが、首里の酒屋から酒粕をもらい、その搾り汁を甕に入れて、芭蕉の芯を入れ、四〜五日置いておくと、酢ができたという。[25]

■馬肉の味噌煮

宮古馬という在来馬がいた地域であろうか、沖縄では馴染みのない馬肉を用いた料理である。宮古では馬肉の味噌煮に泡盛を混ぜて煮込んだりした。馬肉をきれいに洗い、固まりのまま包丁の背でたたいて適当な大きさに切り、味噌と酒でもんで半日くらいおく。馬肉一斤に水をお椀一杯加えて、厚手の鍋で、中火で汁がなくなるまでゆっくり煮たら出来上がりである。(26)

■味噌作りと泡盛

料理そのものへの泡盛の利用ではないが、かつて民間の味噌作りに泡盛は一役かっていた。これは沖縄本島中部の西原町の事例である。味噌はどこの家庭でも自家製の味噌を保存していた。十一月から十二月の時期が味噌作りに適していて、四～五軒の主婦が集まって共同作業で味噌を作った。原料は豆類と麦、麹はソラマメ、インゲン、エンドウなどの豆類と麦を用い、ヌチ（混入材料のこと）には大豆を使用した。煮豆一斗に塩二～三合を加え、糠を混ぜあわせ、戸板にワラまたはカヤをのせ、その上に麻布を敷き、原料を広げる。ワラをかぶせ、二～三日すると、発酵する。麹が立つと、日干しにして、乾燥させ一～二週間保存する。ヌチは大豆を蒸煮して、杵で搗き、これに塩と水に浸した麹を加え、混合し甕に詰め密封する。上部にカビが生えないように泡盛をふりかけておいたという。(27)

■豆腐よう

最後に泡盛を利用した食品として代表的なものに「豆腐よう」がある。

豆腐ようについて書かれたものは少ないが、安田正昭「沖縄のユニークな伝統発酵飲食品―泡盛と豆腐ようの歴史とサイエンス―」の論考には豆腐ようの歴史と製法、食品としての特性・成分や魅力について詳しくまとめられている。(28) 安田によれば、豆腐ようは「十八世紀中頃に紅麹で造った紅腐乳が中国（福建省）から渡来したものと考えられるという。また、琉球の本草書である渡嘉敷通寛『御膳本草』（一八三二年）には豆腐乳は豆腐ようであるとし、香ばしく美にして胃気を開き、食を甘美ならせむもので、諸病によいと記している。この食品は琉球王家と関係の深い特定の地域（首里・那覇）や家庭でのみ門外不出の「秘伝」として代々継承されてきた。したがって、豆腐ようは上流社会でのみ流通していたグルメ食品ないしは病後の滋養食・副食物として賞味されたもので、かつての一般庶民はほとんど知らなかったものである。

さて、現在の一般的な製法を掲げておくと、島豆腐を二・五㎝位の角切りにし、陰干し水気をとって乾燥させる。紅麹と黄麹を配合したものに泡盛を加え漬け汁を作る。しばらく熟成させた漬け汁に乾燥した豆腐を漬け込む。適度な温度管理の下で三〜四ヵ月間、豆腐を紅麹で発酵させ熟成させると出来上がりである。

前掲『聞き書 沖縄の食事』には那覇の食として豆腐ようが紹介されている。豆腐ようは那覇や首里だけに伝わる食べ物で、豆腐を発酵させてつくる。珍味として、酒の肴に大変好まれる。しかし、作るのに半年位かかる上、年季がいるので、どこの家でも作れるというわけではなかったとされる。(29) 同書によると、伝統的な製法は以下のようであった。豆腐は指の一節ぐらいの厚さに平たく切り、塩をふって、ふきんをかぶせて陰干しにする。汁がとんだら、正方形に切り分け、表面が乾くまで陰干しする。これには二〜三日かかる。あらかじめ仕込んだ麹（味噌と同じ黄麹）と泡盛、乾いた豆腐を混ぜて、口の広い瓶に入れてねかす。この時、口での味をごまかすために、唐辛子を入れる家庭もあったという。半年位はねかせると、ようやく食べられるようになる。匂いに癖はあるが、食べると口いっぱいに香ばしさが広がり、とても美味しかったという。

ちなみに一九一四（大正三）年七月五日付『琉球新報』には豆腐ようの広告が登場している。広告主は奥平菓子店で、ここは芋酒も販売を開始していた店でもある。「豆腐乳（トーフヨー）」

豆腐乳（トウフヨー）の広告
（『琉球新報』1914年7月5日）

の見出しで、美里御殿特製の商品であった。広告内容には「本県伝来の豆腐乳はその風味高尚にして一種言い難き雅味あるを以て通人の間に嗜好せられたるも製法煩瑣《はんさ》且つは幾多の秘訣を要せし為め広く一般に用いられさりしかは弊店に於て客年これが製造販売を企てしも製造の結果面白からず空しく江湖《こうこ》（世間）諸賢の御希望にそむきしが今般首里美里御殿特製の品は風味絶佳必ず諸賢の御満足に値すべきを信じここに取次販売す希くは御試用の上陸続御用命あらんことを」とある。販売にいたるまでは紆余曲折があったことをうかがわせるものであるが、首里の名家である美里御殿特製の豆腐ようを販売できたことは注目に値する。戦前においてこうしたパートナーシップで商品化されていたことも画期的な出来事と思われる。奥平菓子店は引き続く七月二三日の広告では辛党向けにと「芋酒と豆腐ヨー」としてセットで宣伝しており、これもまた巧いアピールをしている。

さて、むろん現在では紅麹を利用することがよく知られているが、この伝承でわかるように黄麹を使用していたことは留意される。料理研究家の新島正子によると、糯米麹を泡盛に漬けてどろどろの液を作り、それに塩・砂糖で調味し、これに豆腐を漬けて熟成させるとしており、中国産の紅麹を加えると、さらに美味になるとした。(30)

「秘伝」とされていた豆腐ようには本来は紅麹を使用するものであったと考えられるが、紅麹自体が特殊で入手が難しかったためか、その展開の中で必須ではなくなり、代用の製法が生まれたとも考えられる。安田の論考には「紅麹の製麹技術は沖縄では確立されておらず、中国や台湾産の紅麹が用いられた」といい、戦後は紅麹が手に入らないため、黄麹で豆腐ようを造る場合もあるとの伝承を紹介している。(31)

一方、首里では豆腐ようは次のような工程で作った。豆腐を軽い重しをかけて水を切り、塩を軽くまぶして八つに切り、風通し良い所で四〜五日陰干しして発酵させると固くなる。表面はねばねばしているので、泡盛で丁寧に洗い、シルハチ（擂り鉢）ですって、泡盛でのばした紅麹を付けて、瓶に詰め残った汁を掛けて熟成を待ったという。[32] この伝承では紅麹を使用したことが明記されている。中国産の紅麹はもともとの種麹は輸入していたとされ、どこでも入手できるようなものではなく、製造には制約があったことが想像される。豆腐ようは独特の香り成分があり、食感もクリーミーなチーズのような口あたりで、泡盛の肴には定評がある。かの美食家で名高い尚順男爵は、中国のものは非常に濃厚であるのに対し、豆腐ようは豆乳を中心に塩味を減じ泡盛を用いて調和をとった製法であり、世界的にも主位に列なる珍味と評している。[33] 安田によれば、この豆腐ようには血圧上昇抑制効果が期待されるという。豆腐ようの製法には首里や那覇の家庭において少しずつ相違があったことが予想されるが、中国より伝来し、沖縄において独自の展開をした発酵食品であることに変わりはない。

四、近代沖縄における酒類広告と泡盛

泡盛の宣伝広告チラシ

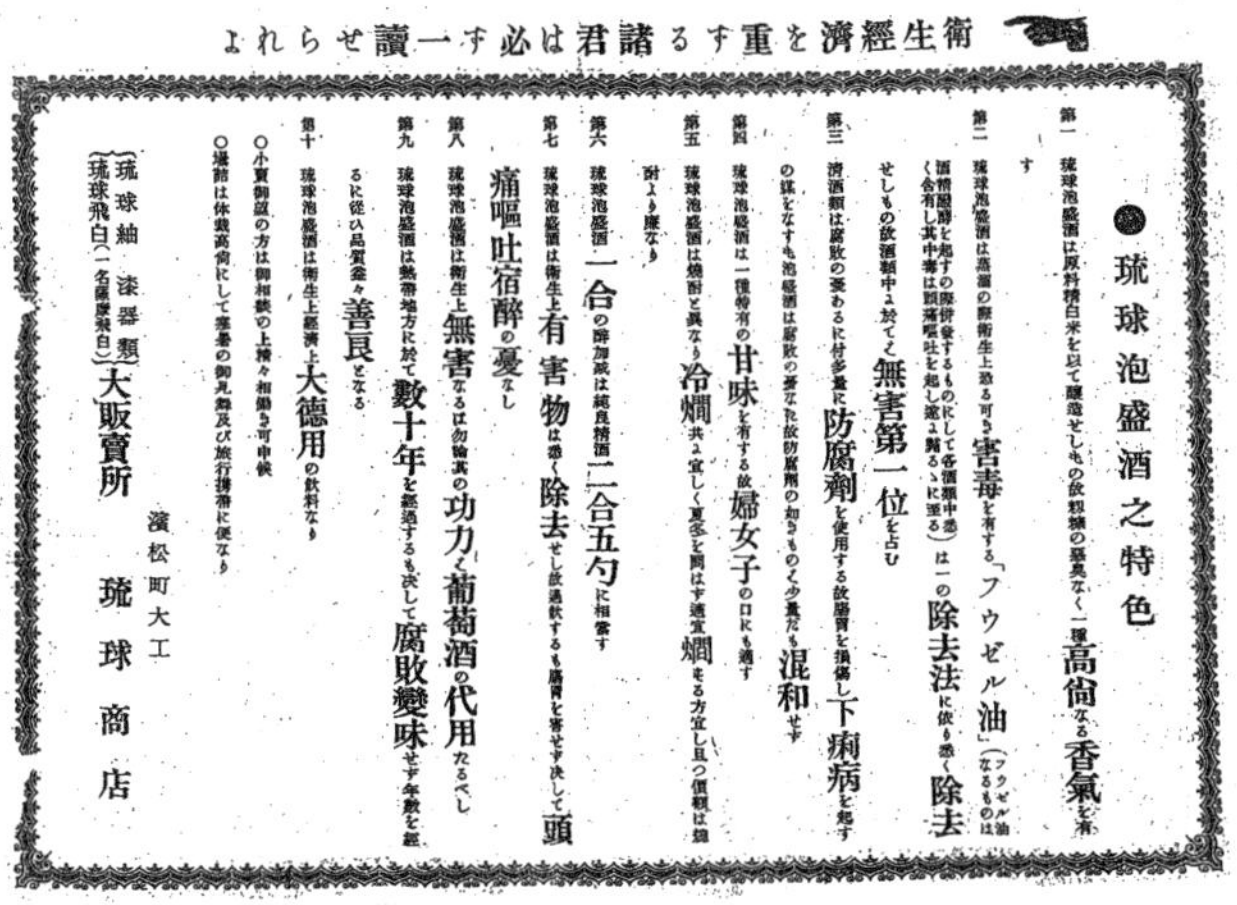

衛生經濟を重ずる諸君は必ず一讀せられよ

第一　琉球泡盛酒は原料精白米を以て醸造せしもの故粗糠の惡臭なく一種高尚なる香氣を有す
第二　琉球泡盛酒は蒸溜の際衛生上恐る可き害毒を有する「フウゼル油」（フウゼル油なるものは酒精醗酵を起すの際併發するものにして各酒類中悉く含有し其中毒は頭痛嘔吐を起し遂ュ斃るゝに至る）は一の除去法に依り悉く除去せしもの故酒類中ュ於てく無害第一位を占む
第三　清酒類は腐敗の憂あるに付多量に防腐剤を使用する故腸胃を損傷し下痢病を起すの媒をなすも泡盛酒は腐敗の憂なき故防腐剤の如きものく少量だも混和せず
第四　琉球泡盛酒は一種特有の甘味を有する故婦女子の口にも適す
第五　琉球泡盛酒は焼酎と異なり冷燗共ュ宜しく夏冬を問はず適宜燗せる方宜し且つ價額は焼酎より廉なり
第六　琉球泡盛酒一合の酔加減は純良精酒二合五勺に相當す
第七　琉球泡盛酒は衛生上有害物は悉く除去せし故過飲するも腸胃を害せず決して頭痛嘔吐宿酔の憂なし
第八　琉球泡盛酒は衛生上無害なるは勿論其の功力く葡萄酒の代用たるべし
第九　琉球泡盛酒は熱帯地方に於て數十年を經過するも決して腐敗變味せず年數を經るに従ひ品質益々善良となる
第十　琉球泡盛酒は衛生上經濟上大徳用の飲料なり
○小賣御望の方は御相談の上擁々相働き可申候
○壜詰は体裁高尚にして進暑の御見舞及び旅行携帯に便なり
琉球紬　漆器類
琉球飛白（一名薩摩飛白）
大販賣所
濱松町大工
琉球商店

広告①　泡盛広告チラシ（諸見民芸館所蔵）

県外において戦前に作成・配布された泡盛関係の広告チラシについてみておきたい。泡盛の売出チラシ広告はとくに県外において多く作成されたことが推察される。しかし、沖縄県内において実際に資料として確認できるのはごくわずかで、沖縄市の諸見民芸館が所蔵している資料一点と沖縄県立博物館・美術館が収蔵している資料一点の合計二点である。県外にはまだまだ資料として残されている可能性もある。

最初に紹介するのは沖縄市の諸見民芸館が所蔵している資料が〈広告①〉である。この広告チラシは「琉球泡盛酒之特色」と題した泡盛広告で、チラシ面には時期の記載はないが、裏面に「明治三四年七月二一日」の墨書があることから、当該年号の以前に作成されたチラシであることがうかがえる。

チラシの上面には「衛生経済を重ずる諸君は必ず一読せられよ」とある。「琉球泡盛酒之特色」としては第一から第一〇までのことが記されており、特色部分を太文字で強調し、宣伝している。

「高尚なる香気」「フウゼル油…除去」「無害第一」「防腐剤混和せず」「婦女子の口にも適す」「冷燗共に宜しく（中略）燗する方宜し且つ価額は焼酎より廉」「泡盛酒一合の酔加減は清酒の二合五勺に相当」「頭痛嘔吐宿酔の憂ひなし」「功力は葡萄酒の代用たるべし」「数十年を経過するも決して腐敗変味せず年数を経るに従ひ善良となる」「衛生上経済上大徳用の飲料」など、泡盛の特徴・効用などを力説した内容になっている。

このチラシの地域表示は「濱松町大工　琉球商店」とあり、静岡県浜

広告② 「大徳用泡盛酒売出し広告」（沖縄県立博物館・美術館所蔵）

松市中区に大工町があることから、同所と考えられる。「琉球商店」と自称していることが気にかかるが、沖縄出身者が経営していた商店なのだろうか。「琉球紬」「漆器類」「琉球飛白（一名薩摩飛白）」なども取り扱う販売所でもあった。琉球飛白というのは琉球絣を指している。いずれにしても、東京や大阪などの大都市圏地区ではなく、東海地方の主要都市においても泡盛広告が作成されていたことがわかる。

次に紹介するのは「大徳用泡盛酒売出し広告」で、沖縄県立博物館・美術館に所蔵されている〈広告②〉。京都福知山の「稲葉屋」での泡盛の広告で、明治三七年三月とある。福知山といえば京都府でも西北部の地方都市にあたる。京都近郊とはいえ、こうした地域でも泡盛が特約店を通して販売されていたことは注目に値する。

この広告チラシによれば、泡盛は琉球名産で風味焼酎に勝り、泡盛酒の効用として風味は宜しく値段は安く、常に飲用すれば血液の循環を助け悪疫の予防となることなどを挙げ、絶賛している。また、風味が強いときには、泡盛酒一升につき水一升か湯を混ぜ適宜の燗をして飲用するとよく、さらには甘味を好む人には氷砂糖あるいは白砂糖を混ぜるとすこぶる美味になり、ご婦人方にもよいと推奨している。なんとも頼もしい謳い文句である。また、泡盛の容器としては、縄巻き壺だけでなく、瓶詰めの泡盛も販売されていたことがわかる。

こうした戦前のチラシ広告は全国各地に多数あったことが予想されるが、チラシ広告自体が消耗品の使い捨てであり、残存率が低いことも重なり、泡盛関連のチラシ広告はほとんど確認されていない。

明治期の経済と泡盛

明治期以降の沖縄は社会も経済も大きく変動していた。一八八八（明治二一）年の『官報』に沖縄県泡盛酒景況が掲載されている。それによると、沖縄県の特有物産の首里泡盛酒の原料は米粟にして、米製のものは甘（舌甘）味多く、粟製のものは辛味強い。これを当分に配合すれば二味混合して尋常の火酒と異なる一種の風味を生じ、その価格低廉にして、粗製の「ブランデー」よりも味美なるとしている。原料の粟は宮古、八重山等の諸島より県庁に上納したものを購入し、米は鹿児島県の商人より九州米を買い入れし醸造しているとある。この頃になると、米は地元沖縄産というよりも九州産米に依存していたことがわかる。

また、この『官報』には首里地域の泡盛製造の統計が掲載されている。地区別に醸造人数や醸造高、雇人数ほかが示され山川村（三〇一石／三人）、金城村（二三四六石／十五人）、當蔵村（二六七石／一人）、鳥小堀村（五四〇三石／二五人）、赤田村（七一九五石／三五人）、崎山村（七二六六石／三〇人）、汀志良次村（四六二石／二人）という具合である。全体では一一一人で二万二九三九石の生産高で、一酒造所あたり平均二〇七石醸造している勘定である。山川村と金城村は一酒造所あたり一〇〇〜一五六石程度で若干少ないとはいえ、首里三箇以外の首里でも盛んに泡盛が生産されていた。

明治以降の近代の沖縄では泡盛生産が自由化されたことにより、泡盛の生産拡充がされる一方、沖縄には思った以上に様々な酒が流入し、もたらされていた。

一八七九（明治十二）年に琉球王国が解体し、沖縄県となった明治期以降、県内には本土から県の役人や警察として赴任する人たちが年々増加し、同時に商人も多数入り込んできた。西里喜行『近代沖縄の寄留商人』（ひるぎ社　一九八二年）によれば、「明治二〇年代には平均二〇〇〇名前後の『内地人』が沖縄へ入り込み活動していた」という。[34] これら「内地人」には官吏や教員も含まれていたが、大部分は経済活動に従事する寄留商人とされていることから、大きな社会変動ともいえる状況であった。明治二五年ごろは沖縄県居住の卸売商人は鹿児島県出身者が六割、沖縄県出身者三割、他府県出身者一割という状況で、明治三五年県統計では他府県からきた寄留商人は三、五〇五人となっているが、このうちもっとも多いのがやはり鹿児島商人で、ついで佐賀、福岡、熊本三県出身が続いたとされている。[35]

寄留商人の商取引の主な対象は砂糖であったが、こうした経済活動により、沖縄と本土の経済的な結びつきが促進されるとともに、沖縄にも商品経済が浸透し様々な商品がもたらされたと考えられる。西里喜行は「寄留商人が多方面において沖縄の近代化に果たした役割は正当に評価されなければならない」とした。[36]

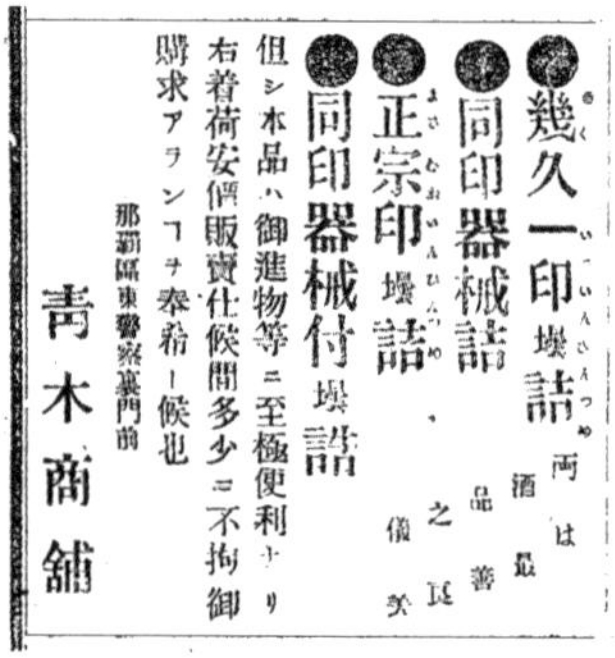

広告③　日本酒広告
（『琉球新報』1898 年 7 月 7 日）

宣伝広告の傾向に見る沖縄

近代沖縄における商品流通の状況については、一つの視点として宣伝広告の傾向を分析する方法もある。新聞広告を見ると様々な商品が流通していく様子がみてとれるが、まだまだこうした研究の蓄積は少なく、ここでは以前に拙稿で著した論考をもとにしつつ、その後に判明したことなども加えながら、この時代にお目見えする酒類や当時の状況を中心に紹介しておきたい。[37]

沖縄関連の新聞資料で残っている早い時期の新聞は一八九八（明治三一）年であ

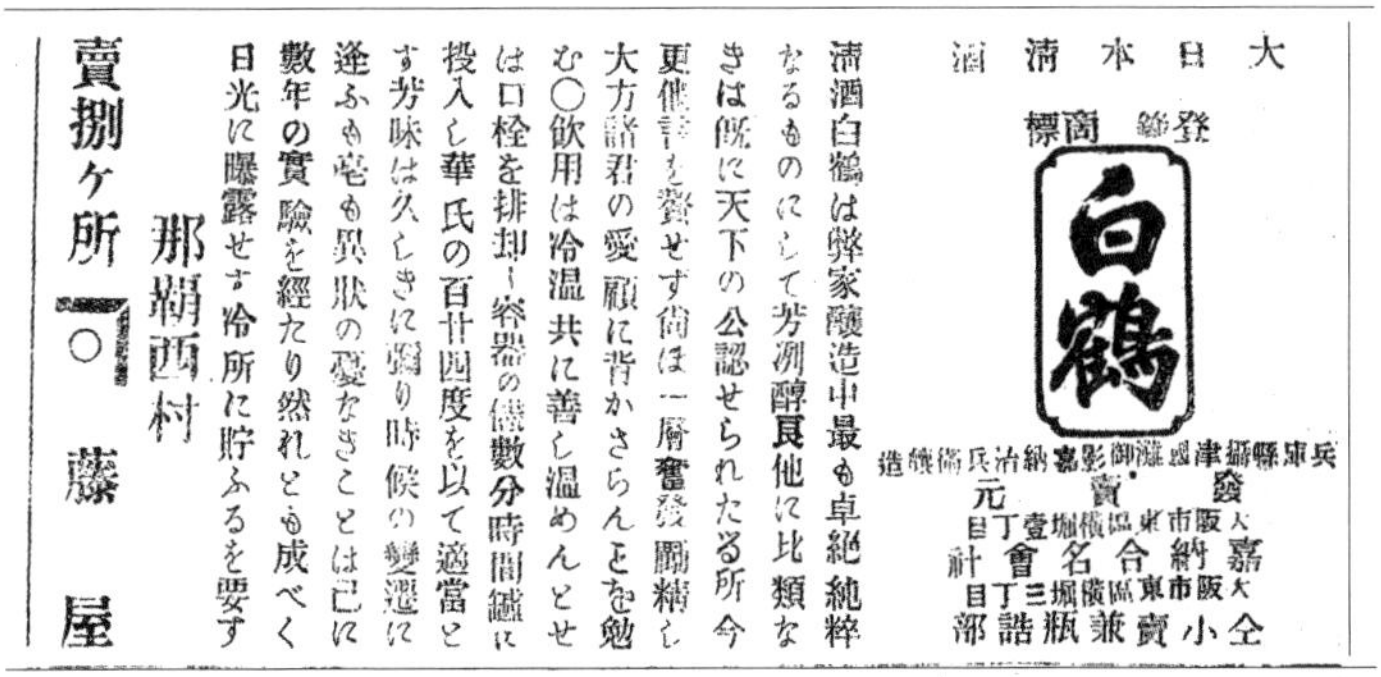

広告④　日本酒広告（『琉球新報』1898 年 10 月 15 日）

る。それ以前にも発刊された原紙は残されているものもあるが、ごく僅かであるために、ここではほぼ年間を通して多く残存している時期の新聞資料を取り扱っておきたい。

例えば一八九八（明治三一）年四月～十二月の『琉球新報』をみると、嗜好品では煙草の広告は多く見受けられるが、酒類に限るとあまり目立った広告は看取されない。日本酒（清酒）関係の広告がいくつか見出される程度である。広告の新聞紙面ではとくに断らない限り多くが第三～四面に掲載されている。なお、紹介する新聞広告の表記は必要に応じて、旧漢字は新漢字に、旧かなづかいは現代かなづかいにあらためてある。

この年で最初に登場するのは『琉球新報』七月七日に掲載された青木商舗の広告である〈広告③〉。日本酒の「幾久一」「正宗」銘柄の壜詰を進物用に便利であるとして広告している。寄留商人と考えられる青木商舗は那覇区東の警察裏門前にあり、日本酒銘柄を瓶詰で販売していたというから、この時代には瓶容器での流通がすでに始まっていたことがわかる。同様の広告が同年七月九日～十五日にかけて四回掲載されている。

いま一つは『琉球新報』の同年十月十五日に掲載されている那覇西村・藤屋の広告である〈広告④〉。藤屋は鹿児島商人の藤井吉治郎が開いた雑貨店で、その後福山仁之助の管理に移ってからは東町屋通りにいたる一帯の土地を手に入れ、店を拡張したとある。(38) 内容は清酒「白鶴」の宣伝広告で、醸造元である兵庫県摂津國灘御影の嘉納治兵衛と発売元である大阪市の嘉納合名会社による広告である。広告には清酒が沖縄の人びとに馴染みがないためか、その卓絶さを

広告⑤　ビール広告
（『琉球新報』1899年1月5日）

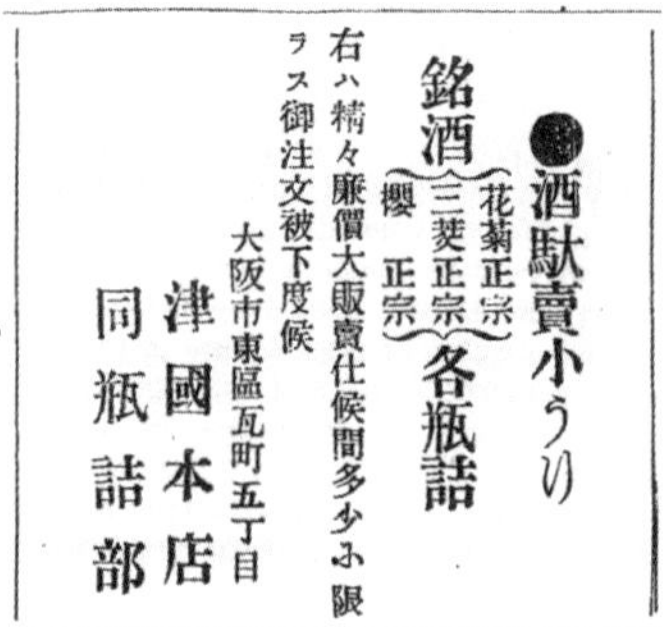

広告⑥ 日本酒広告
（『琉球新報』1899年12月9日）

アピールしつつ、冷温による飲用方法を解説し、保管方法も注記している点が着目される。同様の広告が同年一〇月十七日、十九日、二一日にも掲載されている。

ビールの新聞広告と日本酒

翌年の一八九九（明治三二）年の新聞広告を概観すると以下のようである。『琉球新報』同年一月五日に「謹賀新年　アサヒビール　大阪麦酒株式会社　醸造元大阪府下三島郡吹田村／出張所　同市東区高麗橋二丁目／製瓶所同府下西成郡鷺洲村大字海老江」としてビール会社自体の広告がみえる。その後にも『琉球新報』五月二七日と八月七日に「アサヒビール広告　大坂麦酒株式会社」が登場する〈広告⑤〉。ビールの広告としては初期の広告といえる。ビールのラベルイラストを掲載し、当時としては注目を惹くデザインである。ただし、沖縄での販売所・代理店等の記載はみられない。

また、『琉球新報』八月九日には「各国大博覧会優等賞牌受領　宮内省御用品　春駒印日本酒　鳥井合名会社／（電話堺十番電報略称トリ井）大阪府堺市」とあり、「春駒印日本酒」の広告がみえる。この広告もその後の『琉球新報』同年八月十一日～九月二一日にかけて計六回掲載されていて、アサヒビール広告と同様に、日本酒製造業者による直接広告となっている。

一方では小売店の広告もみえる。『琉球新報』十二月九日〈広告⑥〉には、「酒駄売小うり　銘酒　花菊正宗　三菱正宗　桜正宗　各瓶詰／右ハ精々廉価大販売仕候間多少に限ラス御注文被下度候／大阪市東区瓦町五丁目　津國本店　同瓶詰部」とあり、日本酒大手メーカー商品を取り扱う大阪市の小売店広告も掲載されている。

　ところで、『琉球新報』三月二〇日〈広告⑦〉には、「改良日本酒白菊盛印発売広告／宮内省御用品／醸造元　大阪府堺市　肥後與八郎／県下一手大阪売所那覇大門前　平尾本店　同西警察署前　平尾分店」がみえる。こちらは「白菊盛」という銘柄の日本酒・清酒のジャンルである。広告は製造業者主体の広告ではなく、沖縄の販売所の広告である。平尾商店は大阪系の寄留商人の平尾喜八・喜三郎父子の創業した商店で、雑貨商として活躍した。寄留商人の多くが鹿児島系であったなかで、草分けとして成功した商人である。奈良出身ではあるが、大阪系の寄留商人として大阪の清酒を取り扱ったものといえるだろう。

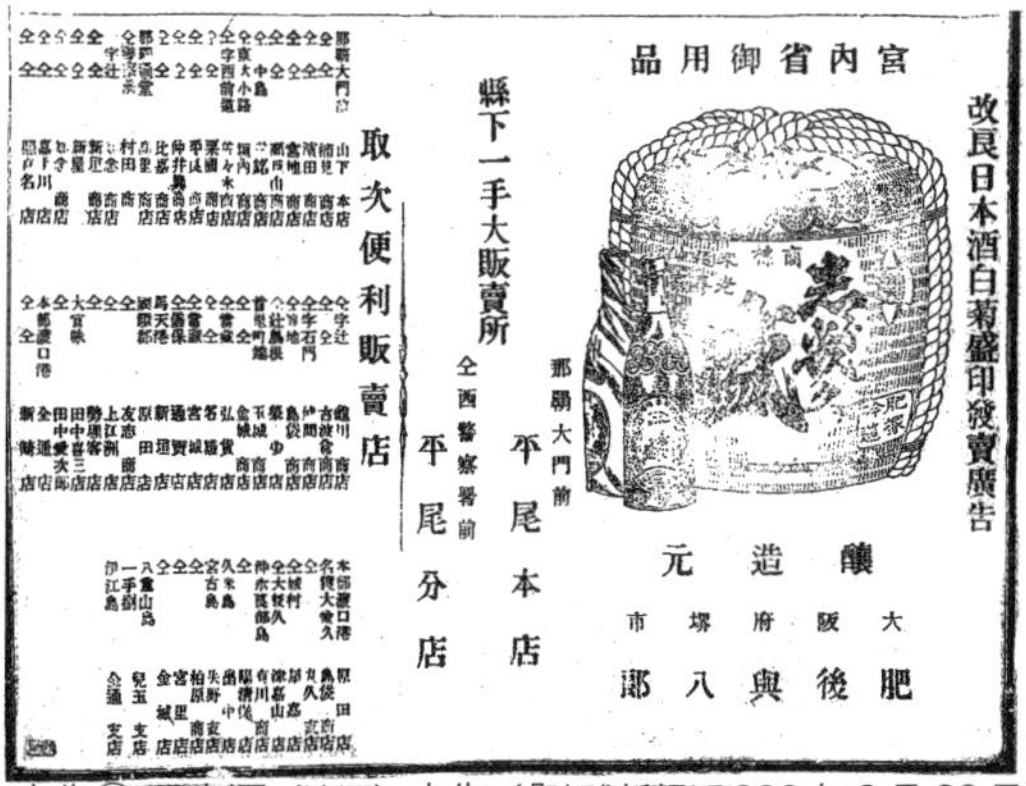

広告⑦ 日本酒（清酒）広告（『琉球新報』1899 年 3 月 20 日）

平尾本店。代表的寄留商人の店、大門前の老舗。
〔那覇市歴史博物館提供〕

　こうした寄留商人が経営する商店において、各種の酒類が販売されていたことがうかがえる。『琉球新報』十二月二五日には、「広告　●幾久一銘酒　●同印瓶詰　●瓢正宗印瓶詰　●同印機械瓶詰　／右沢山着荷多少ニ不拘安価販売仕候間何卒御購求之程奉願候也　／那覇警察署裏門前　十二月廿五日　青木商店」がみえる。既述の青木商店である。

　さらに『琉球新報』十二月二七日三面には〈広告⑧〉、「広告　●銘酒壽印樽及

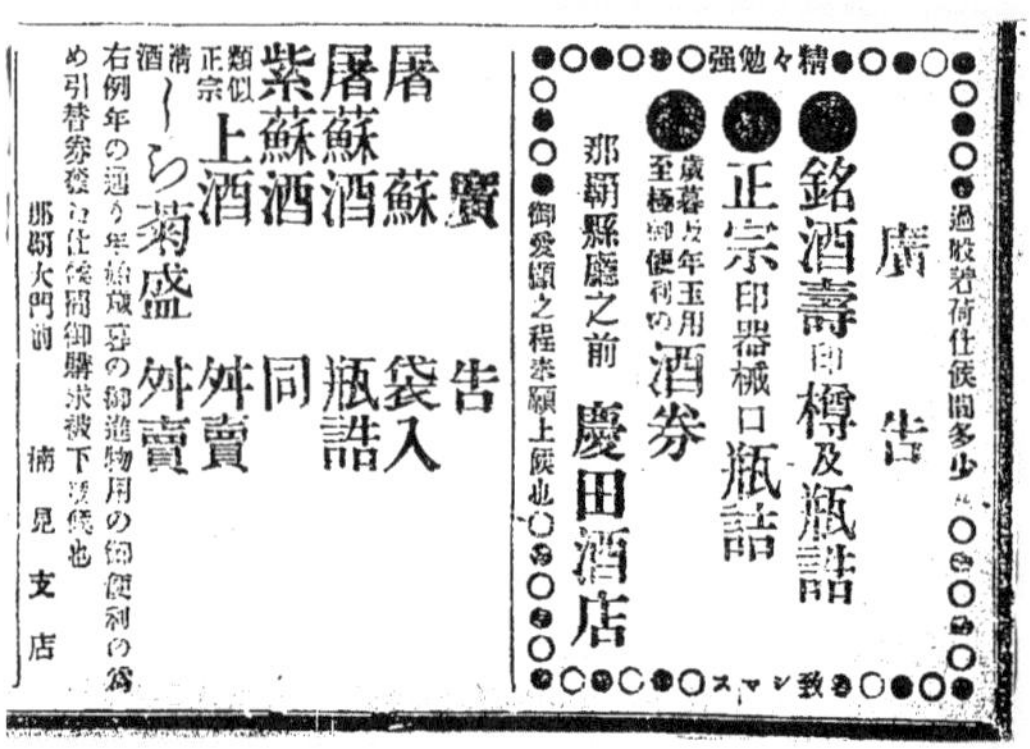

広告⑧　日本酒（清酒）広告④
（『琉球新報』1899年12月）

瓶詰　●正宗印器械口瓶詰　●歳暮及年玉用至極便利の酒券　那覇県庁之前　慶田酒店」がある。慶田酒店は鹿児島系の寄留商人である慶田覚太郎が創始した米穀商・酒類商である。

また、同じ紙面には「広告　屠蘇　袋入／屠蘇酒　瓶詰／紫蘇酒　同／類似正宗上酒　舛売／清酒しら菊盛　舛売／右例年の通り年始歳暮の御進物用の御便利の為め引替券発行仕候間御購求被下度候也／那覇大門前　楠見支店」とあり、屠蘇酒のように、本土の習慣である一年間の邪気を払い長寿を願って正月に呑む縁起物の酒などの販売も行われ始めている。楠見商店は薬種を販売する寄留商人であり、屠蘇酒や紫蘇酒をはじめ日本酒も取り扱っていたことがうかがえる。おそらくは沖縄県に在住する県外出身者の間で重宝されたのであろう。

以上が主に明治三一～三二年時期の新聞広告に登場する酒類であるが、そこから浮かび上がるのは日本酒の清酒とビール広告が主で、その他の洋酒は看取されないことである。広告の主体としては、酒の製造業者が直接に広告を掲載するケース、県外の販売店が酒の広告を掲載するケース、そして地元沖縄の寄留商人が販売店として広告を掲載するケースがみられた。

この時期の広告に泡盛も登場するが、その内容は料理店において泡盛があることを紹介する程度のものである。したがって、明治三〇年代初期において、泡盛関係の宣伝広告はまだ普及していなかったことが推察される。

明治期の貴重な新聞広告より

さて、沖縄においては戦前の新聞が大変貴重であるが、沖縄県教育委員会発行の『植物標本より得られた近代沖縄の新聞』（二〇〇七年）及び同書名Ⅱ（二〇一八年）には明治期の終わりから大正、昭和初期の各種新聞が収録されており、概観する上で格好の資料であり、その中から泡盛以外の酒類広告についても摘記しておきたい。

①日本酒（清酒）

『琉球新報』一九一六（大正五）年五月三一日には清酒「澤之鶴」の広告がみえる。「帝国医科大学模範薬局御撰用／醇良清酒／特約発売／夏期に安心して飲める酒はサハノツルに限る／摂津灘新在家　石崎合資会社醸造／一手販売　那覇港東大門前　◇木内商店」とある。木内商店が特約発売として「澤之鶴」を取り扱っていた。同じ広告は同年六月の三日及び一七日、二五日にも掲載されている。

その後、『沖縄朝日新聞』一九二二（大正十一）年二月一八日には「銘酒　澤之鶴／冷御売出し酒なくてなんで己が桜かなイタラ飲んでヒンと頭に来ぬ／口あたりの善い酒は禁酒などと野暮は云はれぬもの澤之鶴を適度に召し上れば元気は溢れ御身体はいつもお丈夫です／那覇石門通り◇木内商店　電話一四五番」との広告がみえる。日本酒の広告であるが、酒の良さを謳い文句でアピールした宣伝となっており、広告のあり様も変化していることがうかがえる。

また、同じ時期の『沖縄タイムス』同年二月二一日には清酒「白菊盛」の広告がみえる。「和洋缶詰食料品／白菊盛　弊店印の壱升瓶ご携帯なされしお方は見当次第徴収仕候／醤油　樽詰瓶詰　白赤上味噌　右続々御用命仰付下サレ度候／那覇市大門前　銘酒白菊盛特約店　内野商店電話一二五」とある。ここで注目されるのは内野店印の壱升瓶を持参すると代金を支払うサービスを行っているところである。瓶が貴重であることもあり、リサイクルの方法も始まっていた。

その他、「清酒　福娘　総裁正宗」は◇小島屋醤油店で〔『沖縄タイムス』一九二三（大正十二）年五月十五日）、「忠勇」は「前ノ毛通リ　日向屋」（『沖縄タイムス』同年一〇月一日他）で取り扱っていた。「忠勇」は灘若林合名会社の醸造で、沖縄県特約店として日向屋が取り扱っていたことが別の広告から判明する（『沖縄タイムス』一九二四（大正十三）年二月二〇日）。最高級清酒と銘打った「白鶴」は兵庫県灘御影の嘉納合名会社が醸造元である。特約店として那覇警察署前の丹下食料品店が取り扱っていた。さらに、灘銘酒「富久娘」と堺銘酒「壽」は那覇東県庁前・慶田商店で取り扱われていた（『沖縄新聞』一九〇九（明治四二）年十二月十二日）。

このように日本酒（清酒）は大手の銘柄を中心に沖縄に流通していたことがわかる。ただ、日本酒が県外からの在住者や地元沖縄の人びとの間で、いかほどの割合で飲まれていたのかは現段階では判断するに足る適当な資料が見当たらない。しかしながら、日本酒（清酒）の広告が引き続き昭和初期にかけても掲載されていることから、一定の需要はあったと推定される。

②ビール

次にビール関係の広告も多く見られる。『沖縄新聞』一九〇九（明治四二）年十二月十二日には沖縄那覇東の慶田支店による「キリンビール」の広告がみえる。この広告は麒麟のイラストが掲載されており、視覚に訴えるデザインである。キリンビールの広告はその後も大正期から昭和初期にかけて『沖縄朝日新聞』等の紙面でも掲載されている。

また、『沖縄新聞』一九一一（明治四四）年三月二五日には「ボックエール　キリンビールノ一種ニシテ味ヒ淡泊絶好飲料ナリ　販売所那覇東　慶田商店　電話一一二蕃」との広告があり、ビールは主要銘柄だけでなく、各種のビールも紹介され始めている。このことは『沖縄時事新報』一九二〇（大正九）年七月二〇日に「名実共ニ東洋一　キリンビール　真価益顕ル　黒ビールモ

広告⑨　慶田支店の広告
(『沖縄朝日新聞』1925年3月1日)
＊1

アリマス　特約店　西本町　慶田支店　電話一一〇」とあるように、黒ビールの商品も登場していることからも伺える。『沖縄朝日新聞』一九二五（大正一四）年三月一日には「名声嘖々たるキリンビール　冬飲むビール　キリン黒ビール」とあり続けて「飲み心地よき　菊正宗　味も香もよい徳用な　◇醤油　英国の花と薫るウイスキー　ブランデー　西本町五丁目　◇慶田支店　電話一一〇」として、日本酒や洋酒のウイスキーやブランデーも合わせて宣伝している〈広告⑨〉。同じ広告は同年三月八日や五月一日にも掲載されている。

『琉球新報』一九一六（大正五）年五月七日には「サクラビール」の広告がみえ、沖縄県一手販売として那覇西本町・◇藤屋が取り扱っている。同様の広告は同紙同年五月九日から同年六月一七日一面等にも随時掲載されている。藤屋は『沖縄新聞』一九〇九（明治四二）年七月一〇日には沖縄県一手特約として「カブトビール」の広告も出している。

先の「サクラビール」は、『沖縄タイムス』一九二五（昭和二）年一〇月十三日に「サクラビール　特約　石門通り・木内商店電話一四五」の広告がみえる。この広告で注目されるのは「王冠景品付特売」という販売戦略で、景品付きによる商品販売も取り組まれていた。木内商店によるサクラビールの同様の広告は、『沖縄タイムス』同年十一月六日一面、『沖縄昭和新聞』一九二八（昭和三）年九月六日〜十六日にかけて四回掲載されている。

『沖縄新聞』一九一一（明治四四）年三月十七日には「冬季好飲料　ミュンヘンビール」の小さな広告がみえる。醸造元や販売元などの記載は一切なく、冠の見出しと銘柄のみで、従来にないシンプルな広告スタイルである。後述する〈その他酒類〉で紹介する広告スタイルに若干共通している。

以上のように、明治期から昭和初期にかけて様々なメーカーのビールが流通していたことを新聞広告を通して看取することができる。

料理店の広告にみる酒

次は醸造元や販売店の広告ではないが、『沖縄タイムス』一九二一（大正一〇）年六月十五日には「瓶詰　冷生ビール（一本金六五銭）　老紅酒（一升金一円五十銭）冷ビールは一本でも配達致します／波上通り　別天閣　電話七二番」とあり、ビールを冷やして飲むという習慣も登場し、配達のサービスも行われた。別天閣は別の広告をみると「支那料理」とあり、中華料理を供していた（『沖縄日日新聞』一九二二（大正十一）二月十九日）。

さらには『琉球新報』一九一六（大正五）年五月九日に「奥武山公園　花月支店」の広告があり、おそらく御物城の花月楼のことであろう。「サクラビヤホール　例年の通り五月一日より開業仕候」とあり、提供方法としてすでにビヤホールも始まっていたことがわかる。

なお、ビールの直接的な宣伝とは関係ないが、『琉球新報』一九一六（大正五）年五月十四日には大日本麦酒会社「国産アサヒビール」の広告に「紳士は常に愛国の念を忘れず」とあり、同年六月十三日及び二五日にも「国産アサヒビール　国富増進の要は国産奨励にあり／一杯のビールにも愛国の念を忘る勿れ」などとの宣伝文言があり、時代背景として第一次世界大戦（一九一四〜一九一八年）の最中であり、国威発揚などの謳い文句が宣伝広告にも反映されていた。

ビールの需要に関連して、『沖縄朝日新聞』一九二五（大正十四）年六月二七日には興味深い記事が掲載されている。内容は以下のようである。

「飲み物の贅沢化　麦酒の輸入が十五万円◇遂年増加する　その八割は那覇で消化」と題した記事が掲載されている。「生計の苦しみにもがき乍ら芳醇な泡盛に酒興三昧を貪る者の少く無い近頃世の中は自棄か多分に廻□た所為かそれとも口が贅沢化したのか麦酒の需要も太したものである。尤も近頃の様にむし暑い夜にはなみなみと泡立つて注がれる麦酒の爽味には誰しも一寸誘惑を感ずるのだが都会人にはひとしほそれが馴かしまれる那覇港務所の輸出入統計によると最近の麦酒輸入高は大正十一年が二万四千九百九十二ダース価格十三万五百八十四円同十二年二万九千二百三十六ダース十四万三千二百五十八円昨年度が三万ダース価格十五万千余円にて遂年増加する一方である輸入の多い月は五月より十月迄にて毎月一万円以上である。飲物の贅沢化は多くは都会人の趣味性を物語るものであるが年々十四万以上の輸入もその八割迄は那覇にて消化されると」。

この記事からうかがえるように、大正時期にはビールの需要はかなりの量だったようで、都市部の那覇ではビール愛飲者が増えていた飲酒状況を指摘できる。

③その他の酒類

最後にビール以外の洋酒をみておきたい。『沖縄新聞』一九〇九（明治四二）年七月一〇日には「精選醸造諸白醤油味噌　雑貨卸小売商　◇濱田店〔種子油素麺洋酒缶詰砂糖〕」の広告がみえ、商店で他の雑貨類とともに、洋酒が販売されていたことがわかる。この濱田商店は大正六年に発刊された『沖縄写真帖』の写真によると、店の看板からサッポロビールやアサヒビールも取り扱っていたことが判明する。濱田商店は鹿児島系寄留商人の濱田平畩の創業で、荒物雑貨商・醤油醸造業として成功した。撮影された写真は西本町の店舗で、正確な時期が不明なため、時代は特定できないが、濱田商店は東町大火の後に大門前大通りに本店を移転し、郵便局の東隣を支店とした。醤油醸造所は久米町にあった。

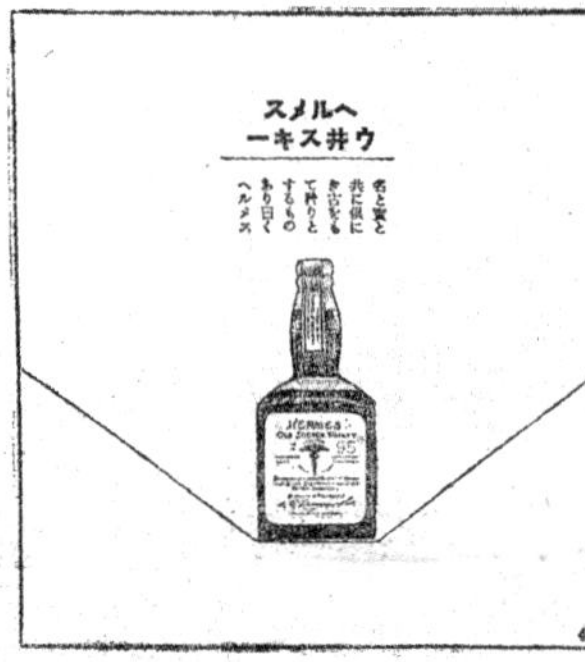

広告⑩　洋酒広告
（『沖縄タイムス』1925年2月26日）＊1

すでにビールの項で取り上げた「冬季好飲料　ミュンヘンビール」（『沖縄新聞』一九一一（明治四四）年三月十七日）のような商品名のみの広告手法がみられる。『沖縄タイムス』一九二五年（大正十四）年二月二六日には「ヘルメスウ井スキー」の広告があり、宣伝文とともに印象的なイラストが掲載されている〈広告⑩〉。また、『琉球新報』一九一八（大正七）年九月一三日には「赤玉ポートワイン」の宣伝広告がみえ、販売店等の記載はなく、「飲んで二倍の元気が出る　美味滋養の葡萄酒　赤玉飲む人強い人！」の謳い文句とイラストを組み合わせた広告デザインとなっている。

ちなみに、これはチラシ広告のデザインについて指摘されていることであるが、大正時代のチラシは読むことよりは見られることを意識した商業美術的なチラシに変化するという（増田太次郎『江戸から明治・大正へ　引札繪びら錦繪廣告』（誠文堂新光社　昭和五一年）。新聞広告についてもデザインが多様化し、華やかになっていく印象を受ける。

その後の洋酒等の広告で注目されるのは『沖縄時事新報』一九二〇（大正九）年二月十九日に掲載された丹下商店の広告である〈広告⑪〉。紙面広告には「洋酒缶詰品揃　ブランデー　伊太利ベルモット　ペパーミント　コクテーヌ　仏国生産葡萄酒　ミツワ規那鐵葡萄酒　五色乃酒　大英國皇室御用達　世界一品　キングジョゥジウヰスキヰ（中略）其他洋酒缶詰類種々取揃へ居り候に付き多少共御用命願上候　洋酒食糧品缶詰類　那覇区東町一丁目　◇丹下商店　電話二十二番」とある〈広告⑪〉。同年七月六日にも掲載されており、様々な洋酒類が導入されて、紹介されている点は注目に値する。

同様の広告がその後の『沖縄タイムス』一九二二（大正十二）年一〇月十五日にもみえる。広

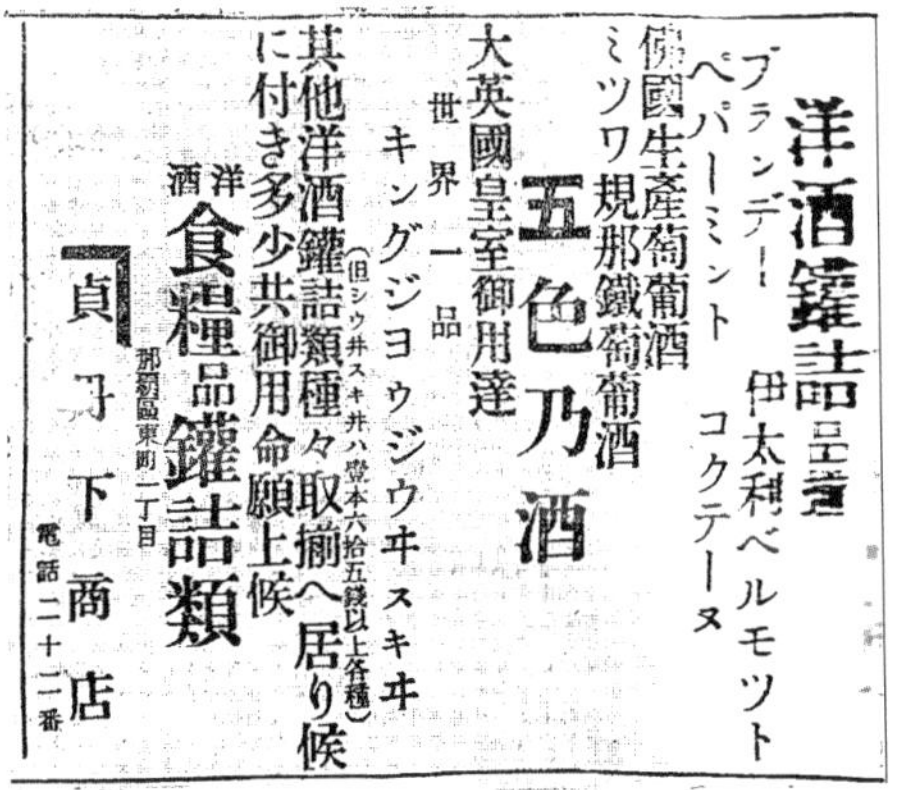

広告⑪　洋酒広告
（『沖縄時事新報』1920年2月19日）＊1

広告⑫　食料品広告
（『沖縄タイムス』1925年2月26日）＊1

告主は同じ丹下商店である。「買って下さいハクツルサイダー中元の贈答品／那覇警察署前　丹下の食料品を／丹下食料品店電話二十二番／営業品目　和洋酒の部　銘酒白鶴折詰瓶詰各種　ミワカリ正宗　ウ井スキ井各種　ブランデーベルモット　ペパーミント　コクテーヌ　仏国生産葡萄酒　ミツワ規那鐵葡萄酒　五色乃酒　大英國皇室御用達　世界一品　キングジョゥジウヰスキヰ（中略）其他洋酒缶詰類種々取揃へ居り候に付き多少共御用命願上候　洋酒食糧品缶詰類　那覇区東町一丁目　◇丹下商店　電話二十二番」とある。同年七月六日にも掲載されており、様々な洋酒類が導入されて、紹介されている点は注目に値する。

他にも『沖縄タイムス』一九二五（大正十四）年二月二六日には、那覇局前・福岡商会食料品部の「高級食料品店　営業品目　キリンビール　清涼飲料各種　ウ井スキー　ブランデー　舶来葡萄酒　甘味葡萄酒　清酒瓶詰　銘酒瓶詰（後略）」の広告〈広告⑫〉。こうした大きな商店ではなくても、『沖縄時事新報』一九二〇（大正九）年七月二〇日には「◇印醤油　ウイスキー販売　那覇石門通竹ノ内商店向　森實良商店製酒所　電話二五二番」の広告がみえ、大正期の那覇には各種の洋酒等を取り扱う食料品店や商店が営業をしていたことを知ることができる。

決して多くはない泡盛広告

明治期から大正期にかけての泡盛関係の新聞広告は、悉皆的な集計と分析をしないと正確な判断はできないが、全体的な印象としては、他の酒類広告に比較すると多くはないようである。

最初に「泡盛」の用語が広告にみえるのは料理店の広告である。『琉球新報』一八九八（明治三一）年十一月二九日に掲載されたもので、真教寺門前・花家分店の会席料理の宣伝広告の中に、鶏肉すき焼などとともに「泡盛あり　一瓶五銭」とある〈広告⑬〉。料理店のメニューは和食であるが、酒は泡盛が提供されていた。日本酒（清酒）は流通していたが、泡盛はまだまだ飲食店で多く飲まれるには至っていなかったせいなのだろうか。

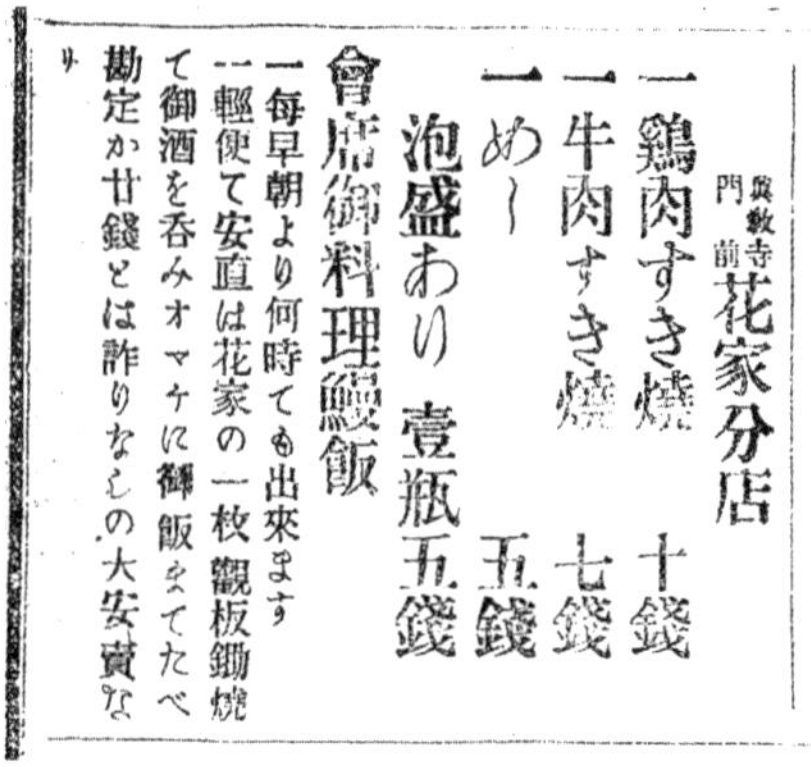

広告⑬　料理店広告
（『琉球新報』1898年11月29日）

翌年の『琉球新報』一八九九（明治三二）年六月二三日にも「本願寺横通　現金料理店　花家」の広告がみえる。「泡盛あり　一本五銭　軽便と安値は花家の金観板なり／洋食弁当て一杯を傾け勘定か廿銭とハ他に比類なき大安売なり貧乏と正直ハ花家の名物なり／懸売ハ一切御断其かわり御注文外の御肴は決して出しませぬ市内ハ多少に不拘仕出し致し舛廿銭以上御買上の方には福引出し舛／冷素麺刺身取肴すし洋食会席料理辨當其外御誂の品は何てもいたし舛／修学旅行等多人数様の御賄ハ別て安直に御受負致し舛て予め御通知願舛」との広告内容である。

明治三〇年代初期においては泡盛の醸造元や販売店の広告はみられず、こうした料理店の品目として泡盛が散見される程度なのである。

『沖縄新聞』一九〇九（明治四二）年七月一〇日には「内外米穀米利堅粉　種子油　昆布　素麺　並ニ砂糖　泡盛商　那覇区西　◇小牧商店」の広告がみえるが、泡盛商としての紹介になっており、銘柄などの情報はない。

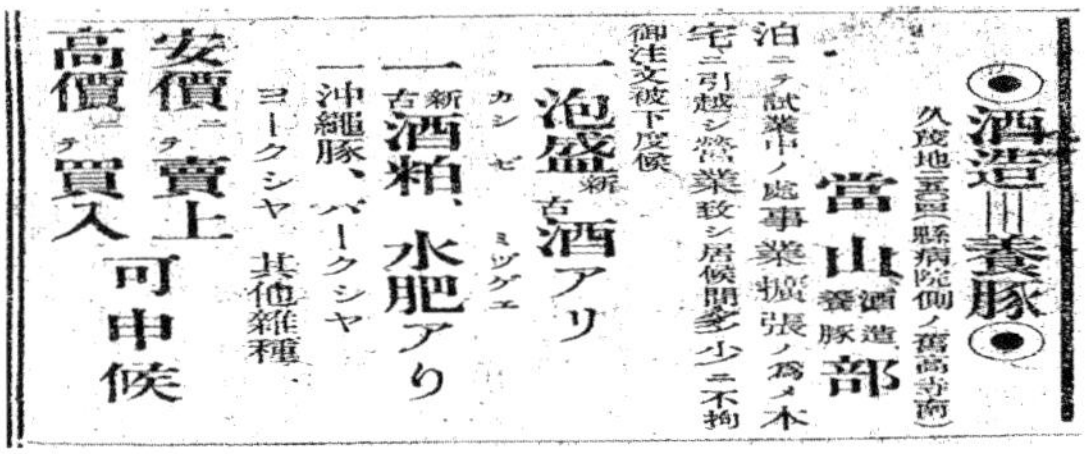
◉酒造＝養豚◉
久茂地三四四（縣病院側ノ舊高寺跡）
當山酒造養豚部
泊ニテ試業中ノ處事業擴張ノ爲メ本宅ニ引越シ營業致シ居候間多少ニ不拘御注文被下度候
一泡盛新古酒アリ
一新古酒粕《カシゼ》、水肥《ミツゲエ》アり
一沖繩豚、バークシヤ ヨークシヤ 其他雜種
安價ニテ賣上
高價ニテ買入 可申候

広告⑭　酒造と養豚の広告
（『琉球新報』1916年5月19日）＊Ⅱ

泡盛業と養豚・種豚販売の広告

泡盛の酒屋が養豚業をおこなっていたことは第二章ですでに述べたところである。このことに関して、新聞広告でも当時の状況を読みとることができる。『沖縄毎日新聞』一九〇九（明治四二）年二月二三日には當山酒造養豚部（久茂地）の「酒造＝養豚」の広告がみえる。泊で試業中だったものが、事業拡張のため久茂地の本宅に引っ越し、「泡盛　新古酒アリ」「新古　酒粕　水肥アリ」として泡盛の新酒や古酒、酒粕、水肥などを販売し、一方では沖縄豚やバークシヤ・ヨークシヤ、その他雑種の豚を買い入れるという広告である。泡盛の古酒を販売している点もおおいに注目されるが、ここでは酒造と養豚の結びつきを広告で示しているところがとても斬新である。同じ広告が翌二四日にも掲載されている。

少し時代を下って大正期になるが、『琉球新報』一九一六（大正五）年五月十九日にも「酒造販売業　泡盛醸造　種豚販売　那覇区垣花町一丁目　◇新名醸造店／泡盛卸小売販売　渡地前濱通リ　◇城間商店／泡盛卸売並ニスクガラス販売　那覇区渡地前濱通リ　◇石川太郎／泡盛醸造卸小売販売　牧志町二丁目一番地　宮城酒屋」というような広告が掲載されている。類似の広告が同紙同年五月二七日にも掲載されている。

これらの広告で興味深いのは、當山酒造養豚部のように泡盛販売と養豚のための豚買い入れをセットにしたり、酒造販売業の新名醸造店は種豚を同時に販売している点である〈広告⑭〉。酒造所では泡盛の製造工程において酒粕が残滓として生じる。これは酒屋としては処理に困るものであるが、栄養価には富むために、豚の飼料として最適なので酒屋の中には養豚業を営むところも多く、そのため畑作も行っていたという伝承はよく聞ける。広告はそうした背景を物語っている。八重山の『海南時報』一九三七（昭和十二）年七月二日にも、石垣の玉那覇酒屋が「種子豚分譲　バークシャ種牝」との広告を出しており、同様の事情による。また、別の広告「泡盛卸売並ニスクガラス販売」は酒の肴でもあるスクガラスを一緒に供しており、酒のつまみとして一般に需要が多かったものであろうか。

大正期から昭和初期にかけての泡盛に関する新聞広告は次のようなものが例として挙げられる。

◎「開店披露営業品目　内外米穀　砂糖　肥料　石炭　泡盛　西本町四丁目　川本梅壽商店　電話　四三一（略）」〔『沖縄日日新聞』一九二一（大正一〇）年二月二一日〕

◎「琉球泡盛醸造販売　那覇市泊　醸造場　電話二七三番　石川逢厚／那覇市通堂町渡地　前ノ濱　販売部　電話四六一番」〔『沖縄朝日新聞』一九二五（大正十四）年三月六日一面〕

◎「内外米穀泡盛肥料砂糖委托　那覇市西新町二ノ三七　◇新里康昌商店　電話四三四番」〔『沖縄朝日新聞』一九二五（大正十四）年三月六日二面〕

◎「米穀泡盛肥料砂糖商　那覇市東町一丁目十一番地　◇新里康昌商店　電話四三四番」〔『沖縄日日新聞』一九三三（昭和八）年一月一日二面〕

これらの広告からわかるように、商店や酒造所が販売部を設けて「泡盛」を販売している仕組みで、しかも商店はその他の穀物や肥料・砂糖等の雑貨類と併せて紹介しているに過ぎないものである。

泡盛にスポットライト

泡盛そのものの宣伝広告についても、第三章で紹介した那覇区西新町の金城豊一商店が一九二一（大正一〇）年には、「泡盛」として初期の広告を出していた。この時にはまだ銘柄名はないが、泡盛の銘柄と思われる広告として登場するのは一九一七（大正六）年九月に、知念醸造店の「サクラ泡盛」、また見取眞元俊の広告「大正泡盛」が初期のものである。その後、一九二〇（大正九）年に南陽造酒「改良泡盛　浦島酒」、一九二三（大正十二）年には神谷酒店の「しらきく泡盛」などを確認することができる〈広告⑮〉。すべての新聞を確認しているわけではないため、事例はまだまだ少ないものの、大正期の後半には泡盛にネーミングした広告が登場しはじめていることがうかがえるが、これらはあくまでも新聞紙における広報戦略としての動きであったといえる。

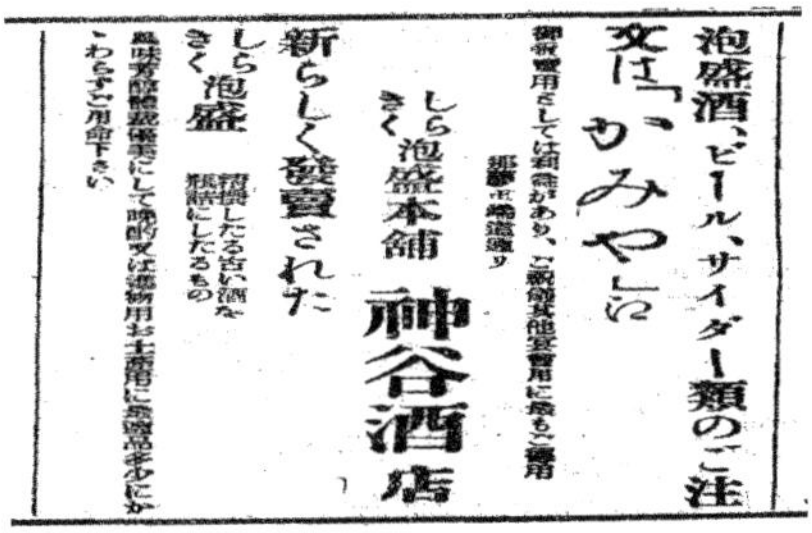

広告⑮「しらきく泡盛」（『琉球新報』1923年3月13日）＊Ⅱ

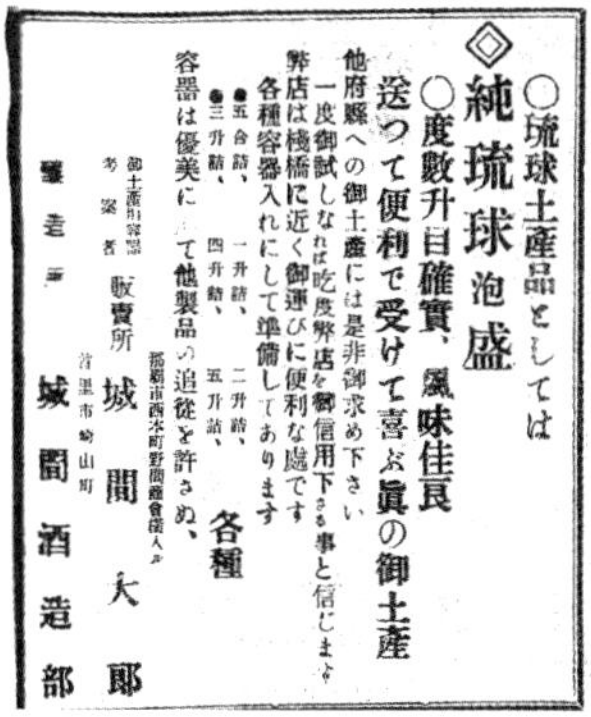

広告⑯　土産品広告（『沖縄朝日新聞』1924年8月13日）＊Ⅰ

戦前に泡盛を瓶詰にして発売した商店もあった。『琉球新報』一九一四（大正三）六月二日には那覇の端道通の與儀商店が、「琉球特産泡盛瓶詰発売」との広告を出し、「琉球泡盛ハ特種ノ風味ヲ有シ経済的優等酒トシテ目下東京大阪等ニテ大ニ流行殊ニ夏季ノ好飲料酒トシテ広ク愛用セラレツツアリ今般特製品ヲ瓶詰致シ納涼観劇者方ノ御携帯用トシテ極御便利ト存ジ候間多少ニ不拘御用命ノ程奉願候」と紹介している。泡盛が経済的にお得であること、東京や大阪では夏季の飲料として流行し愛用されていることをコメントしながら、携帯用に瓶詰めとして発売したことを宣伝している。一本毎に盃一個を提供するもので、代金は十五銭というから瓶代が三分の二を占めているので、それなりの高価な値段といえるだろう。

さらに、『沖縄朝日新聞』一九二四（大正十三）年八月十三日にはお土産品広告としては初期のものと思われる広告がある。内容は以下のようである。

「○琉球土産品としては◆純琉球泡盛○度数升目確実、風味佳良／送つて便利で受けて喜ぶ真の御土産／他府県への御土産には是非御求め下さい（中略）各種容器入れにして準備してあります。●五合詰、一升詰、二升詰　●三升詰、四升詰、五升詰　各種／容器は優美にして他製品の追従を許さぬ、御土産用容器考案者　販売所　那覇市西本町野間商会横入ル　城間大郎／醸造所　首里市崎山町　城間酒造部」とある〈広告⑯〉。

首里市崎山町の城間酒造所が広告したもので、大正末期から昭和初期にかけては、泡盛が本土市場に向けて販路を拡大する時期にあたり、お土産品としても需要が多かったことが推察される。

東京の泡盛商

さらに戦前の昭和期には東京市内にも泡盛店をかなりみかけるようになっていった。その頃の泡盛評判を記したものもある。

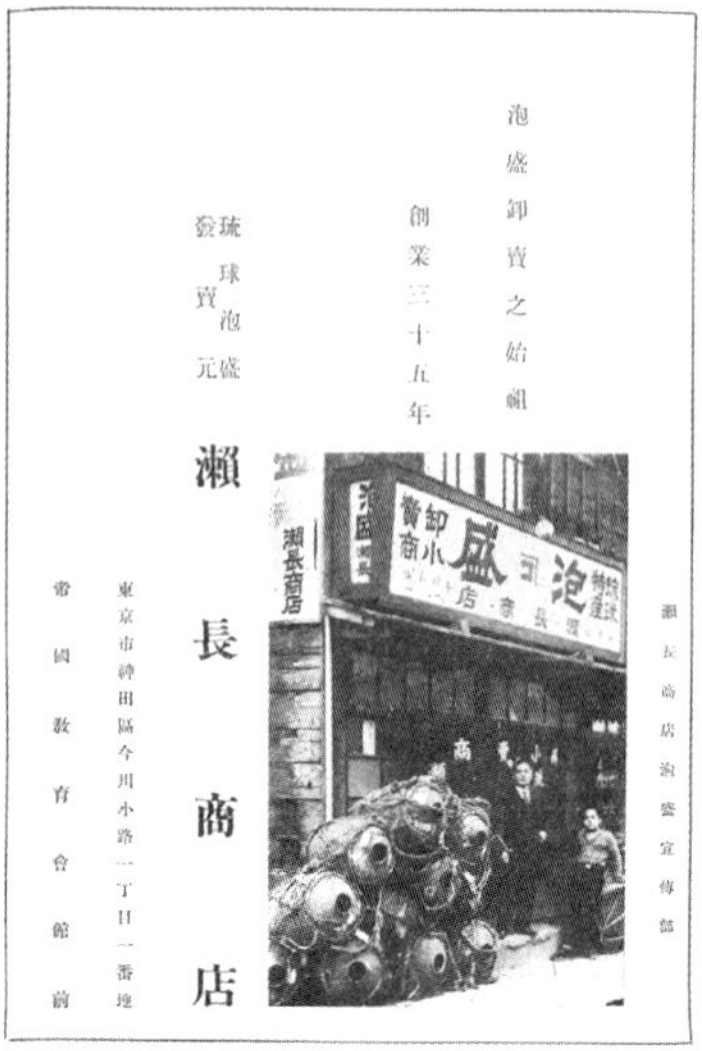

東京市神田区の瀬長商店の広告
（『沖縄県人物風景写真帖』より）

沖縄県人物風景写真帖刊行会『沖縄県人物風景写真帖』（昭和八年）には昭和初期の東京での泡盛商による広告が掲載されている。東京市神田区の瀬長商店は「泡盛卸売之始祖　創業三十五年」、麹町区の嵩原商店は「創業明治二十年　琉球泡盛卸小売」とあり、その他にも「泡盛卸商　琉球物産商会」（神田区）、「本場直移入　琉球泡盛専門卸商　産地出張店　うるま」（巣鴨駅）、「日本一の泡盛専門店　本場琉球泡盛卸小売商多留生《たるふ》（小石川区）、琉球泡盛卸商　品質本位　平敷本舗」（本所区）、「農林省　陸軍省御用達　琉球泡盛卸商　宮城泡盛店」（神田区）、「琉球泡盛卸小

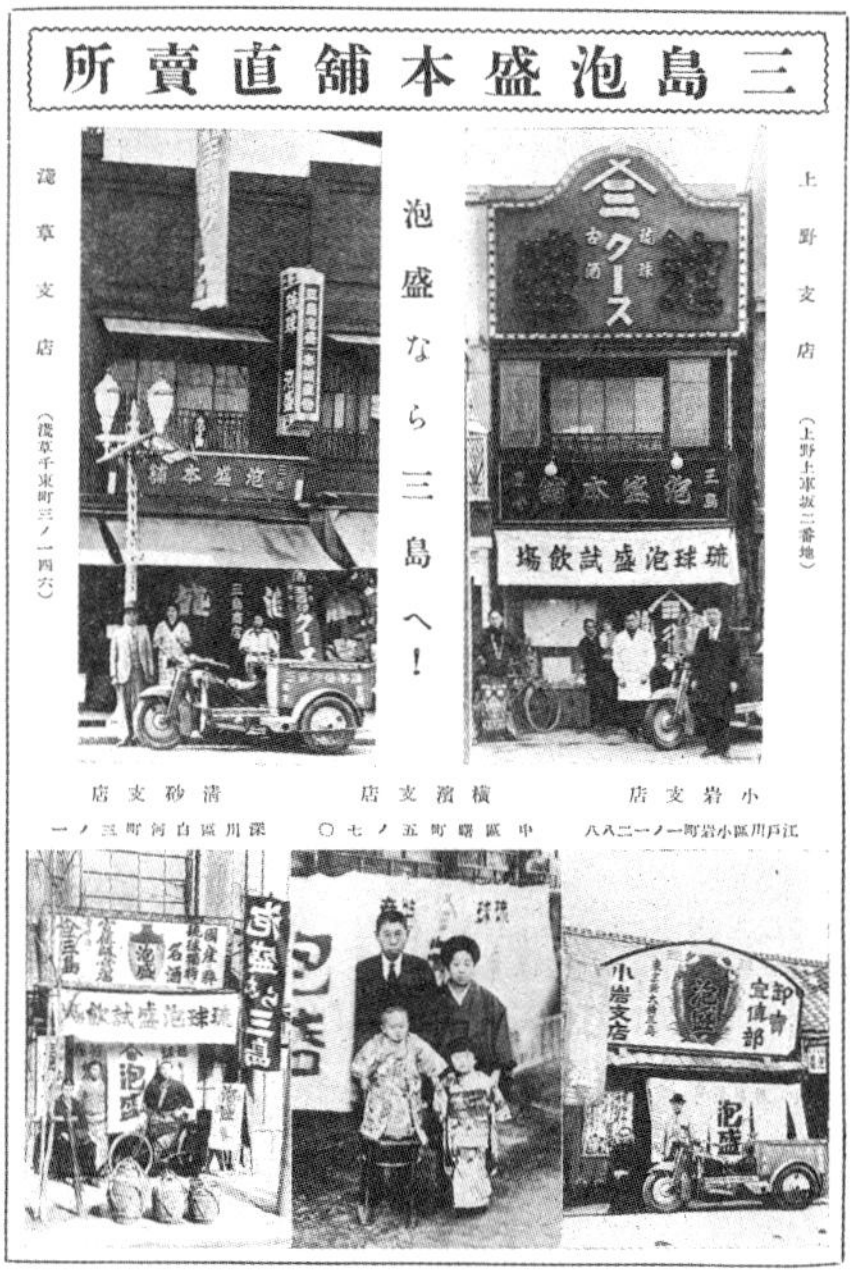

「王国クース」を売り出している三島泡盛店（『沖縄県人物風景写真帖』より）

売　國吉商店」（京橋区）「琉球泡盛卸小売　國吉商店」（京橋区）などなどがあり、沖縄出身者が多く住んだ神奈川県川崎市には「琉球泡盛〈他〉米須商店」があった。注目すべき広告もあり、神田区の比嘉商店は「本場出張　琉球泡盛卸元　龍宮　比嘉商店」と「龍宮」銘柄を付して広告し、他にも上里参治経営の「陸軍省 海軍省御用達　乙姫泡盛店」（野駅）は「乙姫泡盛」、深川区の崎山商店は「〈サ　印泡盛発売元」など本土の商号を意識した泡盛販売を展開していたことがわかる。いずれの卸商も沖縄県出身者による経営と思慮される。

深川区の琉球泡盛卸商・三島泡盛店は、鹿児島県出身の寄留商人として那覇市で活動していたが、大正十一年に上京して、泡盛業界のために尽力したとある。登録商標は「王国印クース、〈三印泡盛、三島商号」で売り出し、琉球泡盛普及会を組織して、泡盛の世界的宣伝に精進していると広告し、店主の川村禎二はその当時東京泡盛商組合の相談役も務めていた。古酒のクースを宣伝している点も注目される。このように昭和初期には多くの県人関係者が泡盛の卸売商を営みながら、その普及に努めていたことが理解できる。

では、その肝心な東京での評判はいかがなものだったのだろうか。『琉球新報』一九一四（大正三）年五月一〇日には「大正博と琉球屋」という記事が掲載され、その中に東京の酒屋の泡盛がみてとれる。東京の人たちは水半分で割った琉球泡盛を飲みつけていたというが、琉球屋はこれに反して純粋の泡盛を供給するように努めていたところ、客足が増えてきたというのである。そこへ東京の新聞記者が来店し、琉球泡盛とはいったいどんな酒なのか一杯飲ませてくれといい、店主が差し出したところ、「琉球泡盛の名は聞いていたが、真の琉球泡盛はまったくよい風味」と驚いた様子を記し、翌日にはこの店の話を聞きつけた別の記者も来店するといった具合である。泡盛が東京人士に歓迎されつつあることを紹介している。

前述の沖縄県人物風景写真帖刊行会『沖縄県人物風景写真帖』（一九三三年）には、西村文則「泡盛通になるまで」という随筆が載せられ、泡盛の状況や泡盛の酒屋などが触れられている。(39) 近年はこの強烈な南国の酒泡盛が、東京の縄暖簾（居酒屋）を風靡し、泡盛専門店が盛んになり、泡盛通が増えてきた。従来日本酒に陶酔する酒徒がとにかく泡盛を排斥して、泡盛を飲む者を異端視する風潮があり、また、泡盛が鹿児島の芋焼酎と先入観で重なるような錯覚もあった。しかし、純正の泡盛を飲んでみて、これがすっかり間違ったものであったことを認識させられたと綴っている。やはり一般には泡盛と聞いただけで、清酒に慣れた人は下劣低級の酒を連想していたといい、これらの人たちは泡盛の真の味を知らない人たちで、値段が安いということを直ちに酒の低劣につなげてイメージしていたと指摘している。西村は泡盛が焼酎よりも、また清酒よりもずんと酒質はよく、他の酒を凌ぐ一種独特の風味がある。初めは特殊の匂いに襲われ辟易するものの、その鼻をうつ特有の香りがだんだん好ましく親しみとなっていき、飲み慣れた人は皆、清酒よりもよいとの感想を紹介している。古酒は上等のものになると日本酒以上に不廉で、舌触りの強烈さも和らぎ、泡盛の独特の風味が、ウイスキーとも異なった触覚で、飲愁を深く深くそそると評している。

【注】

(1) 柳田国男「明治大正史世相篇」『日本の名著50柳田国男』中央公論社　一九七四年、二二二～二二五頁、及び窪寺紘一『酒の民俗文化誌』世界聖典刊行協会　一九九八年、一六〇～一六一頁。
(2) 朝治武「飲酒の社会史」『酒の文化誌』大阪人権歴史資料館　一九八九年、四四頁。
(3) 宮里朝光「琉球の料理（三）」自家版資料、二頁。
(4) 古川榮「沖縄土産泡盛ノ説」『藥學雜誌』NO.68 日本薬学会　一八八七年、三九〇頁。
(5) 沖縄県史料編集所『沖縄県史料　近代4　上杉県令沖縄関係資料』沖縄県教育委員会　一九八三年、一七五～一七七頁及び一九一～一九二頁。
(6)「日本の食生活全集沖縄」編集委員会『日本の食生活全集47　聞き書沖縄の食事』社団法人農山漁村文化協会、一九八八年、三一頁。
(7) この項については、拙著「近代沖縄の新聞広告等にみる新たな酒類の登場と泡盛（予備的考察）」『沖縄史料編集紀要』第三七号（沖縄県教育委員会　二〇一四年）の内容に一部基づいている。
(8) 池宮正治「首里城と酒」『首里城復元期成会会報』第18号　一九九九年、四五頁。
(9) 比嘉春潮「沖縄の民俗」『比嘉春潮全集　第3巻　文化・民俗篇』沖縄タイムス社　一九七一年、七一頁。
(10) 佐喜真興英「シマの話」『日本民俗誌大系　沖縄』角川書店　一九二五年、一五四～一五五頁。
(11) 島袋源一郎『新版　沖縄案内』沖縄書籍株式会社　一九三二年、三〇八～三〇九頁。
(12) 平良一男企画編集『おとーり 宮古の飲酒法』ぷからすゆうの会　二〇〇五年、二四～二五頁。
(13) 謝敷政市『宮古島市史料6　ユナンダキズマ　むかしの暮らし』宮古島市教育委員会　二〇二五年、四七～五〇頁。
(14) 前掲書、『おとーり 宮古の飲酒法』十六頁。
(15) 前上書、十六～十七頁。
(16) 前掲書、『日本の食生活全集47　聞き書 沖縄の食事』、九八頁。
(17) 前上書、一四三頁。
(18) 前上書、一九一頁。
(19) 前上書、二四二～二四三頁。
(20) 前上書、二八八～二八九頁。
(21) 前上書、一九一頁。
(22) 末吉安久（編）『首里の日日』首里奨学母の会　一九七八年、一一二頁。

(23) 前掲書、『日本の食生活全集47　聞き書 沖縄の食事』一九七頁。
(24) 前上書、二四三頁。
(25) 西原町史編纂委員会編『西原町史　西原の民俗　第4巻　資料編3』西原町役場　一九八九年、七七七頁。
(26) 前掲書、『日本の食生活全集47　聞き書 沖縄の食事』二三五頁。
(27) 前掲書、『西原町史 西原の民俗 第4巻 資料編3』七七五頁。
(28) 安田正昭「沖縄のユニークな伝統発酵飲食品―泡盛と豆腐ようの歴史とサイエンス―」『生物試料分析』三九巻五号　二〇一六年、二九九～三〇八頁。
(29) 前掲書、『日本の食生活全集47 聞き書 沖縄の食事』五六～五七頁。
(30) 新島正子「豆腐よう」『沖縄大百科事典　中巻』沖縄タイムス社　一九八三年、九〇三頁。
(31) 安田正昭「沖縄のユニークな伝統発酵飲食品―泡盛と豆腐ようの歴史とサイエンス―」三〇五頁。
(32) 宮里朝光「琉球の料理（三）」自家版資料　五頁。
(33) 「松山御殿物語」刊行会編『松山御殿物語―明治・大正・昭和の松山御殿の記録―』ボーダーインク　二〇〇二年、二八～二九頁。
(34) 西里喜行『近代沖縄の寄留商人』ひるぎ社　一九八二年、十一頁。
(35) 那覇市企画部市史編集室『那覇市史　通史篇第二巻　近代史』那覇市役所、一七四頁。
(36) 西里喜行『近代沖縄の寄留商人』二頁。
(37) 萩尾俊章「近代沖縄の新聞広告等にみる新たな酒類の登場と泡盛（予備的考察）」『沖縄史料編集紀要』第三七号　沖縄県教育委員会　二〇一四年、一～二二頁。
(38) 前掲書、『那覇市史　通史篇第二巻　近代史』一七二頁。
(39) 西村文則「泡盛通になるまで」沖縄県人物風景写真帖刊行会『沖縄県人物風景写真帖』昭和八年、二九頁。

第六章　現在の泡盛と酒類事情

一、泡盛酒造業界の再編転機

泡盛酒造所の動向

二〇〇〇年代に入ると、酒類は多様化したほか、若者の嗜好の変化、度数の強い酒が敬遠される傾向もあるなどして、泡盛の出荷量は二〇〇四年にピークを迎えた後は二〇二二年まで減少傾向が続いている。二〇二二(令和四)年四月現在、沖縄の泡盛酒造所は全部で四七社ある。ただ酒造所とはいっても工場で多くの従業員を有する大規模な会社から家族経営的な小規模な会社まで様々である。沖縄の日本復帰後、酒造所の数はとくに大きな変動はなかったが、近年は廃業したり、資本提携により経営を継続したり、別企業に譲渡され企業形態をかえて運営される酒造所もでてきた。

とくに記憶に新しいのは宮古島市狩俣に所在する千代泉酒造の廃業である。千代泉酒造は戦後まもなく七名の共同事業として設立され、泡盛製造を始めた。その後一九四八年に初代山内(渡口)徹夫代表の個人事業となり、山内酒造所として地域密着型の小さな工場で営まれた。銘柄は千代(永遠)に泉がわくがごとくの願いを込め、「千代泉」と名づけられ、社名もこの名称に変更された。その後、二代目になってからも蔵を慕う本土からの若者を受け入れ奮闘していたが、経営者が亡くなったことで二〇一三年頃からは休業していた。親族や島内の酒造所で引き継ぎ先を検討していたが、事業の承継者がないまま、二〇一八年三月には惜しまれつつ廃業となった。沖縄県内の泡盛酒造所が廃業するのは、一九八八年の石垣市在の石垣酒造所以来三〇年ぶりで、業界の大き

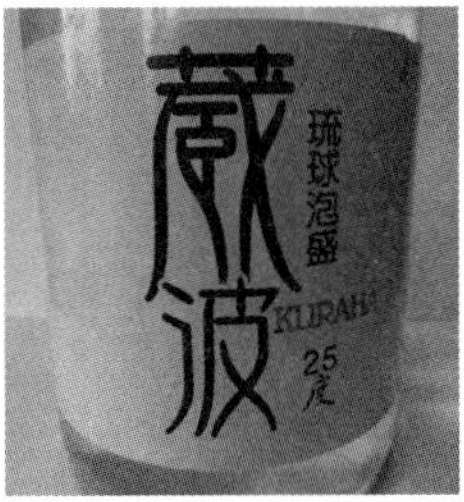

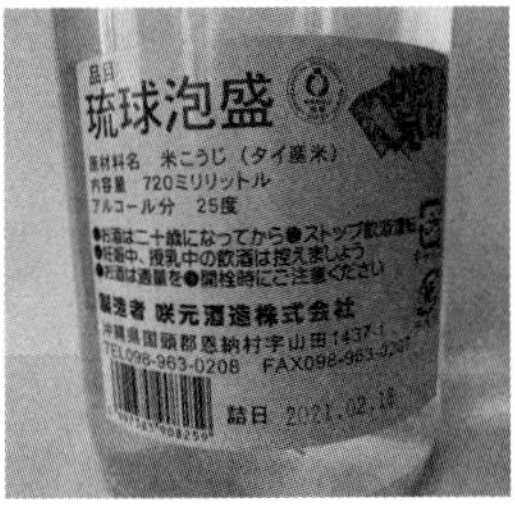

咲元酒造の新銘柄「蔵波」（右）。恩納村移転後初の詰口表示 2021.2.18（左）

な出来事であった。廃業のニュースが駆けめぐるなか、那覇市久米の泡盛倉庫（比嘉康二代表）は、千代泉酒造所内のタンクに取り残されていた泡盛の原酒を「誇酒プロジェクト」として販売する企画が行なわれたことは、泡盛ファンには一つの朗報となったといえよう。

新たな事業承継

また、首里の老舗酒造所にも動きがあった。那覇市首里にあった咲元酒造は一九〇二（明治三五）年創業の老舗の酒造所である。咲元酒造は出荷量が減った上に、周辺が住宅地でもあり、近隣住民の意識変化もありながら、工場から漏れる酒造のにおいに苦情が寄せられたり、負債も抱えるなどもあり、二〇一七年二月には廃業の方針を決めていたという。しかし、取引先でもあった琉球村から伝統を絶やしてはいけないということから資本提携の打診を受け、施設内に新工場を設立しての泡盛造りを決意したという。その後、工場を恩納村山田の観光施設「琉球村」に移転し、二〇二〇年十一月から新工場で酒造を再開した。戦後このかた長く馴染んできた首里から離れ、琉球村は首里に比べれば海岸に近い立地条件で、大きく周辺環境が変わること、水質なども異なるため、泡盛の風味が変化することも予想され、恩納村の「琉球村」での泡盛製造は大いに関心の的でもあった。移転後に初めて製造した新銘柄の泡盛「蔵波（くらは）」が二〇二一年三月一三日から発売された。咲元酒造によれば伝統の粗ろ過製法をあえて用いず、飲みやすさを重視したといい、実際に飲んでみると首里時代の咲元の味わいとは異なるすっきりした印象であった。名称の「蔵波」は、恩納村山田の集落内にある「久良波」の地名と、泡盛の蔵元を掛けて命名したということで、今後の展開が楽しみである。

さらに、二〇二一年には、糸満市の上原酒造所はおきなわワールド（南城市）などの観光施設を運営する南都が事業を承継した。上原酒造所は一九四七年、旧兼城村（現糸満市）に創業し、現上原長榮社長で三代目である。黒字経営を続けてきたが、泡盛業界全体と同様、上原酒造も年々出荷量が落ちてきて、業績も伸び悩んでいたという。同社はしばらく前から一番の取引先である南都への事業譲渡を進めてきたといい、従業員４人の雇用維持と企業名称を引き継ぐことなどを条件に、南都が上原酒造の全株式を買い取った。南都はこれまでビールとリキュールを製造してきているが、泡盛製造事業は初参入である。今後の泡盛事業としての展開が注目される。

泡盛業界の約三分の一は経営が赤字ともいわれており、厳しい状況にあることに変わりはない。(1) 泡盛酒造所の経営基盤の安定化と世代をつなぐ承継は、今後とも引き続き泡盛業界の大きな課題である。

二、泡盛の黒麹菌と酵母菌の様態変化

黒麹菌の働きと種類

泡盛の製造工程では「麹菌」と「酵母菌」の二種類のとても小さな微生物が利用される。泡盛の麹菌といえば黒麹菌であり、泡盛を大きく特色づけるものである。黒麹菌は黒褐色の胞子をつ

けた菌のことで、沖縄でポピュラーな菌種である。泡盛の原料米はデンプン質やタンパク質よりなっているが、これをアルコールに変えるためには、酵母菌の働きが不可欠である。このため、黒麹菌によって、まずはデンプン質やタンパク質を簡単なブドウ糖やアミノ酸にまで分解すると、次に酵母菌が活躍してアルコール発酵を促すことができるようになる。つまり、黒麹菌はアルコール発酵のため、酵母菌が働きやすいような環境づくりを下支えしているといえる。

泡盛の麹は蒸米の種類、その硬軟の程度、さらには室内の温度や湿度、麹を製造する操作状況などにより、種々の菌類の繁殖程度が異なってくるという。そして、泡盛麹の操作・出麹においてその色沢、香味の諸々差異を生ずる原因はこれら各種菌類が保持する特有な固有性の総合結果である。優良麹は黒麹菌をして他の麹菌等の混入を防止する程度に繁殖せしめたるものがよいとされるように、麹菌や麹の管理は繊細な手のかかるものであり、泡盛の酒質を左右する重要なファクターであった。

黒麹菌の科学的な調査研究が行われたのは、明治三〇年代のことである。研究の結果、泡盛の麹菌から分離した麹菌が日本本土の黄麹菌とは異なることが発見され、泡盛麹の主要菌としてイヌイ菌とウサミ菌が報告された。これが黒麹菌の初デビューということになる。その後明治四〇年代に、サイトウイ菌、アワモリ菌、アウレウス菌及びナカザワ菌が検出され、黒麹菌は以上の六菌種が知られている。戦前の調査では、沖縄の酒造所からはこうした菌種が五〜六種検出されている。(2)

ところが、戦後の菌種は種類が限定される傾向にある。一九七一(昭和四六)年、菅間誠之助博士等が沖縄の泡盛工場から分離した一四〇株は、多い順にサイトウイ菌とアワモリ菌で、ごく少数のナカザワ菌が検出された。さらに、一九七四(昭和四九)年、同博士等が泡盛工場から分離した二九二株はサイトウイ菌とアワモリ菌の二菌種のみが検出されただけであった。また、沖縄県工業試験場の照屋比呂子主任研究員が、一九八〇（昭和五〇）年に泡盛酒造工場から採取した麹、ならびに建物片や道具片などの試料七九点から黒麹菌を分離・類別して、酒造への適応を目的にその培養特長と生理的性質を検討している。試料七九点からは黒麹菌一九五株を分離して、十二タイプに類別・検討しているが、分離した株は少なくアワモリ菌とサイトウイ菌が多く占めていたという。(3) このように、現在、よく利用されている黒麹の菌種はアワモリ菌とサイトウイ菌の二種が主なもののようである。

市販の種麹の使用

かつて各酒屋は種麹は良い麹から分けて取っておき、それぞれで保有していた。製麹の工程では、蒸米へ黒麹菌を繁殖させるが、この時に利用されるのが黒麹菌の胞子を多く含んだ種麹とされている。これを次回の麹をたてる作業の製麹に用いていた。いわゆる「友種」といわれる方法である。ただし、この種麹の管理はとても難しいものだったと語られる。種麹は日陰の涼しいところに置いて乾燥させる。そうしないと他の雑菌に汚れるからである。自分の種麹が悪くなった場合には、他の酒屋に米を持っていって種麹と交換してもらったという。こうした友種の麹を使用していた頃の泡盛酒造所の黒麹菌の種類は多くの菌種が分布していたのである。

しかし、戦後、泡盛工場における黒麹菌の菌種が減少し均一化していく背景には、市販の種麹を使用するようになった経緯がある。種麹店が市販を始めたのは一九五六（昭和三一）年からとされる。(4) 一九六〇年頃にはまだまだ普及しておらず、その後徐々に広まったといわれる。こうした事情もあり、安定した供給や品質管理に向けては、種麹の専門業者に依頼することは当然の成り行きでもあった。このように市販の種麹を購入することで、その都度新鮮な種麹を利用できるため、製麹の工程が安定して行えるようになったとされる。その反面、県内各地にある泡盛酒造所はそれぞれ地域に根ざしながら個性豊かな泡盛を製造してきたが、市販の種麹がしだいに普及することにより個々の泡盛の個性が薄められ、均質化が進んだことも否めないといえる。こうしたなかで、本章「4、泡盛のカクテル・リキュールと新酵母菌」で後述するような、泡盛の様々な酒質や香味の多様性を求める動きにつながっていると考えられる。

近年、多くの泡盛酒造所は県内一社、県外二社の種麹メーカーから種麹を購入しており、その県内一社というのが石川種麹店である。石川種麹店は一九五六年に那覇市首里で創業した。創業者は石川秀雄である。その後、一九八一年に工場を那覇市首里より北谷町宮城へ移転し、泡盛の関係機関や関係者から県産の黒麹菌の普及を望む声が強くなり、二〇〇七年一〇月に現在の場所に新たな製造工場を建設し、安定して種麹を生産する体制を確立するように努めている。同社の種麹は泡盛製造業者のうち三八社で用いられているというから、八割以上が利用していることになる。[5]そのような意味では、各酒造所の泡盛品質に与える影響はとても大きいものがある。

同社では泡盛種麹の生産を主力としながらも、黒麹菌を使った商品「黒麹ドリンク」他の商品開発にも取り組んでいる。県産種麹の需要拡大は重要であるとともに、泡盛酒質の向上や多様化、ブランド化に向けては、泡盛業界と種麹の業者の連携と研究深化が重要と考えられる。沖縄県工業試験場では沖縄県産種麹の利用についての支援業務も行っており、今後の展開が期待される。

「泡盛1号酵母菌」の普及とボトルデザイン

泡盛種麹にこうした変化があった一方で、泡盛の酵母菌についても、大きな転換があった。沖縄の日本復帰（一九七二年）前には、泡盛の製造及び品質管理の向上を図る目的で、琉球政府の主税局に分析室が置かれてはいた。しかしながら、税関の物品検査に忙殺され、酒質の審査会は行われていたものの、酒類の品質向上指導までは手が回らなかった。そこで、復帰後は、沖縄国税事務所では鑑定官をおき、泡盛研究に力を注ぎ、泡盛の品質向上に力をいれた。県工業試験場では醸造槽が設けられ、泡盛の研究が進んだ。種麹や種モロミの改良、酵母菌の開発研究が行われた。

そのような中で泡盛の発展に大きな転換点になったのが「泡盛1号酵母」の開発である。一九七九〜八〇年には沖縄国税事務所鑑定官室が「泡盛1号酵母」の開発に成功した。[6] この優良酵母の分離・実用化により安定した品質の泡盛を大量に生産することができるようになった。ちなみに、「泡盛1号酵母」は国有特許である。現在は、ほとんどの酒造所では「泡盛1号酵母」の変異株であり、泡なし酵母といわれる「泡盛101号酵母」を使用して種もろみを造るようになっている。[7] このような酵母菌開発の取り組みにより、ライトな味わいに変化した泡盛の誕生となった。かつてのような香りが強烈な泡盛は姿を消し、飲みやすく口あたりもよいため、一九八〇年代後半になると若者にも徐々に受け入れられていったのである。

その一方では、一九八三年には石垣市の漢那酒造が、泡盛業界では初めてとなる減圧蒸留という蒸留法を採用して製造した泡盛を発売した。減圧蒸留では沸点が大幅に低くなり、もろみの温度が低い状態で沸騰するため、クセがなく飲みやすいライトな酒になるとされた。

時は少しさかのぼるが、一九七八年には、泡盛業界初の卓上ボトル「久米仙グリーンボトル」が発売されると、スリムなボディのボトルと色合いが人気を呼び、またたく間に広まっていった。販売量が飛躍的に伸び、業界の需要拡大に大きく貢献したとされている。その後、各社から様々なデザインのボトルが新たに生み出され、商品化された。

このように泡盛製造技術に関する革新と向上が拍車をかけるとともに、ボトルの仕様やデザインにも工夫が施されるようになることで、一九八〇年代以降は、若い世代にも関心をもたれて飲まれるようになり、居酒屋には泡盛とボトルが溢れるように人気を博したのである。それとともに、泡盛の県外出荷量も二〇〇四年まで堅調な伸びを示していくことになる。

三、泡盛原料としてのタイ米vs県産米

泡盛の原料・タイ米

泡盛の原料はもともと沖縄の在来米や粟であったが、すでにみたように大正期以降、もっぱらインディカ種のタイ米が用いられるようになってきた。大きな要因は国内の米価の高騰にあったためで、様々な安価な外国産米を試すうちに辿り着いたのがタイ米であった。タイ米は細長い硬質米であるが、当時の食糧管理法の規制もあり、これを加工用米の砕米として輸入し泡盛製造に用いてきた。砕米は米を砕いているので、米の表面積が多くなることで、麹づくりやその管理がしやすいという利点もあった。

戦後このかた泡盛業界はタイ米に大きく依存してきたのであるが、原料米に関しての変わりだねの泡盛といえば、中国産の泡盛である。久米仙酒造は一九九四年に中国の内蒙古自治区ウランホト市に現地工場を建設し、現地米を使って泡盛の原料アルコール（スピリッツ）の製造を開始した。理由としては現地生産により人件費が軽減され、コスト削減が目的であった。現地米は有機栽培で育てられた無農薬のジャポニカ米で良質の酒の製造が期待された。一九九五年には現地生産された原料アルコールが県内に輸入され、度数は五十五度で、ミネラルウォーターで希釈して発売されることになった。銘柄はモンゴル産泡盛「響天（きょうてん）」である。この一連の動きは泡盛の原料米に関して、一石を投ずる新たな試みでもあった。

従来、一般に泡盛の酒造所が使用しているのはタイ米でも砕米であったが、近年では酒造所によってはタイ米の丸米が使われることもある。理由としては発酵がコントロールしやすいとか、米の甘みをより感じられる味わいになるなど、風味がよいといった点が指摘されている。

こうして原料米にこだわりをもった取り組みも多く見受けられるようになってきた。近年はジャポニカ種の島産米を用いて作られた泡盛が登場している。地元の米を用いるという点に大きな特色がある。沖縄では米作をしている地域は少なくなってきたが、沖縄本島の北部や伊平屋島・伊是名島、八重山諸島には米どころがある。以下すべてを取り上げることはできないが、主な取り組みを紹介しておきたい。

地元米を原料に

石垣島は日本一早い米の収穫で知られる。二〇〇〇年に請福酒造では地元産のひとめぼれを使った「やいま」を製造発売した。請福酒造はＪＡおきなわの協力のもと、東北の「岩手」と、

島産米を100%使った泡盛「やいま」

沖縄「石垣島」を結ぶ米「ひとめぼれ」という島産米を一〇〇%使った八重山の泡盛「やいま」を生み出したのである。加えて減圧蒸留をしたことで、国産米のもつ甘さが強調され上品で華やかな香りを楽しめるという。

蓬莱米での実績を持つ瑞穂酒造では、二〇〇五年にコープおきなわとともに「島米」開発に着手し、二〇〇六年からは沖縄県物産公社、金武町特産品振興会、金武町生産者など八団体による琉球泡盛「島米」ブランド構築チームを誕生させた。この開発により二〇〇七年に泡盛「島米」を発売した。そのかたわら、同社では伊平屋島においては、泡盛造りに最適な新しい米である酒造好適米「北陸酒二〇三号」の栽培取り組みを行っている。二〇一三年に、伊平屋島の島米を使って「楽風舞」という泡盛を製造した。

一方、忠孝酒造では地産地消のプロジェクトとして、沖縄県産米のインディカ米で製造した泡盛を企画し、二〇〇七年に「夢十色」として発売している。

こうした事業展開のなか、米どころの地元金武町伊芸区に所在する崎山酒造廠(現・株式会社松藤)では、二〇〇八年に蔵人自らが栽培した金武町伊芸区産米「ちゅらひかり」を用いた泡盛「美らひかり」を生み出した。「美らひかり」は「ひとめぼれ」を品種改良したものである。伊芸区には美徳川という豊かな伏流水が流れる川があり、豊かな自然水が豊富な地区である。「自分達で育てた米で泡盛を作ろう」をモットーに、原料の米を稲から育てて泡盛を製造したものである。軟水質の水を用いながら製造された「美らひかり」はタイ米にはない口あたりの良さや上品な甘さがあり、女性にも飲みやすいのが特徴とされている。

伊平屋島では、ブランド米「てるしの米」をつかったシマグミ（島米）の泡盛が伊平屋酒造所で造られた。伊平屋酒造所は一九四八年の創業で、島の人たちによる酒造組合として設立された。タイ米を原料にした泡盛を製造していたが、二〇一二年頃からは島で栽培された米を使った泡盛にも着手した。それが伊平屋産の「てるしの米」を使った伊平屋酒造所の「照島米」である。

また、お隣の伊是名島の伊是名酒造所では、二〇一二年には伊是名島で造られた米「ひとめぼれ」を使用して造られた泡盛が製造され、「尚円の里」として限定販売された。

さらに、与那国島では与那国産ひとめぼれを使った崎元酒造所の「与那国（与那国島米仕込）」があり、三年古酒もある。崎元酒造所の創業は戦前の一九二七（昭和二）年で、農業の傍ら一七名の出資者が共同の酒造所として設立した。しかし、農業が盛んな与那国島では酒造はあくまでも副業的で、昭和四〇年代に入ると出資者はわずか四人となっていたが、先代の崎元初が名乗りを挙げ一九七一（昭和四六）年に崎元酒造所として独立した。昔ながらの古式地釜蒸留機を使用し、少人数で伝統的な手造り製法でお酒を造り続けている。ラベルには「使用原料米　与那国産ひとめぼれ、使用黒麹菌　石川種麹、製麹時間　四三時間、使用酵母菌　泡盛101酵母、発酵日数一七日間、蒸留年月日　平成二十三年九月九日、杜氏名　稲川宏二、創業年　一九二七年、原材料　米こうじ、アルコール分　三〇度、容量　七二〇㎖、瓶詰年月日　平成二十六年十二月二七日」などと詳細に表示している。とくに製造のプロセスがみえるラベルにはとても好感がもてる。むろん泡盛をはじめ、酒類のラベル表示には国税庁が定めた規約があり、それを踏まえた上での表示になることが前提となる。そうした制約はありながらも、当該泡盛の情報記録として重要であるとともに、他の泡盛と飲み比べる泡盛愛好家にも好評といえ、今後の表示のあり方としてモデルを提示している。

沖縄県酒造組合（玉那覇美佐子会長）が二〇一六年一〇月二八日に発表した二〇二一年度までに出荷量を拡大させる中長期戦略において、沖縄に適した原料のインディカ米を開発し、純県産泡盛の製造に挑戦する目玉施策などで出荷量減少に歯止めを掛けるとした方策は、こうした泡盛の原料をめぐる環境の変化もあったと推察される。

泡盛の新たな取り組みへ

こうした原料米に関する取り組みがなされるなか、二〇一九年には、国や県による泡盛原料米をつくる農家に交付金を支給して県産米による泡盛生産を後押しする企画、「琉球泡盛テロワールプロジェクト」と命名されたプロジェクトが始まった。これは県産米による琉球泡盛造りを目指す取り組みである。ワインや日本酒は「テロワール」（地域の特徴）を持たせることで付加価値を高め、海外輸出につなげていることにヒントを得た事業でもある。タイ産米のみに頼らない、泡盛原料米（加工米）の生産拡大に向けた取り組みが始まったのである。

高知県で初めての泡盛
「土佐泡盛 REIHOKU」

このような島産米連携とは異なる新たな取り組みがある。石垣市の高嶺酒造所では県外産の米として福島県産米のチヨニシキを原料とした泡盛を製造した。また、久米仙酒造では、二〇一七年度に二千年にわたる米作りの伝統と文化的景観・無形の文化が評価され日本遺産に認定された熊本県菊池地方の良質なヒノヒカリを原料とした泡盛を製造する試みを行い「日本泡盛」として発売した。今後、全国各地の良質な米を求め各地域の特色のある「日本泡盛」のシリーズ化を検討しているという。

一方、県外において地場産業との連携による泡盛関連プロジェクトがある。それは高知県で初めての「土佐泡盛REIHOKU」の誕生である。REIHOKUは嶺北（れいほく）地域のことを指し、気候風土に合わせた泡盛づくりを目指している。土佐泡盛REIHOKUは、伝統ある琉球泡盛の製法をそのままに、泡盛で用いられる通常のインディカ米ではなく、高知県本山町産の棚田米（ジャポニカ種）と土佐日本酒造りの文化が生んだ「高知清酒酵母ＡＡ41」を使用し、これまでにない独特な泡盛を誕生させている。著者も味わってみたが、どことなく日本酒を思わせる柔らかな口当たりで、泡盛特有の酒質も感じられしっかりとした黒こうじの香りが長い余韻もある。この「土佐泡盛」誕生は、移住支援団体〝れいほく田舎暮らしネットワーク〟と「ばうむ合同会社本山蒸留所」の共同で生まれたもので、酒の収益の一部は田舎暮らしネットワークを通じて棚田保全、地域の知恵や文化を引き継ぐ学びの場（ワークショップ）の運営など地域活性化の循環の輪づくりに役立てられている。

以上、泡盛にまつわって原料米への新たな取り組みとこだわりもった泡盛業界の動向がある。契機となっているのは、近代以降タイ米一辺倒だったことへの内省があり、泡盛は沖縄地元の米で製造されていたことへの再認識にあるからである。地産米を使用することは地域の地場産業の活性化とともに、泡盛の本来の姿を取り戻すことでもある。

四、泡盛のカクテル・リキュールと新酵母

アレンジレシピの提供とリキュール

泡盛の県外出荷量は二〇〇四年に最盛期を迎えて以降、年々出荷量は下降している状況である。その要因にあげられるのが若者や女性のアルコール離れである。これは泡盛に限ったことではなく、国内の酒類全体として指摘されていることである。この課題解決に向けての特効薬なるものを見いだすのは難しいものがあるが、業界では様々な取り組みがされていることは確かである。

沖縄県酒造組合では、改称（二〇一二年）以前の沖縄県酒造組合連合会時代から泡盛の美味しい飲み方のアレンジを推奨してきていた。水割りの他に、炭酸割り、お湯割り、オンザロック、カクテルなど泡盛カクテルのおすすめとしていくつかのアレンジレシピを紹介している。カクテルとは二種類以上の酒、あるいは酒と果汁、炭酸飲料などを調合し、その酒単独では得られない味や香りを楽しむためにつくる酒である。レモンやシークヮーサーなど、さっぱりした酸味のある柑橘系の果実、マンゴーなど甘みのあるトロピカルフルーツと相性のよい泡盛を紹介している。これらは泡盛に馴染みのない県外の人びとや泡盛初心者、泡盛をイメージとして苦手と思っている人や女性などを取り込もうとのねらいがある。

二〇〇〇年代に入ると、泡盛業界でもリキュールに活路を見いだす酒造所も登場した。リキュールとは、蒸留酒に糖類（砂糖やシロップ）や香料（果物や香草など）を加えて作られる混成酒のことである。石垣市の請福酒造は泡盛を飲まない人にも飲んでもらえるようにリキュールの新商品

開発に取り組んできている。こうした業態変化の動きもあり、泡盛をベースにしたリキュールも多く見られるようになってきた。

二〇〇八年には泡盛リキュールの新酒が続々開発・発売された。久米仙酒造（那覇市）は県産黒糖も使用した「泡盛コーヒー」、老舗の瑞泉酒造（那覇市首里）は「沖縄黒糖入り梅酒」、泡盛と県産マンゴーやインド産アルフォンソマンゴーを使用した「マンゴーリキュール」、請福酒造は南国フルーツリキュール「琉球流」シリーズ、ヘリオス酒造では泡盛業界初のコーヒーリキュール「泡盛珈琲」、梅酒「梅千代」などを発売し、人気を博した。アルコール度数が一〇度前後と低いため、カクテルのような味わいの泡盛リキュールは、若い女性を中心に人気を得ているという。泡盛のほかに県産果物や黒糖を原料にしている商品も多くなりつつあり、新商品の開発により新たな泡盛購買層を獲得し、その市場シェアが順調に広がれば、農業分野への波及も期待できる可能性を秘めている。

泡盛ベースのホワイトリカー

一方、泡盛をベースとして捉えるホワイトリカーへの動向も注目される。カクテルに使用される蒸留酒で、メインとなる基酒をベースといい、カクテルのベースにはジンやウォッカ、ウイスキー、ブランデー、ラム、テキーラなどがよく用いられる。ジンは無色透明ということもあり、他の素材の色や風味を生かせるので、多くのカクテルのベースに利用されてきた。ジンやウォッカなどはホワイトリカーの種別として知られているものである。

二〇一七年、糸満市のまさひろ酒造は泡盛の製造技術を基にしながら、ジンの製造法を参考としつつ沖縄独自の「まさひろオキナワジン」を開発・発売した。ジンに欠かせないジュニパーベリー

（ヒノキ科の針葉樹である杜松〈ねず〉の実）のほか、沖縄の素材であるシークヮーサーやグァバなどのボタニカル（香味原料）を加えた。開発にあたっては沖縄でジンを製造することへの意義を問い直しつつ取り組んだという。

その翌年二〇一八年には、瑞穂酒造（那覇市首里）が創業一七〇周年を記念して、二種類のクラフトジンの開発と新商品の報告を行った。沖縄の風土環境にこだわりつつ、こうした地域特性を活かしながら、長い商品開発への取り組みの成果であったことがうかがえる。いずれの酒造所も首里に系譜をもつ泡盛業界の老舗でありながら、伝統的な泡盛の継承とともに、革新的な研究開発に意欲的に取り組んでいる。酒造組合をはじめとした泡盛業界では、泡盛を世界に広めるための様々な戦略が行われてきたことは事実であるが、このような取り組みは泡盛をホワイトリカーに並ばせる方策のひとつともいえよう。

「第５回全国泡盛カクテルコンテスト」（泡盛マイスター協会主催2007年）

沖縄ではすでに二〇〇三年には泡盛の特徴を的確に伝えられるプロの人材を育成する目的で泡盛マイスター協会（発足時：新垣勝信代表）が設立され、その後県内外において泡盛マイスターの養成講座や技能競技大会、泡盛カクテル等の様々なコンクールを開催するなど、泡盛の知名度アップに貢献してきたことも併せて特筆すべき活動であろう。

新酵母開発への取り組み

リキュールやカクテルのジャンルへの挑戦とは別の新たな取り組みとして、県内の泡盛酒造所は新しい時代に転換している。それは新酵母開発への取り組みである。

近年、注目されているのが「酵母」である。酵母の役割はアルコール発酵させることにあるが、酵母は泡盛の香りや味わいにも大きく影響する。既述のように、ほとんど酒造所では「泡盛101号酵母」を使用している。清酒・焼酎業界では新規酵母の開発・利用による新商品開発が盛んであるが、「泡盛101号酵母」への依存度が高く、酒質の多様化にあたっては、使用できる酵母の選択肢が他の酒類に比べて少ないことが課題として指摘されている。そのため、沖縄県工業技術センターでは、二〇一一年度に新たな泡盛用酵母の探索に関する調査研究を行っている。[8] それは、泡盛101号酵母普及以前に県内醸造所の泡盛もろみから採取、保存されていた酵母株や環境中から採取された酵母等を用い、101号酵母とは異なる酒質となる菌株を選抜し、新たな泡盛用酵母の実用化に向けての酵母探索である。三種類の株（サトウキビ由来一種と環境由来二種）で試作した泡盛の官能評価では、泡盛101号酵母よりも甘みのあるものと濃醇な味わいが感じられるもの、また異なる風味をもつものなど、いずれも泡盛101号酵母と同程度あるいは高い評価が得られたという。

むろん泡盛の酒質を決定づける要因は酵母だけではない。製造工程において、すでに述べたようにタイ米以外の原料米の選択、硬水と軟水の水質による違い、黒麹を這わせる期間の調整、麹の管理温度、さらには蒸留や濾過方法、さらには貯蔵方法・期間などを変えることで、各酒造所ごとの独自の風味や味わいを生み出していることは言うまでもない。そうした酒質を決定づける要因は多くあるものの、近年、さまざまな酵母を使った泡盛が生み出されてきていることも注目に値する。新しい泡盛の可能性を求めて、主要な酒造所と研究機関・業界連携企業とにおいて様々な酵母を使った泡盛造りが試みられている。

古酒の魅力のひとつに「甘い香り」となる「バニリン」という成分がある。このバニリンに変化する成分「4-VG」に着目したのが忠孝酒造（豊見城市）である。二〇〇六年、同社はバニリン含量が高く芳香豊かな泡盛の醸造技術の確立を目指して、（株）トロピカルテクノセンター、国立沖縄工業高等専門学校とともに「香味豊かな泡盛の開発」に取り組み始めた。県内で生息している植物などから野生酵母を収集し、泡盛醸造への適性を調べ、バニリンに変化する「4-VG」を多く生成する新酵母をマンゴー果実から発見した。新酵母「マンゴー果実酵母」の名称で、二〇〇八年、沖縄県産のマンゴー果実の新酵母による泡盛「忠孝原酒」を製品化した。また、この酵母の特徴を活かし、古酒づくり用の原酒や熟成古酒なども商品化した。

宮古島でも新規の酵母開発が行われた。多良川酒造（宮古島市）はさとうきびの搾りかすから抽出した宮古島原生の酵母「MY17」を使用した泡盛を誕生させた。甘味を感じる成分バニリンを多く生み出す「4-VG」が通常の六倍以上で、やわらかくまろやかな味わいという。この宮古島原生株酵母は、バイオエタノールを製造するプラント開発の実験事業を取組むなか、多良川酒造近くの製糖工場で発見されたものである。独立行政法人酒類総合研究所（通称「酒類総研」）との地道な現地探索と膨大な試料の中から発酵試験を繰り返して、この原生酵母が発見されたという。二〇一一年に初めて宮古島原産酵母を使った泡盛造りが行われ、古酒として熟成させ上で商品化され、二〇一四年十一月の「宮古島の産業まつり」でお披露目されたのである。

二〇一二年、うるま市の神村酒造が株式会社バイオジェット（うるま市、塚原正俊社長）とタッグを組んで、生まれたのが「芳醇酵母」である。複数の酵母菌の中から、二大古酒成分と言われるバニリンの濃度が一般的な泡盛に使われる酵母の八・三倍、マッタケオールが五・五倍に増幅される酵母を発見したという。バニリンのバニラのような甘い香り、マッタケオールのマッタケのようなキノコの香りで、一般酒にも関わらず芳醇な風味が味わえるとして注目を集めた。

二〇一五年二月、株式会社バイオジェットと奈良先端科学技術大学院大学（NAIST）、琉球大学は、共同研究で新たな泡盛酵母「101H酵母」を開発した。従来の泡盛101号酵母よりも芳香成分が強く、甘くフルーティーな風味が引き出せる特徴があるとされた。その後、国税庁の鑑定官時代に泡盛酵母101号を開発した新里修一が社長を務める新里酒造（沖縄市）とともに、101H酵母の泡盛の商品開発を進め、翌年五月には新酵母の製品「HYPER YEAST101（ハイパーイーストイチマルイチ）」を発売した。

東京農業大学の中田久保教授（当時）は一九九二（平成三）年黒糖の集積培養液から分離した酵母「黒糖酵母」を抽出した。従来の泡盛酵母に比べ、黒糖の甘さと軽い香気を生成するのが特徴という。二〇〇八年あたりからは、この黒糖酵母で造られた泡盛が崎山酒造廠（現・株式会社松藤、金武町）、識名酒造（那覇市首里）、瑞穂酒造（那覇市首里）で製造されている。また黒糖酵母で造られた泡盛は、通常よりも熟成が早いといわれ、崎山酒造廠ではサトウキビから生まれた「黒糖酵母」と、「三日麹」が出合って生まれた泡盛なども製品化している。さらには中田久保名誉教授の門下生がいる四社の識名酒造・崎山酒造廠・瑞穂酒造・山川酒造（本部町）が集結し、地元に愛され貢献する蔵元を目指して「泡盛蔵元会」を結成した。二〇一六年には四つの蔵元が作った黒糖酵母仕込みの泡盛をブレンドした、軽い甘さと香気が特徴的な泡盛「和尊」を製品化した。

花酵母を活用

さらに、花酵母を活用した泡盛の研究開発も盛んである。沖縄の各島々にある「花」酵母で泡盛を造れば、地域の活性化にも寄与できるとしての取り組みである。「花酵母の生みの親」というと先の中田名誉教授とされる。山川酒造と瑞穂酒造では、中田名誉教授の技術のもと八重岳の寒緋桜の花より分離した「さくら酵母」を使用して仕込んだ泡盛を共同開発した。二〇一六年からは製品化され毎年出荷している。また、二〇一七年には、瑞穂酒造は伊江島のユリの花から分離した花酵母を使った泡盛製造にも成功している。これは二〇一四年にユリの提供を受け、中田名誉教授の指導を受け研究を始め、開発したものである。「伊江の華20度」として「第22回伊江島ゆり祭り」で販売するマッチングも行われた。

一方、沖縄本島南部の八重瀬町に所在する神谷酒造は、地元八重瀬町の町花であるマリーゴールドの花から採取した「マリーゴールド酵母」を使用した泡盛を開発し、二〇一三年一月七日に仕込みを開始して、一月二五日に蒸留、七月二九日瓶詰をして販売した。使える酵母はマリーゴールド何万個かのうち一個といい、簡単な開発ではない。植物のやさしさを感じる香りとすっきりとした飲みやすさが特徴という。

さらに、奈良先端科学技術大学院大学バイオサイエンス領域の高木博史教授と株式会社バイオジェットの共同研究グループは、泡盛の風味のバラエティー化を目指し、南国イメージをもつ「ハイビスカス」の花から新しい酵母「ハイビスカス酵母」を分離に成功した。それを受けて、八重瀬町の神谷酒造において泡盛の商品開発に至っている。同酒造所は二〇一六年に「ハイビスカスC14酵母」を使用して製造した泡盛「はなはな」を発売した。ハイビスカス酵母を利用した泡盛は、神谷酒造に加えて、北から順に津嘉山酒造（名護市）、龍泉酒造（名護市）、神村酒造（うるま市）、瑞泉酒造（那覇市首里）の五酒造所で製造・商品化されている。県内のハイビスカスから採取した酵母は、従来の酵母に比べて花やフルーツの香り成分が多く含まれていて、華やかでまろやかな風味とすっきりとした味わいになっているという。それでも酒造所毎の官能評価では個性ある風味となっているという点はとても興味深いといえる。

こうしたなか思わぬニュースが飛び込んできた。「高校生が新泡盛酵母発見」という驚きのニュースで、昭和薬科大学付属高校科学部の生徒が那覇市の末吉公園で採集したブクブクーグーサと呼ばれるキンポウゲ科の「リュウキュウボタンヅル」から二〇一六年に泡盛酵母を発見したというのである。同科学部は二〇一七年七月三〇日から開催される全国高等学校総合文化祭宮城県大会の自然科学部門で発表することとなり、「いずれはこの酵母を使い、泡盛の商品化など、地域産業に貢献できたら」と語る内容が新聞紙上に掲載された（『琉球新報』二〇一七年七月三〇日付）。この研究は二〇一四年より琉球大学農学部の和田浩二教授・平良東紀教授の実験技術指導を受けながら、継続研究を行い、新酵母発見につながったものである。

以上、概観してきたようにこの一〇年間でも多彩な取り組みが展開されている。この他にも言及できてない新酵母もあるが、泡盛関連業界や各酒造所が連携した新酵母開発が進展することで、通常の泡盛よりスッキリと飲みやすいものや、日本酒のような香りを持つもの、華やかでまろやかな風味とすっきりとした味わいがするもの、さらには古酒香りが従来の何倍も出ると期待されている酵母などが登場してきたのである。このことは裏を返せば、本来の「泡盛」そのものによる事業展開だけでは厳しい時代に直面していることを物語っている。香りや味わいに変化をもたらす酵母と泡盛の関係は、これからもますます注目を集めると思われるが、これが今後の泡盛業界の起死回生の打開策となるかは注意深く見守っていく必要がある。

五、沖縄の新たな島酒の潮流・ラム酒

サトウキビを原料に

沖縄はサトウキビの生産が盛んである。しかし、サトウキビを原料とした酒・ラム酒がつくられることはあまりなかった。ただ、これまでに全然なかったかというとそうでもない。琉球王国時代には米と粟を原料として泡盛が製造されてきたが、これとは別に黍（きび）を原料として醸造される酒があった。那覇の泊村では黍酒を製造する酒屋が三箇所あった。[9]これは薬用にあてられたという。したがって用途は広くはなかったとされ、一八九四（明治二七）年当時では黍酒の酒屋は一戸のみであった。[10]このように近代以前にも、製造量は決して多くはなかったが、サトウキビを原料とした蒸留酒が製造される伝統はみられたのである。また、大正時代の新聞には、芋酒のところでも紹介したが、那覇の眞境名商店がきび酒と芋焼酎を販売していることがみえる（『琉球新報』（大正五年二月三日）。黍酒は酒造組合試造で一合五銭、一方芋焼酎は喜屋武製造の一合三銭の値段であった。芋焼酎よりも高めの値段であるが、酒造組合が製造を試みていたことが注目される。こうした醸造は確認できるものの、泡盛の産業化の進展や芋酒の一般庶民への普及に押されながら、サトウキビ酒の存在は影にかくれていたといえよう。

翻って時代は現在になるが、日本国内では八地域でサトウキビを原料とする国産ラム酒が生産されている。沖縄では三地域で製造され、他には鹿児島、高知、滋賀、東京、埼玉の各一地域となっている。

沖縄県内ではラム酒製造としては名護市のヘリオス酒造が嚆矢である。ヘリオス酒造は泡盛の他に、スピリッツ、リキュール、ウイスキー、地ビールなど全部で五種類の酒造免許を持っているが、創業の元を辿ると、一九六一年にサトウキビを原料としたラム酒の製造を行う「太陽醸造」として設立されたことが始まりである。一九七九年に焼酎乙類の製造免許を取得し泡盛の製造を開始した経緯を持っている。二〇〇四年には、サトウキビから採取される糖蜜を発酵させてから蒸留し、この原酒を五年以上、樫樽に貯蔵熟成させた国産ラム酒としての「黒糖酒」を製造し、黒糖焼酎とも違う日本のラム酒として注目を集めた。

南大東村のラム酒

離島においてラム酒開発に取り組んだのは南大東村が先駆けである。[11] 南大東島は「シュガーアイランド」ともいわれ、サトウキビ栽培が基幹産業である。南大東島でのラム酒誕生は、ご本人もお酒好きであった会社員の金城祐子が、ラム酒がサトウキビから造られることを知って、最適な地域を探したことがきっかけであった。折しも南大東村商工会が作成した「観光物産を柱にした新たな村おこしの展開事業方向書」にサトウキビを利用した「ラム酒の製造」の提案を見つけたことで、親会社である沖縄電力の社内ベンチャー制度を活用して、南大東島の良質なサトウキビを利用したラム酒製造の事業計画として応募したことであった。この申し出に対して村役場は金城に全面的な協力を行なった。村は以前使用していた国有地の飛行場を払い下げ、無償貸与で用地と建物を提供し、金城がラム酒製造の工場と本社を設立した。沖縄電力の社内ベンチャー制度により設立された株式会社グレイスラムは、ヘリオス酒造（株）や個人事業者、南大東村の出資により運営され、ラム酒製造・販売を手がけた。二〇〇五年から南大東産のサトウキビを原料に、無添加・無着色の二種のラム酒を製造してきた。度数四〇度のホワイトラムは菓子店などから引き合いがあり、高い評価があるという。ラム酒は世界では三七度以上が圧倒的な中、二〇〇八年には二五度のラム酒を発売し、注目を集めた。現在はヘリオス酒造（株）が筆頭株主でもある。

伊江島産サトウキビのみを使った国産ラム酒『Ie Rum Santa Maria』

アグリコールラムの登場

一方、伊江島においてもラム酒の製造が取り組まれた。伊江島はもともと水資源に乏しく、畑作が主要な島で水田はなかった。戦前は芋焼酎の生産は行われていたが、泡盛の酒造所はなく、泡盛などの酒類に関しては本島からの輸入に頼っていたところがある。

きっかけは、アサヒビール株式会社と独立行政法人農業・生物系特定産業技術研究機構九州沖縄農業研究センターが二〇〇六年からサトウキビを原料とするバイオマスエタノールの製造及び燃料用途利用の実証試験を伊江村で開始したことにあった。この事業は農林水産省、経済産業省、環境省、内閣府の一府三省との連携プロジェクトとして進められたもので、サトウキビの「バイオマスエタノールテストプラント」が設立された。砂糖を作る際に出る副産物から石油の代わりになる再生可能エネルギーを作り出す研究をしていたもので、この施設は二〇一一年まで使用されていた。

研究を終えた後の施設・設備の有効活用を検討するなかで、もし伊江島で地元のお酒ができるのであればこれほど魅力的なことはないため、伊江島の地酒工場として跡地利用する企画がスタートしたという。そのための製造免許準備は事前に進められ、伊江島出身の知念寿人が沖縄本島での泡盛製造経験があったことにより、二〇〇九年にはラム酒製造免許取得に動き出していた。建物や機械を譲り受け、飲料用のアルコールとしてラム酒製造用の設備を加えて誕生した[12]。

こうして二〇一一年に、株式会社伊江島物産センターの伊江島蒸留所が誕生し、島のサトウキビのみを使った国産ラム酒『Ie Rum Santa Maria』の製造が始まった。伊江島産サトウキビの絞り汁のみを直接原料として、単式蒸留器を使い、じっくりと熟成されたアグリコールラムである。伊江島のラム酒はサトウキビ本来の味や香りを楽しめる美味しいラム酒として人気がある。

沖縄のサトウキビ生産は厳しい状況にあることに変わりはないが、このような取り組みは地場産業の活性化に向けて、一つのあり方を示してくれている。

六、泡盛としての花酒

花酒とは

泡盛の沖縄特産品の一つに「花酒」がある。与那国島の花酒がよく知られているが、「花酒」は泡盛の蒸留の際に、初めに垂れてくるアルコール分の高い初留部分をいうことはご存知のとおりである。地元与那国島では、蒸留した最初の酒を方言で「ハナダギ」（花酒）と呼んでいる。この最初に蒸留して得られる酒をハナダレといい、端とか初めの意味にあたる「ハナ」と垂れる意味の「タレ」が合成した語彙であるが、「花」のもとはハナダレのアルコール分は七〇〜七五％と高いので、盃に注ぐと細かい泡が花のようにいっぱいに立ったからだといわれる。一般の市販用は六〇％まで落として出荷されている。

一九七二（昭和四七）年の復帰以前は、与那国の酒類は、当時の酒税法上では島外への移出はできなかったので、与那国島以外で花酒を買って飲むことはできなかった。これはなにも花酒を製造する与那国島だけに限られたことではなく、宮古島や石垣島など主要な離島を除いて、伊平屋島や伊是名島の酒類も島外への移出は許されていなかったのである。復帰以後になってようやくこのような制限は解除され、島外にも自由に移出されるようになり、花酒も沖縄本島や県外でも入手できることになった。

初留の酒である花酒は、もともとは与那国島のみで製造がされていたわけではなかった。宮城文『八重山生活誌』には、かつての民間での酒造りの様子が詳しく述べられている。[13] 石垣島四箇《シカ》（字石垣・字大川・字新川・字登野城の四つの字を指す）では、茅葺き屋のサキタリヤー（酒造り家）があって、クシキ（甑）で酒造りを行ったが、一升バガシ（計量用の瓶子のこと）の一杯をとった最初の蒸留酒を「花酒」といい、最も強度の泡盛であった。また、黒島では、サキタリの蒸留釜は錫と鉛を混ぜたものを使用した。蒸留釜にはモロミを入れ、火をたき蒸留を始めると、最初の六〇度くらいの酒は「アームル（泡盛る）」と呼び、一升取ったという。初留の酒である花酒は、このようにかつては各地で製造されていた。波照間島でもかつては「花酒」を特別に採っていた伝承や記録があり、また沖縄本島北部でも同様の事例があるが、泡盛の産業化が進むなか、酒税法などの関係もありしだいに造られることが少なくなった。

与那国島の花酒

そのような歴史的な経緯はあるものの、与那国島では戦後も伝統的な酒造法で花酒を生産してきた。沖縄の日本復帰の二年後、「どなん」花酒六〇度を大蔵省へ銘柄特許申請をしたのは、当時町会議員をしていた入波平毅（大正十四年生）だったという。[14] 戦後も花酒を製造してきた実績が認められての認可であった。

花酒が与那国島で造られ続けてきた背景には、島の特殊な葬祭事情があったと語るのは崎元酒造所の崎元俊男代表である。島には葬祭場がなく、島民が亡くなった場合は洗骨葬での埋葬が伝統的に行われてきた。遺体と花酒の一升瓶二本を一緒に墓の中に入れ、七年後の洗骨の儀式の時に遺骨を取り出し、花酒で清める。さらに花酒を振りかけて火を付けて燃やし、遺灰にして再び墓に納める。残った一本の花酒は集まった人たちに振る舞われる。酒の飲めない人は薬として身体の悪い部分に花酒を塗り、故人に治してもらうように祈るという。島では今でも嗜好品というより祭事で買い求める人が多いという（『沖縄タイムス』二〇一九年九月五日付）。

沖縄本島でもかつては洗骨が行われていたが、その際泡盛を入れた「フクチュルビン（懐瓶）」として遺体とともに棺に納めた。三・五・七・九年忌などに合わせて、洗骨を行う時にこのフクチュルビンの泡盛が用いられたり、洗骨後に参加者が飲んだりした。与那国島ではそれに貴重な花酒が伝統的に用いられたのである。

与那国島の葬墓制は民俗学的にも注目されるところであるが、文化人類学者の原知章の報告によれば、遺族の代表が野辺送りの参列者にお礼の言葉を述べ、同時に、参列者にはハナダギ（花酒）やニディントゥ（泡盛の中に餅をいれて長年ねかせてつくる酒）がふるまわれるが、これが参列者と故人との別れの盃となる。戦前は、一斗入りの酒甕にハナダギを満たして、墓地まで運んで参列者にふるまったという。[15] 花酒は葬礼や洗骨だけではなく、正月元旦にも花酒が振る舞われた。また、婚礼については花嫁を迎えに行く時には、酒肴をトンダンボと称し、花酒、豚肉を主とする七品の肴、白米一斗分の菱形の餅等を持参し、婿方は東道盆を頭にのせ、ほかにお神酒として花酒一升、ふつうの酒一升をそろえ、それにキィビン（酒器の一種）を添えて嫁方へのお祝いにしたという。[16] このように貴重な花酒は与那国島の人びとにとって伝統的な祭事に欠かせないものであったことが、戦後も継続して花酒の製造が行われてきた文化的背景だったと考えられる。

この花酒は、これまでの酒税法上では、アルコール度数が泡盛の最高限度とされている四五度を越えるため、「スピリッツ類 原料用アルコール」と表示されてきたことはあまり知られていない。名実ともに「泡盛」に相違ないのだが、酒税法の関係で表示上は区別されてきたのである。

ところが、沖縄県や沖縄県酒造組合などの働きかけもあり、二〇二〇年四月に与那国の花酒をはじめとした高度数の泡盛製品のラベルにアルコール四六度以上でも「泡盛」表記が認可されることになった。これまでは「原料用アルコール」としての品目表示であり、「原料用」という表現から飲用ではないと誤解する消費者もいたといい、地元から高度数品にも例外表示を求める声があった。財務省は地元関係者や国税庁との意見交換を通じ、高度数の製品も「昔から泡盛と呼ばれてきた」と判断し、四月からの例外表示を認めた。「原料用アルコール」に関し、例外が認められるのは初めてのことである。

例外として「泡盛」という表示が認められるのは、原料や製法が泡盛と同一であることが条件だ。具体的には、米こうじ（黒こうじ菌に限る）と水を原料として発酵させ、単式蒸留器で蒸留したものとしている。ただし、例外的に「泡盛」と表示することが認められたが、法律上の扱いは「原料用アルコール」のまま変わらないため、四五度以下の泡盛に対する酒税の三五%軽減措置の対象にはならないという。

にごり泡盛

ところで、この花酒は水で割ると香味成分が凝固して白濁するという性質がある。その特色を生かして、花酒をミネラル豊富な珊瑚水で割った、にごり泡盛の「海波（かいは）」という銘柄を出しているのが、与那国島の崎元酒造所である。崎元酒造所は昔ながらの地釜の蒸留器を使って花酒・泡盛を製造している。地釜での蒸留は発酵させたもろみが焦げないように職人が付きっきりでかき混ぜる必要があり、手間がかかるとされる。ただ、機械にまかせるよりも濃厚な味が出させるともいわれる。にごり泡盛は初留の花酒の原酒を採取し、割り水とのブレンドの方法で白くにごらせている。初留時はアルコール分が約七三度くらいであるが、時間とともにアルコール度数は下がるので、五〇度を目安に蒸留を止め、総じて六〇度の花酒として採取するのである。原料に花酒を割っているので度数は三〇度と通常の泡盛程度である。蒸留酒のうまみ成分は上澄みにあるともいわれ、「花酒は泡盛の一番搾り」といわれる所以である。白濁は酒の旨みとなっている高級脂肪酸なので、半年ほど経過して、熟成が進むとしだいに透明になり、さらにまろやかになるという。与那国の花酒ならではの特性を活かしたおもしろい試みであり、今後とも各酒造所で地域に根差した取り組みが期待される。

七、時が育む泡盛―クース（古酒）の時代

詰口年月日の表示

二〇〇四年六月一日からは泡盛の詰口年月日の表示が始まった。これは瓶詰めの日付を明記するもので、詰口年月日が沖縄県酒造組合の自主基準により定められた。詰口とは酒造所の貯蔵タンクから容器等に詰めた日付となり、これによって購入した泡盛が酒造所で出荷されてからどれくらいの期間経過しているのか正確に把握できるようになったのである。

このことは画期的な取り組みである。表示がないと、泡盛を購入して自宅に置いておいたとしても、こまめにメモしておかないと、何らかの記念日などでない限り、どれくらい経過したのか不明になることも多い。日本酒の場合は新酒に重きを置くことから、この年月日を賞味期限のように勘違いする人がいたり、期日が経ってしまし古く美味しくないと思う人もいるようである。しかし、泡盛は一般の日本酒とは異なり、瓶詰めであっても徐々に熟成し、古酒になることでいつまでも美味しく飲める酒である。むしろ泡盛愛好家は時間の経過したものを入手しようとするのが常といえよう。かつて、こうした詰口年月日の表示がなかった頃にも、地方・田舎のマチヤグヮー（商店）を巡り、棚の奥に長年売れ残った泡盛を求めるといった話はよく聞けたものである。それだけ、年数を経た泡盛は希少価値をもつものであった。

沖縄県酒造連合会は二〇〇四年六月、泡盛の品質表示に関する自主基準を制定した。この基準では「一〇年古酒一〇〇％」、ブレンド古酒の場合は原酒には最低一〇年を経た古酒を使用した

ものなどと表示する方法で、業界自体の取り組みとしては画期的なものであった。

しかし、二〇一二年になって泡盛古酒不当表示問題が明るみとなった。二〇一〇年十二月に沖縄国税事務所の調査により判明し、日本酒造組合中央会に報告されていた。その後中央会による酒造所の帳簿調査や聞き取り等を行った上で、「泡盛の表示に関する公正競争規約」に違反したことで、二〇一二年二月に泡盛メーカー九社に警告や指導をする事態となったのである。

泡盛の「古酒」は貯蔵三年以上を基準とするが、貯蔵三年以上の泡盛が五〇％未満なのに「古酒」と表示したり、年数表示を古い年数で表示したりするなどの問題が発覚したことで、組合の自主基準と各酒造所のモラルに任されていた結果によるコンプライアンス違反が露呈した。この出来事は業界に激震が走った。消費者の信頼を裏切るものであり、かつ泡盛業界全体のイメージを傷つけるものであった。遅まきながら沖縄県酒造組合連合会は二〇一二年三月にこの事実を公表し、規約の遵守や再発防止に取り組むことを示すとともに、組合のホームページにおいてもお詫びが掲載された。

「古酒表示」の改正

沖縄県酒造組合（二〇一二年七月に単一組合として本名称へ改称）は琉球泡盛の「古酒表示」を改めて見直し変更を行った。二〇一三年一〇月一〇日に「泡盛の表示に関する公正競争規約」が改正され、二〇一五年八月一日から適用されることになった。規約の変更で、「貯蔵三年以上の泡盛が全量の五一％以上」まで認められていた古酒を「全量が貯蔵三年以上の泡盛」と定義し、古酒の表示範囲を厳格化した。また、異なる貯蔵年数の古酒を混ぜた場合は、割合にかかわらず最も年数が新しい古酒の年数を表示するなどしたのである。

ところで、琉球王国時代には「康熙年間（西暦一六六二～一七二二年）」の古酒があったと伝えられる。つまり三〇〇年近くを経た古酒があったことになる。首里や那覇の旧家にはそれぞれ秘蔵の古酒があったといわれる。旧家の主人は銭蔵の鍵は家扶に預けても、古酒蔵の鍵はいつも自分で保管していたと伝えられるほど、古酒は貴重なものであったとは有名な話である。(17) 戦前の昭和の時代になってもこうした伝統は伝えられ、大崎正雄『泡盛醸造視察記』（昭和元年）には、「泡盛酒の最も古きものは二百年、百五十年は希にあらず」と記されており、古酒が各家々で保存されていたことがうかがえる。(18) また、熊本税務監督局『泡盛醸造の調査』（昭和十一年）には「一般に泡盛の風味は新酒は香気熾烈、味又辛辣なるも、古酒となるに従い香気馥郁《ふくいく》となり、味又軟和し益々優良となる而して泡盛は原料米、醸造用水、麹、醪発酵状態及び新酒、古酒により其の香味に優劣ありといえどもいずれも一寸利き酒して直ちに他の焼酎類と判然区別し得らるる独特の風味を共有するものなり」とある。さらに「かくのごとく古酒（クース）を賞美する風習今なお盛なるものにして其の存在は家格の床しさを物語るものの如く、貯蔵方法に至りては技巧的にも発達せる傾向あり、古酒は其種を絶やささらんが為に、特別の注意を払う〈中略〉芳醇無比の古酒を販売し益々其名声を県外に発揚せしめんとし沖縄酒造組合にて最近組合の共同貯蔵を設け大に品質の昴上に努めつつあり」とも記されている。(19) 戦前期の沖縄酒造組合が古酒のための共同貯蔵を準備していたことも注目されるが、こうした古酒を育み愛でる伝統は戦時体制になるまで脈々と受け継がれてきたのである。

古酒香研究

さて、昭和四〇年代になると、大型のステンレスタンクが熟成容器として導入されるようになった。ステンレスタンクでも熟成は進むが、その後、玉城武鑑定官らの研究により、カメが泡盛の熟成容器として優れていて、効果が大きいことが明らかになった。一九九〇年代に古酒香の重要な成分がバニリンであることが明らかになり、このような成果を生かした古酒風味の開発も行われてきた。トロピカルテクノセンターは、泡盛を熟成させる際に甕を用いると、古酒の香りの成分「バニリン」を生成する変換効率がガラス瓶保存に比べ約一・五倍になることを解析した。(『琉球新報』二〇一〇年五月一三日記事)。

沖縄県工業技術センターでは古酒香研究を継続して行っており、それによれば下記のようなことがわかってきた。同センターでは、ステンレス容器と甕に泡盛を約二〇年以上貯蔵している。両者のバニリン濃度はいずれも同程度で有意差は認められなかった。ステンレス貯蔵の泡盛はバニリン濃度が高くなるほど、香りの評価が高くなる傾向になるといい、その相関関係が強く現れているという。これに対し、甕貯蔵の泡盛にはバニリン濃度と香りの評価には相関が認められないため、さらに解析を行うと、ソトロンという成分が確認された。ソトロンはメープルシロップのような甘い香りが特徴である。同センターの甕貯蔵の泡盛にはこのソトロンが含まれていて、ソトロンの濃度と香りの評価には強い相関関係がみられたのに対し、ステンレス貯蔵の泡盛にはソトロンはほとんど含まれていなかった。したがって、ソトロンは甕貯蔵泡盛に特有の成分ということがわかってきた。[20]

古酒づくりに向けて、貯蔵方法は各酒造所ごとに様々な工夫をこらしている。瑞泉酒造は古酒づくりに力を入れているが、貯蔵量は県内随一とされ、南風原町に巨大な貯蔵タンク施設を有している。また貯蔵には一般に大型のステンレスタンクを用いる酒造所が多いが、仕込みにも昔ながらの甕を使用している唯一の酒屋である石川酒造場(西原町)では、蒸留後の貯蔵にはステンレスタンクと甕が使い分けられ、二～三カ月は甕に入れてからタンクに移すやり方をしている。この方法により一般酒でも新酒の匂いが和らぐという。古酒の貯蔵にはむろん甕が用いられ、一部の一〇年以上の古酒には三石の大甕で長期間熟成させている。貯蔵容器の甕に独自の思いを込めるのは忠孝酒造である。泡盛の古酒をよりよくするにはよい甕が重要であるとして、自社で古酒甕の製作を試み、「忠孝南蛮甕」を作り上げた。

こだわりの貯蔵場所や貯蔵法

貯蔵場所自体を特別に選定している酒造所もある。金武酒造所では地下洞窟貯蔵として金武鍾乳洞の古酒蔵を設置している。全長約二七〇mの鍾乳洞は年間平均気温十八度で、比較的冷涼な環境である。古酒貯蔵は一九八八年に、この安定した冷涼な環境を生かして設置された。また、宮古島の多良川酒造では古酒専用の洞窟貯蔵庫「ういぴゃーうぷうす」蔵がある。神村酒造（うるま市）では古酒を地下室で貯蔵しており、ヘリオス酒造所（名護市）では国頭村の旧与那トンネルに貯蔵庫を設けて管理しているなど、いずれも冷暗所で、一定の温度を保てる保管条件を考慮しての貯蔵である。樽貯蔵の泡盛もあり、神村酒造では一九六八年に泡盛では初となる樽貯蔵泡盛「暖流」を商品化した。最初は否定的な意見もあったというが、その後徐々に受け入れられ、他社にも影響を与え、有名どころではヘリオス酒造の「くら」や久米仙酒造の「奴樽蔵」など樽貯蔵の泡盛が製品化されるにいたった。

さらには海底貯蔵という試みもある。本島北部、本部町で蝶のテーマパークを運営する琉宮城蝶々園が、地元の山川酒造の泡盛「珊瑚礁」を水深五～一〇メートルで水温一九度以上の海底に一年以上プラスチックの箱（P箱）で貯蔵してみると、瓶はサンゴやフジツボが付着して何とも味わいのある姿になっていた。常に波にもまれていたせいか、専門家が利き酒すると一〇年古酒に近い熟成感と評価したともいい、一般からの人気も高いという。この企画は二〇〇〇年頃から始まり近年まで続けられてきたが、琉宮城蝶々園の閉園（二〇二一年十二月）にともない今後の動向は不透明である。また、恩納村においては二〇〇〇年から観光施設の琉球村の企画で、恩納酒造所の瓶入りの泡盛「萬座」を三〇〇メートル以上の海底に十二時間から二四時間間沈めたものが「しんかい」として二〇一八年まで販売されていた。一方、恩納村は「さんごの村」宣言をした経緯もあり、別の取り組みとして株式会社ONNAが、浅めの海に一年間ほど「萬座」を海底貯蔵し、その泡盛を「珊瑚の海」として、二〇一八年から恩納の駅で販売を始めた。この企画は観光協会、商工会なども連携し、恩納酒造所でも記念ボトルを売り出すなどして恩納村の特産品として取り組んでいる。

先述の宮古島・多良川酒造は若い人がビールのように缶で泡盛を飲めるようにと、業界ではじめてアルミ容器入の泡盛を発売したことでも知られるが、一九九四年にはクラシック音楽を聞かせながら貯蔵熟成させた「ももこ」という銘柄を誕生させた。古酒の熟成には振動を与えるとよいとの体験談や見解は多く聞かれる。コラム「古酒づくり」の謝花氏にも登場する手法である。また、首里の瑞穂酒造でも「音響熟成酒」として振動装置を使用して熟成させた「首里天」を商品化している。その時期は一九九五年より少し後のようであるが、沖縄では一九九〇年代半ばに音響熟成酒が注目されていたといえる。

鹿児島県の焼酎メーカーである田苑酒造では、すでに一九九〇年からクラシックの名曲を流しての「音楽仕込み」の焼酎造りを行なっていて、こうした手法は日本酒製造やその他の製造分野でも取り入れられている。発酵と音楽の振動共鳴による相乗効果、とても心が安らぐコラボレーションといえよう。泡盛愛好家のなかには車のトランクに積みっぱなしという人もいるとの話題もある。適度な振動と温度変化が熟成によいといい、ある飲み比べの古酒品評座談会ではその差は大きかったとの話が聞かれる。音楽との違いはあるが、振動と熟成の関係は今後とも楽しみなコラボレーションである。

万国津梁フォーラムレセプションでの関係者による仕次ぎ（2013年10月）

古酒づくりの苦労

ところで、泡盛を古酒にすることは酒屋にとってたやすいことではない。貯蔵するためには保管施設や貯蔵容器も必要となり、新酒であれば即販売して、利益が還元されるが、古酒となると最低三年はがまんの期間となる。長期熟成となると、さらに五年、一〇年、二〇年と気が遠くなる年月を待ってからでないと、出荷できない。それが適切に管理されていなければ、すべての努力が水泡と帰すこともあり、古酒づくりには一定の企業体力と資金力がないと大変、難しい面があるといえる。

古酒づくりに定評がある山川酒造では、泡盛の中で一番古い古酒は一九六七年製造のものである。二〇〇七年には四〇年古酒として三〇万円で発売すると一カ月足らずで完売し、さらに二〇一七年には五〇年古酒「かねやま一九六七」を発売し、泡盛愛好家の注目を集めた。「どんな時でもとにかく頑張って古酒を寝かせておきなさい。いずれ古酒の時代になるから」という創業者の言葉を守り、大切に熟成させた古酒五〇年ものである。五〇本限定の特別商品で価格も五〇万円と値がはり、一般には手が出せない代物であるが、長い長い年月をかけた古酒はそれだけの価値があるものといえる。

沖縄では泡盛愛好家の皆さんによる古酒づくりの活動も盛んである。有名なものに「泡盛百年古酒元年実行委員会」がある。一九九七年、那覇市安里にある居酒屋泡盛と琉球料理の店「うりずん」土屋實幸店主が発案提唱したのが「泡盛百年古酒元年」で、毎年一口千円で会員を募り、会費で泡盛を買って百年寝かせようという夢のあるユニークな企画である。[21] 沖縄が日本に本土復帰した一九七二年に、那覇市内で「うりずん」を開業した土屋は、県内全酒造所の泡盛すべてを取りそろえ、泡盛の普及に力を入れた人物である。「泡盛百年古酒元年」には多くの申し込みがあり、同年十二月二七日に、糸満市のまさひろ酒造で「泡盛百年古酒元年祭り」が開かれ、県内全酒造所の泡盛が三石甕五個に注がれて仕込みが行われた。その後も毎年、仕込みと仕次ぎが行われてきている。一九九九年、同会により「古酒の日（クースぬ日）」が提唱され、九月四日が「古酒の日」に制定された。同実行委の仲村征幸顧問が宣言したもので、今まで以上に多くの県民が古酒に親しみ、そして古酒の育成、貯蔵することを全国的に周知してもらう趣旨がある。県泡盛同好会副会長などを務めた土屋を中心に「泡盛百年古酒造り」の仕次ぎが続けられていたが、二〇一五年三月に土屋が亡くなり、しばらく中断していた。二〇一九年二月十一日に、泡盛百年古酒元年管理運営理事会の知念博理事長が企画し、泡盛百年古酒造り」の賛同者らがまさひろ酒造に集まり、土屋の思いをつなぐため、四年ぶりに仕次ぎを再開させた。

一方、沖縄本島北部で活動しているのが「山原島酒之会」である。その名のとおり北部・「山原（やんばる）」の名護市を拠点に活動する有志の会で、一九九八年に発足した。会を運営・主導してきたのは、ご本人も多くの古酒甕や泡盛ボトルを貯蔵する「蔓草庵」を有する島袋正敏である。同会は「すべての家庭の床の間にクースガーミ（古酒甕）を」の合言葉を掲げ、会員らと一緒に泡盛古酒の魅力を伝えている。仮に沖縄の全家庭に古酒をたたえる甕が普及したとすると、将来的な泡盛需要の効果は計り知れない。壮大な希望に満ちたプロジェクトである。二〇〇二年には東京で泡盛サミット、さらに二〇〇五年には「泡盛サミットin名護・山原二〇〇五」を企画開催した。定例会では泡盛の展示のほか、特定銘柄の一年・三・五・一〇年の呑み比べや会員自慢の甕古酒の呑み比べをはじめ、古酒の仕次講習会を各地で開催したりといろいろな活動を続けている。

沖縄本島中部の沖縄市では「ニクブクの会」が活動している。同会は一九九三年八月に沖縄市コザを中心に結成された泡盛古酒を愛飲するグループで、「感動と発信」をテーマに様々な活動を展開する団体である。ニクブクとは稲の藁で編んだムシロのことで、かつては泡盛の麹づくりの工程で広く用いられたものである。

那覇市では泡盛マイスター有志を中心に運営する「琉球泡盛倶楽部」もある。会長は那覇市の「カラカラとちぶぐゎ～」の長嶺哲成店主である。二〇〇八年に、沖縄の伝統である琉球泡盛全般、古酒（クース）及び泡盛にかかわる文化についての知識を深め、素晴らしい酒を尊び慈しんできた先人の心を継承し、後世へ伝えていくことを目的に「琉球泡盛倶楽部」を創設した。「古酒の日」には毎年、那覇市辻にある老舗の『料亭那覇』で『古酒の日の宴』が開催される。普段ではお目にかかれない泡盛古酒と出会えるということで、大人気のイベントでもある。二〇二〇年には第一回「泡盛川柳大賞」の作品大募集などを催して、泡盛の情報発信に尽力している。その他にも泡盛や古酒の愛好家は多く、泡盛同好会をはじめ、県内外で泡盛を愛好する多種多様な団体が活動しており、泡盛の飲み比べやテイスティング、泡盛の古酒づくりを実践されている。

2005年に開催された「泡盛サミット　in 名護・山原2005」のポスター

泡盛は「國酒」

二〇〇九年に、日本酒造組合中央会第五六回通常総会沖縄開催において、泡盛の麹菌は

「國菌」、泡盛は「國酒」とするユニークな沖縄宣言がなされた。そして、二〇一四年には泡盛世界遺産登録推進委員会が発足し、その後泡盛と琉球料理をセットにしてユネスコの世界無形文化遺産に登録（正式には「記載」）しようとの動きも始まった。一方では、二〇一一年、泡盛参加組合員四三社でつくる協同組合「琉球泡盛古酒の郷（クースのさと）」がうるま市において着工し、二〇一三年に貯蔵施設は落成したものの、その後の出資金は不景気の影響もあり、県内各酒造所からの出資が厳しい状況にあり、今後の運営が懸念される。とは言うものの、起死回生の方策を探ることはなんとしても必要である。沖縄の酒造業界は沖縄の日本復帰後のこのかた、復帰特別措置による支援策が税制改正のたびに延長されながら、なんとか成長を続けてきた。しかし、その反面、泡盛業界における復帰特別措置による「酒税減免措置」は、優遇税制への依存体質や、一部企業役員の高額報酬問題を内在化させるなど、業界の自立的発展を阻害してきており、「酒税減免措置」に代わる新たな政策の展開が不可欠との指摘もあった。(22)

沖縄県酒類製造業連絡協議会は二〇二一年七月、沖縄県に対して二〇二二年五月に期限を迎える県産酒類に関する酒税軽減措置について期限延長を要請していた。しかし、日本復帰五〇周年を前に二〇二一年十二月上旬、政府の税制調査会は沖縄県産の酒類にかかる税の軽減を段階的に縮小し、最終的に廃止することを二〇二二年度税制改正大綱で決めたのである。沖縄の泡盛業界とオリオンビールは半世紀も続いた補助措置が、段階的に削減され、泡盛は二〇三二年、ビール等は二〇二六年に廃止されることになったのである。

今後、税制の軽減措置が段階的に廃止されることで、泡盛業界は他府県と同じ土俵での競争を余儀なくされる。自立に向けた企業努力が求められるが、それだけでは自助努力による販路拡大には限界があることも確かであり、官民一体となった連携した取り組みが必要であろう。

現在は泡盛業界の経営体質改善や新たな施策展開が求められている時代ともいえる。泡盛そのものの普遍的価値は変わらぬものの、以前と比べれば泡盛を取り巻く社会状況は大きく変わってきている。今後、いま一度泡盛の立ち位置を確認しつつ、今後の展開を見据えた多角的な方策を通して、泡盛や古酒の価値の普及発信、泡盛産業の活性化を促す取り組みがさらに求められているといえよう。

【注】

(1) 沖縄県酒造組合が二〇一六年一〇月二八日に発表した「泡盛製造業の経営状況と中長期的重点施策」の報道発表による。現在休業中の一社を除き、組合傘下四五泡盛製造業者の平成二六(二〇一四)年度決算ベースでの営業利益(酒類関連のみ)は、二社が一億円超、三社が五〇〇〇万円超、五社が一〇〇〇万円超、八社が五〇〇〇万円超、十二社が五〇〇〇万円以下、営業損失(赤字)業者が一五業者と、約三分の一が営業赤字であると発表した。

(2) 坂口謹一郎「君知るや銘酒名酒泡盛」『古酒新酒』講談社、一九七四年(初出:『世界』岩波書店一九七〇年)二一一~二一六頁。及び照屋比呂子「泡盛工場から分離された黒麹菌―その分離と分類の歴史―」『南島文化』第四号 沖縄国際大学南島文化研究所一九八二年。

(3) 照屋比呂子「泡盛酒造場から分離した黒麹菌について―その培養特長と二、三の生理的性質」『沖縄県工業試験場業務報告書』第四号、沖縄県工業試験場、一九七六年、二五~三二頁。及び照屋比呂子「泡盛と黒麴菌」『地域と文化』第六・七合併号、南西印刷出版部(ひるぎ社)一九八一年、九~一〇頁。

(4) 前掲書、照屋比呂子「泡盛と黒麹菌」九~一〇頁。及び石川種麹店のホームページ参照。

(5) 石川種麹店のホームページ参照。

(6) 玉城武「泡盛1号酵母の性質とその実用化」『日本醸造協會雑誌』第七七巻第二号、一九八二年、七四~七七頁。

(7) 新里修二・宮城剛・高江洲朝清・丸山新次「泡盛1号酵母から分離した泡なし酵母の性質について」『日本醸造協会誌』第八四巻第二号、一九八九年、一二一~一二三頁。

(8) 玉村隆子・望月智代・比嘉賢一「新たな泡盛用酵母の探索に関する調査」『沖縄県工業技術センター研究報告書』第一四号　平成二三年度。

(9) 琉球王国評定所文書編集委員会『琉球王国評定所文書　第十八巻』浦添市教育委員会　二〇〇一年、二五九頁。

(10)「船税及び焼酎税書類」『沖縄県史二一　旧慣調査資料』琉球政府　一九六八年、四四一頁。

(11) 瑞慶覧美恵「島嶼における特産品の地域活性化：南大東島ラム酒を事例に」（『産業総合研究』vol.27、二〇一九年）を参照した。

(12) Ie Rum Santa Mariano のＨＰのブランドストーリー、ならびに伊江島蒸留所の関連サイト等を参照した。

(13) 宮城文『八重山生活誌』沖縄タイムス社、一九七二年、二六九～二七一頁。

(14) 宮城政八郎『与那国物語』ニライ社、一九九三年、二三〇頁。

(15) 原知章『民俗文化の現在沖縄・与那国島の「民俗」へのまなざし―』同成社　二〇〇〇年、一二七頁。

(16) 本山桂川「与那国島誌」『日本民俗誌大系　第一巻』角川書店、一九七四年、二三頁・三二頁及び与那国町史編纂委員会事務局『黒潮源流が刻んだ島・どぅなん　国境の西を限る世界の生と死の位相』与那国町役場、二〇一〇年、五七五頁。

(17) 尚順「古酒の話」『松山御殿物語―明治・大正・昭和の松山御殿の記録―』ボーダーインク、二〇〇二年、三三一頁（初出：『松山王子尚順遺稿』尚順遺稿刊行会、一九六九年）。

(18) 大崎正雄「泡盛醸造視察記」『醸造學雑誌』４（３）、大阪醸造學會、一九二六年、七四頁。

(19) 熊本税務監督局『泡盛醸造の調査』一九三六年、六九頁。

(20) 玉村隆子・比嘉賢一「古酒香研究の前線から」『Technical News』Vol.15 NO.3　二〇一三年、三頁。

(21) 大本幸子『泡盛百年古酒の夢』河出書房新社、二〇〇一年。

(22) 前泊博盛「沖縄における泡盛産業と地域振興―酒税減免措置と経済効果の分析―」『札幌大学総合研究』(6)、札幌大学附属総合研究所　二〇一五年、六四～七〇頁。

●コラム　古酒づくり

古酒づくりの第一人者といえば本部町在の謝花良政氏である。謝花氏の人物や古酒づくりについては、山入端艸《そうい》以『琉球の宝　古酒　古酒造りハンドブック』（二〇〇五年）にも詳しく紹介されているので参照してもらいたい。

謝花さんが古酒づくりを始めたのは一九五六年という。何度となく失敗を重ねたが、その酒が臭くなる原因を追及しながら、「謝花流の古酒づくり」を確立された。

一番は古酒づくりに適した甕を手に入れること。二番目に古酒甕に入れる仕込み用のお酒を手に入れること。三番目は甕の保管場所。四番目が甕の点検と衛生管理。五番目に仕次ぎと仕次ぎ後のケアを挙げている。この五つをマスターすれば誰でも古酒づくりができるという。

例えば、古酒づくりに適した甕とは長時間荒焼きで焼き締められたものが一番よいという。ただ、購入後の甕の洗浄方法がポイントで、失敗するかしないかの境目。酒造所に依頼することが肝要という。どうしても自分でという場合は、天水や地下水、井戸水などが無難であるが、水道水で洗浄すると塩素臭が出る可能性がある。洗浄が終われば、酒の入手であるが、これは自分の好きな酒で古酒をつくればよい。度数は三五度以上であれば大丈夫である。甕の保管場所は自分の家の中でも割と涼しいところがよく、かといって床下はよさそうに思えるが、湿気が高いのでカビが付着しやすくなり、蓋の開け閉めにあたって雑菌混入の可能性もある。床下はそのままでは管理もしにくいので、管理しやすい場所というのがポイントになる。一方、直射日光があたるのはよくないが、温度のことはあまり気にしないでよいといい、むしろ一定の温度は熟成が少し遅くなるとの経験談であった。振動を与えることで酒はよくなる。

詰められた泡盛をいつ開けるかというのは人によりさまざまであるが、二〜三年でだめになったという人もいるので、二年目には必ず開けて確認した方がよいという。次は三年目、その後はなるべく五年目あたり。仕次ぎは大いなる関心の的であるが、意外にも謝花さんによれば全く定まってないと語られる。甕により熟成度合いは変わるため、熟成していれば汲み出して行なうし、熟成していなければ仕次ぎを行なわないのである。蓋の管理は重要で、蓋の仕方や開け閉めの際に清潔にして雑菌が甕に入らないようにする細かな手順を考案されている。

これとは別に、礼節や感謝の念、賞味の仕方などをしたためた「泡盛古酒道心得七ヵ条」（実際は八ヵ条）も提唱されており、古酒づくりへのあつい想いが伝わってくる。

終章　ユネスコ無形文化遺産と泡盛文化

世界遺産とユネスコ無形文化遺産

いわずと知れた世界遺産には珍しくお酒に絡むものがある。その代表が二〇〇六年に世界文化遺産に登録されたメキシコの「リュウゼツラン景観と古代テキーラ産業施設群」である。メキシコ中西部、テキーラ火山の麓からリオ・グランデ川の渓谷の間にある約三四六平方キロメートルの地域には、蒸留酒テキーラの原料となるアオノリュウゼツランの耕地が広がる。現地では、約二〇〇〇年以上前からアオノリュウゼツランを原料に、発酵飲料や織物が作られ、今ではメキシコを特徴づける文化となっている。テキーラ製造は十六世紀に始まり、十九〜二〇世紀に世界各地で愛飲されるようになったため、蒸留所の数が増えた。蒸留所の多くは干しレンガで造られ、バロック様式の装飾を特徴とする。この世界遺産はリュウゼツラン景観や古代テキーラ産業施設などの有形の文化遺産が対象であり、こうした資産が高く評価されたのである。

一方、有形の文化遺産に対して、ユネスコ無形文化遺産がある。無形文化遺産の保護に関する条約（二〇〇三年）の定義では、「無形文化遺産とは、慣習、描写、表現、知識及び技術並びにそれらに関連する器具、物品、加工品及び文化的空間であって、社会、集団及び場合によっては個人が自己の文化遺産の一部として認めるものをいう。」となっており、かなり抽象的なカテゴリーのため、少々わかりにくいところもある。登録されている具体例を見た方がよいので、日本の事例を示しておきたい。二〇二二（令和四年）年一月現在、無形文化遺産の数は世界全体で五三〇件あり、日本は能楽、歌舞伎、雅楽、組踊などの芸能、結城紬、和紙などの工芸技術、山・鉾・屋台行事、来訪神仮面・仮装の神々の儀式的訪問（沖縄の「宮古島のパーントゥ」も含まれる）などの祭礼など二二件を数える。日本は中国の四二件、フランスの二三件に次いで世界第三位と上位に位地しており、登録に向けて積極的であることがわかる。

無形文化遺産というと音楽や舞踊、工芸文化、口承文芸・祭礼が中心であったが、食やお酒に関するジャンルも登録されるようになった。二〇一〇年に「フランスの美食術」、「地中海の食事」（イタリア・スペイン・ポルトガルなど七カ国）、「メキシコの伝統料理」が登録されると、二〇一一年にトルコの「ケシケキの伝統」、そして二〇一三年には日本の「和食」、韓国の「キムチとキムジャン文化」とトルコの「トルココーヒーの文化と伝統」が続いた。同年にはジョージアの伝統的なワイン造り「クヴェヴリ製法」が登録され、お酒に関する無形文化遺産も登場した。続いて二〇一六年には「ベルギーのビール文化」、二〇一七年に「ナポリのピッツア職人技」、二〇一九年にはモンゴルの伝統的馬乳酒である「フフールのアイラグ（馬乳酒）製造の伝統技術と関連の習慣」、二〇二〇年には「クスクスの生産と消費に関する知識、ノウハウ、実践」（アルジェリア・モロッコ・チュニジア・モーリタニア）が登録されるなど、二〇二一年七月現在二五件を超えている。

ユネスコ無形文化遺産と食文化

現在、国内において様々な伝統文化を「ユネスコ無形文化遺産」として登録を目指す動きが活発である。その契機となったのは、二〇一三（平成二五）年の「和食：日本人の伝統的な食文化」

のユネスコ無形文化遺産への登録にあるといえよう。

無形文化遺産には先の定義とともに五つの分野（Domain）がある。(a)口承による伝統及び表現（無形文化遺産の伝達手段としての言語を含む）、(b)芸能、(c)社会的慣習、儀式及び祭礼行事、(d)自然及び万物に関する知識及び慣習、(e)伝統工芸技術が対象である。このうち、和食はどれに該当したかというと、(a)・(c)・(d)の三つである。

登録名称に「日本人の伝統的な食文化」とあるように、「和食」について四つの文化的特徴が強調されている。(1)多様で新鮮な食材とその持ち味の尊重、(2)健康的な食生活を支える栄養バランス、(3)自然の美しさや季節の移ろいの表現、(4)正月などの年中行事との密接な関わりという点にある。和食の個別料理が登録になっていると誤解する方々も多いが、そうではなく、実はこうした食文化の特徴をもつ伝統が評価されたことにある。料理や飲物自体が文化遺産になる訳ではなく、登録にあたっては無形文化遺産の定義と分野に合致する必要がある。

もう一つ留意しておくべき点がある。この「和食」登録のプロセスがかなり異例であったことにある。従来の推薦と異なっていたのは、和食がもともと日本の文化財の指定対象としては含まれていなかったことにある。つまり、ユネスコ無形文化遺産への推薦の大前提は、日本国内の文化財保護制度で守られている点にあり、従来は国指定の重要無形文化財等が推薦候補だったのである。文化財を所管する文化庁はすでに指定・保護している重要無形文化財や重要無形民俗文化財の指定物件の中から順次、単独もしくは複数の物件を新たにカテゴライズして推薦する方法をとっていた。しかし、食文化を推薦する場合には課題があり、日本の既存の重要無形文化財では芸能や工芸技術が対象分野であり、重要無形民俗文化財においても食文化はそのものは含まれていなかったのである。

ではなぜ「和食」が推薦できたのかというと、和食は日本政府の強い方針もあったことから、農林水産省が主導し、二〇一一（平成二三）年に省内に「日本食文化の世界無形文化遺産登録に向けた検討会」を設置し、申請内容等について検討を開始した。二〇一二（平成二四）年三月には無形文化遺産登録の実現と和食文化の次世代への継承を目的とした「日本食文化のユネスコ無形文化遺産化推進協議会」を設立し、同協議会を保護措置に責任を持つ組織と位置付けて申請することにした。文化財保護制度でいうところの保存団体・保持団体に相当するものとして理解してよいであろう。この協議会は食文化に関する研究者・学会・NPO、地域の郷土料理保存会や食育団体・料理学校等の団体・個人、食品メーカー、フードサービス、観光業など和食と関わりある様々な企業、地方自治体など七〇〇超の会員で構成される。翌二〇一三（平成二五）年七月に上記協議会を『「和食」文化の保護・継承国民会議』（略称：和食会議）へ改称し、事務局を農林水産省から民間に移管している。その後、文化庁を通してユネスコに登録申請し、同年の二〇一三年十二月にユネスコ無形文化遺産登録となったという経緯である。「和食」文化の保護・継承 国民会議は、登録を契機に発展的解散し、二〇一五（平成二七）年二月四日に一般社団法人和食文化国民会議（略称：和食会議）が設立された。現在はこの「和食会議」が和食文化を次世代へ継承し、その価値を国民全体で共有する活動を展開している。

泡盛をユネスコ無形文化遺産へ

この和食の登録により、食文化振興にはずみがかかったことは間違いないし、その他の文化財的な保護措置が講じられていない無形文化遺産についても登録を目指す動きが全国的に活発化していった。ここ沖縄でも泡盛や琉球料理、空手などが登録を目指した活動がスタートし、全国レベルでは書道、茶道、俳句、和服、温泉文化なども登録を目指す動きが本格化した。

こうしたなか、国側の方でも一つの動きがあった。二〇二〇（令和二）年四月には文化庁において、食文化を担当する参事官が設置された。文化庁の組織機構あり方としては大きな変革であるといえる。また同年、国税庁では食文化の基本政策をとりまとめるとともに、地域活性化に資する食文化振興や、海外への食文化発信に、関係省庁と連携して取り組むとの方針を示したのである。

さて、沖縄では二〇一四（平成二六）年九月十八日、「黒麹菌・食文化圏における琉球泡盛の世界無形文化遺産登録」を目指して、第一回準備委員会が開催された。事務局は泡盛マイスター協会（新垣勝信会長）に置き、委員は十三名で構成された。黒麹菌・食文化圏における琉球泡盛の世界無形文化遺産登録委員会が誕生した。この組織化に支援・助言をしていただいたのは、「和食・日本人の伝統的な食文化」の世界遺産登録活動に関わった農学博士で東京農業大学の小泉武夫名誉教授であった。委員会の名称に「黒麹菌」が入っているのは黒麹菌だけを使って酒造りをしているのは世界中で沖縄だけであるという特色をアピールするねらいがある。同年の十一月三〇日には第一回シンポジウムを開催し、小泉名誉教授の基調講演とパネルディスカッションが行われ、その意義と普及を図るため運動の開始宣言文が読み上げられた。同委員会のシンポジウムは二〇一八年に第五回まで開催された。

同年の十二月一日第二回委員会では、小泉名誉教授の提案により、泡盛だけでは登録へのハードルが高いということから琉球料理を加えた取り組みを目指すことが了承された。会名称は「琉球料理」を明示する形に変更され、無形文化遺産登録に向けて、「黒麹菌食文化圏に於ける琉球料理および琉球泡盛の世界無形遺産登録推進委員会」と改組された。

ユネスコ無形文化遺産登録推進委員会主催の第５回シンポジウム「琉球料理と泡盛の世界遺産登録に向けたこれまでとこれから！」（2018年10月）〔登録推進委員会事務局提供〕

二〇一六（平成二八）年一〇月、琉球料理・泡盛文化の世界無形文化遺産登録に向けて活動する世界遺産登録推進委員会は県庁で記者会見を開き、活動資金の寄付を募る基金設立を発表した。文化遺産登録に向けた機運を高めて国など関係機関に働き掛けるため、数十万人規模を目標にした署名活動も実施することを明らかにした。その後、世界遺産登録推進委員会では二〇一七（平成二九）年一〇月、委員会の名称をユネスコ無形文化遺産登録推進委員会に変更し、これからも沖縄県民の声を沖縄県及び日本政府へそしてユネスコ本部へと届けていくために邁進していくこととした。二〇一九年九月には県民総決起大会を開催するなどしてアピールを行っていた。

こうした中で、泡盛や琉球料理の登録活動に一つの朗報がもたらされた。二〇一九（令和元・平成三一）年五月、「琉球料理、泡盛、芸能」が地域の有形・無形の文化財をストーリーとしてつなぎ、魅力を発信する「日本遺産」に認定されたのである。

文化庁による日本遺産の認定制度は二〇一五（平成二七）年に始まった。日本遺産事業は、地域に点在する文化財の把握とストーリーによるパッケージ化、地域全体としての一体的な整備・活用、国内外への積極的かつ戦略的・効果的な発信するという、三つの方向性に集約される。二〇一九（平成三一）年度は日本全国より七二件の申請があった。その中から日本遺産審査委員会の審議を経て、沖縄の琉球料理や泡盛を含む十五件が認定された。二〇二二年一月現在までの総認定数は一〇四件ある。むろん日本遺産とユネスコ無形文化遺産登録が直結しているものではないが、泡盛や琉球料理がすでに認知されてきた芸能文化と組み合わせてストーリー化したことは、琉球・沖縄の文化的遺産として価値づけられる方向性を再確認できたといえよう。

日本酒等のユネスコ無形文化遺産登録への動向

沖縄の泡盛と琉球料理に関するユネスコ無形文化遺産登録推進委員会にとって、青天の霹靂となるニュースが飛び込んできたのは二〇二一（令和三）年一月のことである。

菅総理大臣（当時）は、二〇二一（令和三）年一月十八日の第二〇四回通常国会施政方針演説において、日本酒、焼酎などの文化資源について、ユネスコ無形文化遺産への登録を目指すことを表明した。この表明では「焼酎など」とあり、泡盛が含まれているとも考えられるが、どうも曖昧な表現であった。政府では、これに先駆けて二〇一九（令和元）年十二月二五日、日本酒等のユネスコ無形文化遺産登録に向けた検討として、日本酒のグローバルなブランド戦略に関する検討会の中間とりまとめを行っていたのである。そして、成長につながる改革を具体化することを目的に設置された「成長戦略会議」の施策案では、成長戦略フォローアップ（二〇二〇・令和二年七月十七日閣議決定）により日本酒等のユネスコ無形文化遺産への登録を視野に調査を二〇二〇年度中に開始するとした。それには「日本酒、焼酎・泡盛などの文化資源についてユネスコ無形文化遺産への登録を目指す」と明記されており、泡盛が含まれていることが確認できる。政府関係者の話として、当初から申請対象には泡盛も含まれていたが、政府方針を明確化するために「泡盛」を加えたとの報道が流れた。

つまるところ、政府では文化庁と国税庁が連携しながら、「稼ぐ文化」の柱の一つとして、日本酒等のユネスコ無形文化遺産への登録に向け、検討を開始していたのである。国税庁では文化庁が行う醸造技術などの調査に協力し、日本酒造組合中央会等とも連携して、二〇二一・令和三年度の酒類業振興関係予算として、日本産酒類の一層の輸出拡大を図るため、海外販路の拡大及び認知度向上等を同時に実現するための輸出促進施策を加速・強化する方針を示した。さらに、ポストコロナの好機を的確に捉え、酒類業構造転換支援等を新たに実施し、国内向け施策と輸出促進施策を両輪として展開するとして、海外販路拡大に向けた取り組みとしては沖縄振興の観点から琉球泡盛等のプロモーション、認知度向上等に向けた取り組みとしては日本酒等のユネスコ無形文化遺産登録に向けた調査及び保存・活用体制の整備を掲げたのである。

国税庁では、日本の伝統的な酒造り技術に関する文化的要素や、酒造りの担い手に受け継がれている技術とその歴史等を把握・整理することにより、保護するべき日本の伝統的なこうじ菌を使った酒造り技術の検討を行うことを目的として、「日本の伝統的なこうじ菌を使った酒造り」の調査を行い、二〇二一年十二月に調査報告書がまとめられ、国税庁ホームページで公開されている。[1] その一方では、二〇二二年四月十六日、日本酒、本格焼酎・泡盛、本みりん等の日本の伝統的なこうじ菌を使った酒造り技術を次の世代へ確実に継承するとともに更に向上させていくため、この技術の保存・活用及び発展のための活動を行うことを目的とした「日本の伝統的なこうじ菌を使った酒造り技術の保存会」が設立された。

文化庁サイドでも動きがあった。二〇二一年六月、文化財保護法が改正され、新しく無形文化財の登録という制度ができた。これまで無形文化財には、重要無形文化財として指定される「芸能」と「工芸技術」の二つの分野のみだったが、日本の伝統文化の多様性に照らせば、芸能や工芸技術以外の活動にも目を向けていく必要があった。そのため、二〇一七（平成二九）年に、文化庁において「地域文化創生本部」が発足し、文化芸術基本法の第十二条にある「生活文化」、すなわち、茶道、華道、書道、食文化その他の生活に係る文化について、その現状把握に取り組むことになった。その調査研究をふまえて、生活文化を無形文化財の新たな分野として位置づけることができるとの判断をおこなった。また、芸能、工芸技術や生活文化に関する様々な活動は、近年の過疎化や少子高齢化による担い手不足に加えて、二〇二〇年からは新型コロナウイルス感染症の感染拡大の影響を受けて、活動の中止や規模縮小など、大きな影響を受けた。そのような状況のなか、無形文化財の保存と活用を一層進めるため、文化財保護法による保護の仕組みを充実させ、新たに「登録」制度を創設した。その上で、登録無形文化財の分野として、「芸能」と「工芸技術」に加えて、「生活文化」を新設し、その登録基準を設けた。これにより、生活文化が初めて文化財として登録の対象となったのである。これら登録無形文化財と登録無形民俗文化財は、二〇二一（令和三）年六月十四日に文化財保護法の一部を改正する法律により新設された。

それらのことを受けて、同年七月十六日、国の文化審議会は初の登録無形民俗文化財として香川県の「讃岐の醤油醸造技術」と高知県「土佐節の製造技術」の登録を答申した。官報告示の後に、登録無形民俗文化財は2件となる。そして、同年一〇月十五日には、「伝統的酒造り」（保持団体：日本の伝統的なこうじ菌を使った酒造り技術の保存会）を登録無形文化財として登録する文化審議会の答申が行われた。

以上の経過からわかるように、国においては無形文化財の保護対象について従来の「指定」制度に加えて、「登録」制度を創設することで拡充した。そのジャンルには「生活文化」が加わったことで、幅広い分野が対象になったのである。従来の指定制度と指定基準に照らすと「伝統的酒造り」が対象になることはなかった。「伝統的酒造り」が国の登録無形文化財となったことでユネスコ無形文化遺産の前提となる国の保護措置が形式的には整ったことになる。したがって、既述のように国税庁の方策に関連した動きとしては、酒造り技術の保存会が設立されたことは、すべて連携した動きだったのである。

ユネスコ無形文化遺産の意義と泡盛文化の今後

地元沖縄では、「黒麹菌食文化圏に於ける琉球料理および琉球泡盛の世界無形遺産登録推進委員会」を立ち上げて活動してきた実績があり、泡盛が日本酒などとともに登録に向け動き出したことは喜ばしいが、琉球料理は除外されることになったのである。手放しでは喜べない事態となった。委員会には琉球料理に関係する専門家も加わっていた。泡盛の認知度の向上に向けては、本来の取り組みにあるような琉球料理とのセットであることが望ましい。これは琉球料理にとっても同じで、琉球・沖縄の食文化の中で育まれてきたものであり、両者は密接に関わり合っている。このたびの動きは「日本酒など」ということで、泡盛は焼酎とともにひとくくりにされていること、また登録申請の名称がどのようになるのかはつまびらかではないが、日本の「伝統的酒造り」ということで酒造の技術にスポットを当てている点にあり、泡盛そのものの文化的価値を発信する上では満足のいくものではないといえよう。仮に「日本酒・焼酎・泡盛などの伝統的酒造り」という名称で泡盛が表示されれば幸いであるが、どのような申請になるのか今後の動向を注視したい。

政府は二〇二二（令和四）年三月末までに申請書を提出し、二〇二四（令和六）年のユネスコ政府間委員会での審査を目指すという。今後はその動きに注目が集まると思われるが、ユネスコ無形文化遺産の登録は泡盛の普及や認知度向上にとってあくまでも手段の一つに過ぎないと考える。要は泡盛や琉球料理に関係する人たちがいかにしてこの伝統を継承して、次世代に伝えていくかということが大切である。県外や海外での認知度向上も重要な戦略ではあるが、地元沖縄で泡盛文化や琉球料理に関する県民意識が低いままでは伝統の継承はおぼつかないと思われる。

琉球新報社が実施した二〇二一（令和三）年の県民意識調査の生活意識項目にはお酒に関するものがあった。最も好きなお酒は何かという問いに対して、ビールが二八・一％の第一位で、二位が泡盛で十一・八％であった。ただ、二〇一六（平成二八）年の調査と比較すると、泡盛と答えた人は半分近くに激減していて、若年層や女性に限定するとさらに下がるとの結果だった。泡盛はこれまで平均的に二〇〜二四％の支持を得ていたが、今回はその半分に大幅に下がったというからショッキングな結果だったといえよう。地元にもオリオン企業があるビールはおおよそ三割前後の支持を集めていて、全世代でほぼ一位の位地を占めている。泡盛のデータをあと少し細かく見ると、男女別でも開きはあり、男性が二二・五％に対し、女性は三・三％にとどまっている。また、年代別では六〇代では十九・四％であるが、三〇代〜五〇代では八％代であり、二〇代になると日本酒と並んで四％という状況である。ちなみに二〇代ではビールと洋酒・ワインが十九％と同率でトップの人気である。若年層を中心に泡盛離れが進んでいるように見受けられると分析している。(2)

こうした飲酒世代の嗜好変化に加えて、長引くコロナ禍により、国内では居酒屋をはじめ料飲店での酒類提供禁止が行われるなど、酒類業界全体として大変厳しい時期にある。泡盛を含む本格焼酎の二〇二一（令和三）年の推定出荷数量は二〇二〇年に比べると、五％前後減少の二一〇万石であった。過去一〇年の出荷数量は漸減傾向で、ピーク時の二〇〇七年の三〇〇万石強からすると約三割減となっている。(3)

今は沖縄の歴史・文化をベースにした泡盛をあらためて見つめ直す機会である。地元沖縄の人びとに定着し、愛飲されることのない地酒・泡盛はどう考えても先行きはおぼつかないだろう。沖縄に根付いてきた泡盛文化を活かす方策を考えることが大切である。泡盛の魅力はなんといっても古酒にあることは、衆目の一致するところである。業界が一丸となって泡盛の古酒文化についても広く県民に伝えるさらなる取り組みが必要な時期と考える。

泡盛鑑評会（沖縄県・沖縄国税事務所共催）においては「泡盛ブレンダー・オブ・ザ・イヤー」が表彰されることになった。同鑑評会「古酒の部」に、ブレンド技法によって製造された出品酒のうち、審査結果の最も品質優秀な泡盛のブレンド担当者に贈られる企画であり、今後の取り組みに期待がもたれる。一方、民間では琉球泡盛文化の継承・発展に向けて、飲食店関係者及び愛好者等を対象に知識の習得を推進することを目的とした泡盛検定がスタートした。泡盛検定協会（事務局：泡盛新聞）が実施する認証試験で、三級は泡盛愛好家、二級は販売等に関わるプロフェッショナル、一級は泡盛を熟知したスペシャリストが持つべき知識、技術を想定して難易度を設定してあるという。また注目されるのは二級以下の試験は原則として飲食店で行うユニークな方式を採用している点にもある。泡盛の愛好家のすそ野を広げる意味で一役も二役も果たしていってもらいたい。さらには、『泡盛マイスターの編集長と酒好きにすすめたい泡盛の香り』（ボーダーインク　二〇一八年）を著した久高葵の泡盛テイスティングを通した活動は、泡盛のもつ様々な魅力を発信し、泡盛に馴染みのない初心者への大切な道しるべとなるだろう。

泡盛文化や泡盛の古酒文化を継承していくためには官民あげての連携が不可欠であり、ユネスコ無形文化遺産への登録が今後進んでいったとして、登録そのもので何らかの支援や協力があるわけではないのであり、この登録の暁に泡盛の普及や認知度向上への追い風になるか否かはすべてが沖縄県民の手にかかっているといえよう。

【注】

(1) 国税庁ホームページ。ホーム＞税の情報・手続・用紙 ＞お酒に関する情報＞日本の伝統的なこうじ菌を使った酒造り技術について参照。

(2) 『琉球新報』二〇二二年一月四日付け参照。

(3) 『酒販ニュース』第二二一一号 二〇二二年一月十一日 醸造産業新聞社。

●コラム 泡盛フレーバーホイール

＊「泡盛フレーバーホイール」図は口絵参照

「泡盛フレーバーホイール」は二〇一七年 沖縄国税事務所や琉球大学などの研究者で構成されたワーキンググループが作成したものである。泡盛の魅力が言葉で表現できるようになり、観光客や外国人にも伝えていってほしいとして、普及の一助になることが期待される。

「泡盛フレーバーホイール」が発表された。ワーキンググループでは泡盛や焼酎、日本酒の香味表現で使われている表現方法や泡盛に含まれる成分などを収集の上、九九の用語を選定し、最終的に四九の用語を円盤状のプレートに配列し表現した。例えばにおいに、「甘い・カラメル様・焦げ」を表示し、具体的に「バニラ」、「ドライフルーツ」、「カラメル様」、「醤油様」、「焦げ様」を示している。また、味わいに、「口あたり」があり、具体的に「オイリー」、「とろみ」、「きめ」、「刺激味」、「辛味」、「渋味」をを示しているという具合である。

尚順男爵はかつて、古酒の香気として三種があると記した。第一は「白梅香カザ（におい）」で、鹿児島から入ってきていた鬢付油の匂い。第二に「トーフナビーカザ」といい、熟れた頬付きの匂いをさす。第三は「ウーヒジャーカザ」といい、雄山羊の匂いをさした。ただ、これらは古酒の香りを表す名句として有名であるが、現在それがどのような香りがする泡盛かは共通認識が確立していないため、暫定的に掲載されている。

酒類のフレーバーホイールは、ワイン、ビール、ウイスキーなどで作成されており、二〇〇六年には「清酒のフレーバーホイール」が作成されている。「泡盛フレーバーボール」は専門的なところもあり、まだまだ認知度が高いとはいえない状況であるが、その普及が期待されるとともに、泡盛の香味や味わいに関心をもつ人びとへの今後の道しるべになることは間違いない。

資料編

◇泡盛の製造方法

泡盛の製造工程は戦前も戦後も基本的には変わりはなく、大きく変わったことといえば各工程で使用される道具や設備のたぐいである。

製造の大きな流れは以下のようである。原料はタイの砕米（古くは地元の米・粟）を用い、これを洗ってから蒸す。適温にさましてから、黒麹菌を混ぜ、麹をつくる。麹が出来上がると、適量の水と酵母（前回の仕込みでとっておいたモロミ）を加えて、容器に仕込み発酵させる。仕込みの期間は季節により異なるが、だいたい二週間程度で、その間時々攪拌し、モロミが十分に発酵するようにする。このモロミを蒸留してできるのが泡盛である。

1、伝統的なつくり方

製造法が大きく変わるのは、地域によっても違いはあるが、だいたい一九七〇（昭和四五）年ごろからである。それは麹をつくる自動式の機械が導入されたことによるもので、機械や設備は部分的にはそれ以前から変わっているところもある。

①シンセキ（浸漬の意味）

米は洗わないで水に漬けおき、これにはシー汁を加える。シー汁は前回に漬けた水を少量残しておいたものである。夏は気温が高いので少なめに、冬は多めに加えるようにする。こうすると、麹は黄色の麹よりも黒麹が生えやすいという。つまり、麹づくりに失敗が少なかったということになる。

泡盛のあの独特の香りもこのシー汁を加えていたことからきたとされる。水に漬ける時間は夏は17〜18時間、冬は22〜23時間位である。外米の場合はとくに硬質の米なので、適当な硬さの蒸米を得るために必要な作業工程だった。

②せんまい（洗米）

次に、バーキ（竹製のザル）ですくいあげよく洗う。水洗いが不十分だと、麹の香りにも悪い影響を与えるという。

③蒸し

洗った米は蒸し器に移し、約一時間〜一時間三〇分位蒸す。蒸す時にはクシチー（甑）を使用した。クシチーは丸木で底は簀の子になっている木製の容器（桶）で、それに洗った米を入れ、釜の上において蒸す。米は一度に入れず、数回に分けて入れる。そのたびに、米が均等に蒸されるようにチビクという棒で穴をあける。さらにかい（櫂）とかイーゼルと呼ばれる先が平たくなった棒でかたまりは砕き、かきまわす。

これで蒸気の流れがよくなる。飯米を蒸すことによって、黒麹菌が繁殖しやすくなり、糖化する作用が容易になる。つまり、微生物の黒麹菌は蒸し立ての米を食べることにより、米のデンプンをブドウ糖に変えて、アルコール発酵を促す役目を果たしてくれるのである。

④マジン（仕込み、積むの意味）

麹造りは旧来の製法ではすべてニクブクの上で行なわれる。蒸し米は麹室においてニクブクと呼ばれるわら製のむしろの上に広げる。手で温度をみて、適当な温度（四五度位）に下がったら、蒸し米の一部に種麹（＝泡盛麹菌）を混ぜ合わせる。これを蒸し米全体にふりわけ均等になるようにして広げ、混ぜ合わせる。よく混ぜてから、山形に積んでからニクブクで包んでおく。この作業をマジン（引き込み）という。なお、の黒麹菌の種付け作業では、タイ米60kgに対して10～20gであり、少量と思えるほどの割合である。

⑤カチャイ（切返し、混ぜるの意味）

マジンの作業が終わって17時間位たち、蒸米の温度が四五度位に上がると、ニクブクを広げて切り返しの作業で三七度位まで冷やす。そしてもう一度凸形にしてからニクブクで包む。この作業をカチャイという。

泡盛製造工程（昭和30年代）

〔沖縄県酒造組合〕

3、蒸し（米蒸しの作業）

4、マジン（黒麹菌を混ぜ合わせる）

5、カチャイ（切返し、混ぜる）

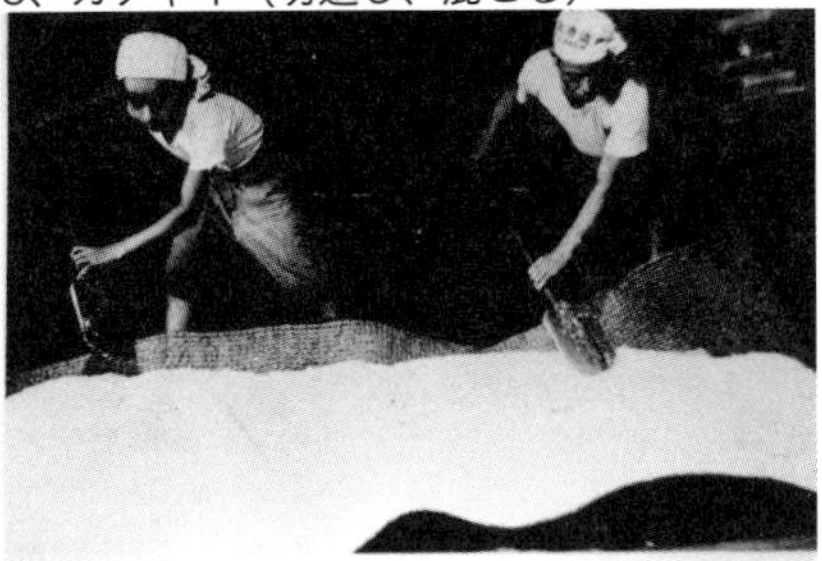

14、瓶詰め作業

⑥ヒルガヒ（盛り、広げの意味）

前の状態で二〜三時間寝かすと、再び41〜42度位に温度が上がる。そうなると、ヒルガヒといって麹室で、蒸米を厚さ約三cm位にしてニクブクの上に広げる。このヒルガヒの時期をみはかるのはとても重要なポイントで、ここで広げる時間のタイミングを間違えると、雑菌が出たり質の悪い麹ができてしまったりするため気が抜けない作業である。

⑦ティーミ（手見）

ヒルガヒの後、一時温度は下がっていくが、しばらくすると、また温度が上昇する。37〜38度位に上がると、麹を指でつまんで4〜5cmの小さな山の形をつくる。この作業を「ティーミ(手見)」と呼んでいる。ティーミの作業は時間で計って行なうものでなく温度が40度以上にならないようにする操作である。

⑧ケースン（返すの意味）

さらに、こうじを裏返す「ケースン」という作業を行ない、温度を40度以上にならないようにする。もし、温度が適当な場合にははぶかれることもある。

⑨デコウジ（出麹）

適時に手入れをおこない温度を調節しながら麹をつくる作業にあたる。種麹を散布してからだいたい五日目で「デコウジ（出麹）」の状態になる。これは夏には四日目、冬には七日目に黒色の胞子をはやした黒麹菌が一面に多くみられる状態をさす。デコウジになるとすぐに仕込み作業に移る。味をしてみて、渋味の多いものが良い麹とされている。その一部を種麹として保存しておき、次回の種麹に用いていた。

⑩仕込み

仕込みは約一石内外のカメ（甕）に水を入れて行なう。麹に対する水の割合は一・三倍程度。これに「デコウジ」を入れかきまぜ、さらに種モロミを一つのカメあたり、夏は〇・五〜一升、冬は二〜三升を加える。種モロミは前回の仕込みで三〜四日目の発酵の良いモロミを分けてとっておいたものである。モロミの温度は30度を越えないようにする。そうしないと、アルコールの生成が悪くなるからでもある。

⑪発酵

モロミの発酵が一番盛んなのは三〜四日目である。その時に良いものを種モロミとして少量を分けて取っておく。夏は少なく、冬は多めに取っておいた。モロミの発酵を調節するには、カイを入れてかき混ぜたり、仕込みカメの蓋を開閉したり、仕込み甕の周囲を保温したり、冷やしたりする方法などがあった。甕のモロミをかき混ぜるモロミにカイを入れる作業は発酵が盛んな期間は朝と夕の一日二回。その後は一日一日程度行なわれる。気温の上がりやすい夏には仕込みの甕に直接もしくは周囲に水をまいたりして温度の上昇をおさえたりする。逆に冬は仕込み甕に蓋をして、周囲にワラやカヤを巻いたり、急に温度を上げる必要がある場合には、ブリキの容器に湯を入れて甕の中に置く方法がとられたりした。

⑫モロミの熟成

一〇日目頃に発酵もゆるやかになっていく。一〇〜十四日でモロミが良好な場合には、アルコール分が17〜18％つくられる。発酵して熟成する期間は、夏は12〜13日、冬は22〜23日程度かかる。熟成が完了すると、熟成モロミはすぐに蒸留しする。そうしないと、アルコール分が減り、酸味がでたり、香りが悪くなったりして品質に影響するからである。

⑬蒸留

酒造所にある蒸留器は「直釜《じがま》式」と呼ばれる型式のものだった。蒸留の釜はだいたい六〜七斗位の大きさで、釜の部分は鋼製で、その上に金属製もしくは本製の桶をはめる。上部の中央に冷却器への管が取り付けられている。蒸留器と冷却器の間には両者をつなぐスズ（錫）製の導管がある。これを酒造所では「ウマ」とか「ワタシ」と呼んでいた。冷却器には水が貯えてある。中には蒸留した液が通るジャカン（蛇管）があり、その名の通りぐるぐると曲がりくねった形をしている。周囲の水を順次入れ替えることで温度を下げるような仕組みになっている。蒸留をはじめると最初はアルコール分七〇度前後の液がしずくとなって流れ出てくる。この最初に出てくる強度の酒をショリュウ（初留）とかハナザキ（はな酒）と呼ぶ。その後、しだいに度数は低くなっていき、途中にとれる酒をチュウリュウ（中留）、最後にとる酒をコウリュウ（後留）とかスエダレ（末垂れ）と呼んでいる。一回の蒸留ではほぼ一時間かかる。

⑭ 泡盛

蒸留がすむと、検査のあと古酒として貯蔵する以外は販売に出されることになる。戦後すぐまではほとんどが量り売りであった。泡盛は「ウマダル」とか「トゥータン」と呼ばれる鋼製の酒樽をトラックに積み込んで各販売所になどに運搬された。

⑮蒸留かすと蒸留水

泡盛の蒸留後のかす（粕）は豚の飼料や農村の肥料として用いられた。したがって戦前の首里をはじめとして多くの酒屋は副業として豚を飼育するところが多かった。一方では、蒸留の作業の時にできる熱湯を再び利用して風呂屋を営んだ話も聞かれたりする。

2、現在のつくり方

旧来の伝統的な製造法は昭和三〇年代までは続けられていた。しかし、昭和四〇年代に入ると、「製こうじ機」が導入されはじめたことによって、製造工程の近代化が図られ、各工程の製造量は大幅に増えていった。

1、製麹

近年は本土から導入された回転ドラム式の「自動製麹機」が多く使用されている。これは原料の米の洗米・浸漬・種麹の接種、および温度の管理がすべて自動的に行なわれる。こうじの温度の調節を行なう「送風製麹棚」が採用されている。定められた温度以上に上がると、自動的に感知して送風がなされる仕組みになっている。したがって、旧来の製法とくらべると、麹を広げるときの厚さは約10㎝前後と厚くなっている。回転ドラム式の製麹機が旧来のニクブクによるマジンからカチャイにあたり、また、送風製麹棚が旧来のヒルガイにあたる。

2、仕込み

「自動製麹機」が導入されるにともない、仕込み容器は大型化した。現在では多くが二～四㎘用のステンレス製タンクを使用している。なかには以前と同じく、伝統的なカメを使用している酒造所もある。仕込みの水も約一・六～一・八倍程度と増えている。一仕込みのモロミ量も旧式の製法に比べると約10～20倍ある。仕込みの期間は季節によっても違いがみられるが、だいたい一〇日から十四日間くらいである。

3、蒸留

現在の酒造所で使用されている蒸留機には多種多様であるが、横型の「循環式蒸留機」がもっとも多い。大正期以降に使用されはじめた伝統的な「直釜式蒸留器」はごくわずかになっている。

4、貯蔵

泡盛の貯蔵はステンレス製タンクやホーロー製タンク、それに伝統的な甕貯蔵と様々である。古酒の貯蔵条件は冷暗所で、気温の変化の少ない低温であることとされている。そのようなこともあって、地下に貯蔵所を保有したり、鍾乳洞を利用して貯蔵するなどの方法をとっている酒造所もある。

現在の泡盛製造工程

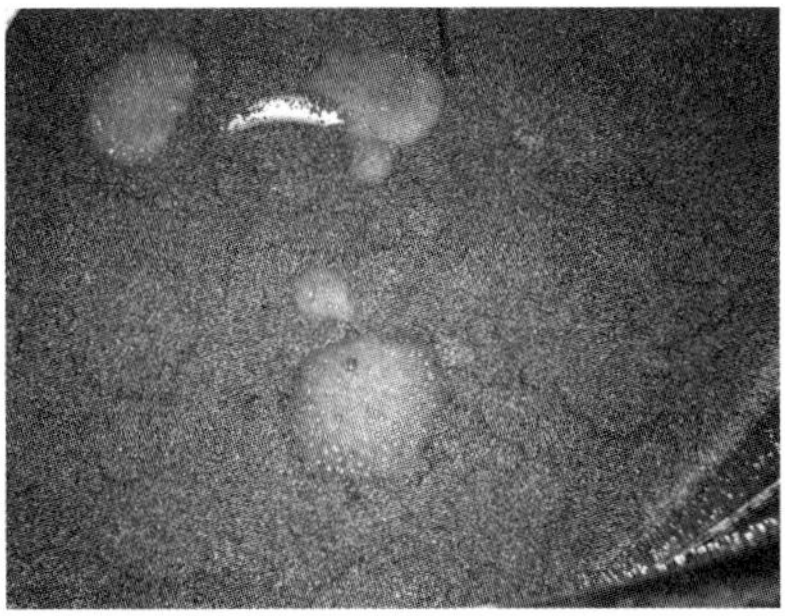

1、製麹（もろみの発酵【宮里酒造】）

2､仕込み（もろみの仕込み【石川酒造場】）

2、蒸留（蒸留機【石川酒造場】）

4、貯蔵（古酒の貯蔵【石川酒造場】）

泡盛に関する年表

西暦	年号	泡盛関連事項	参考記事
600年頃			口噛み酒の記述「米麦をかもして酒をつくる。味はとてもうすい…」(『随書琉球国伝』
1372	察度23（洪武5）		中山王察度、明に正式に進貢
1404	武寧9（永楽2）		朝鮮から対馬へ焼酎贈られる（『朝鮮王朝実録』）
1429	尚巴志8（宣徳4）		尚巴志、琉球の三山統一（琉球王国の成立）
1462	尚徳2（天順6）	朝鮮の梁成ら漂流。「那覇港内の城に酒庫あり、三年以上の酒が貯蔵されている」	(『朝鮮王朝実録』琉球使節、天竺酒を朝鮮へ献上
1477	尚真1（成化13）	済州島の金非衣ら漂流。「那覇は清、濁の酒及び南蛮の酒がある」（『朝鮮王朝実録』）	
1518	尚真42（正徳13）	島津氏へ唐酒、南蛮酒とともに琉球焼酎（泡盛）献上か（『上井覚兼日記』）	
1534	尚清8（嘉靖13）	冊封使・陳侃「すすめられた酒は清にして烈。シャムからの酒」（『使琉球録』）	
1546	尚清20（嘉靖25）		薩摩山川港に米焼酎（アルバレス『日本報告』）
1559	尚元4（嘉靖38）		薩摩焼酎についての記録（郡山八幡の木札）
1570	尚元15（隆慶4）		シャムとの交易の記録消える
1575	尚永3（万暦3）	島津氏へ琉球からの酒を献上（『上井覚兼日記』）	
1577	尚永5（万暦5）	琉球使節が島津氏へ「唐焼酒、老酒、焼酒」を献上（『琉球薩摩往復文書案』）	
1605	尚寧17（万暦33）		野国総管、琉球に甘藷（さつま芋）もたらす
1609	尚寧21（万暦37）		島津氏、琉球侵攻
1610	尚寧22（万暦38）	将軍家に琉球焼酎を献上	
1612	尚寧24（万暦40）	島津家久、琉球酒2壺（焼酒、アハモリ）を献上（『徳川実記』『駿府記』）	
1634	尚豊14（崇禎7）	琉球、最初の江戸上り。琉球焼酎5瓶を献上（『徳川実記』『吉良日記』）	
1638	尚豊18（崇禎11）		各地の名産として薩摩泡盛酒（松江重頼『毛吹草』）
1645	尚賢5（順治2）	島津家久を介し、中山王三壺を献上（『徳川実記』『吉良日記』）	

西暦	年号	泡盛関連事項	参考記事
1649	尚質 2 (順治 6)		焼酎を名酒のなかにかぞえる（松永貞徳『貞徳文集』）
1666	尚質 19 (康熙 5)		羽地朝秀、摂政となる
1667	尚質 20 (康熙 6)	「祭礼、葬式の席においても大酒するものを取り締まる…」（羽地朝秀『羽地仕置』）	
1671	尚貞 3 (康熙 10)	将軍家の献上目録の中に初めて「泡盛」の名が記載される	
1684-88	尚貞 16-20 (康熙 23-27)	「琉球泡盛品不足につき、薩摩産の泡盛を交ぜて配ればと…」（『明良洪範』）	
		＊首里三箇（赤田、崎山、鳥堀）の焼酎職 40 人に泡盛製造を認可	
1709	尚貞 41 (康熙 48)		「薩摩粟盛り古来之有り」（貝原益軒『大和本草』）
1719	尚敬 7 (康熙 58)	泡盛の製造法について詳細を記す（新井白石『南島志』）	冊封使・徐葆光、来琉
1728	尚敬 16 (雍正 6)		蔡温、三司官となる
1733	尚敬 21 (雍正 11)	首里城の銭蔵を「御用酒御蔵」に改称	
1756	尚穆 5 (乾隆 21)		冊封使・周煌、来琉
1767-68	尚穆 16-17 (乾隆 32-33)	「近年焼酎（泡盛）を手広く造り、穀物の消費甚だしく、上納にも差し支えがある（『与世山親方宮古島規模帳』）	
1853	尚泰 6 (咸豊 3)		ペリー、那覇来航
1857	尚泰 10 (咸豊 7)	石垣四カ村の一カ村につき酒屋を一軒ずつ定める」（『翁長親方八重山島規模帳』）	
1872	尚泰 25／明治 5 年		中国から最後の冊封使（寅の御冠船）琉球藩となる
1874	尚泰 27／明治 7 年	「酒屋は平良五カムラは五軒につき一箇所として、毎年酒屋替えを」（『富川親方宮古島規模帳』）	
1876	尚泰 29／明治 9 年	免許料さえ納めれば民間でも泡盛の製造許可が降りる	
1879	尚泰 32／明治 12 年		琉球処分により沖縄県設置
1888	明治 21 年	沖縄県に初めて酒税法がひかれる。特例で出港税のみで免税同様の処置	

西暦	年号	泡盛関連事項	参考記事
1894-95	明治27〜28		日清戦争
1901	明治34	泡盛の黒麹菌の主要菌としてイヌイ菌とウサミ菌が報告される	
1904-05	明治37〜38		日露戦争
1908	明治41	造石税実施で実質的な課税の始まり。 泡盛製造組合設立するも、内部の対立ですぐに解散。	
1924	大正13	田中愛穂『琉球泡盛に就いて』	
		*大正から昭和にかけて泡盛業界は倒産があいつぐ	
1928	昭和3	沖縄県酒造組合連合会設立	
1931	昭和6		満州事変勃発
1932	昭和7	吉村大三氏、那覇税務局として着任	
1933	昭和8	酒造組合共済会結成 *泡盛業界再び活発になる	
1938	昭和13	尚順「古酒の話」(『月刊琉球』発表)	
1940	昭和15	政府、外米の輸入を制限	
1941	昭和16	全国組織の一つとして沖縄県酒類販売会社設立	太平洋戦争勃発
1943	昭和18	陸軍省からの要請でビルマに泡盛工場設立	
1945	昭和20	沖縄戦終結 密造酒盛んになる	太平洋戦争終戦
1947	昭和22	沖縄民政府財政部直属の官営五工場設立*戦後泡盛製造の始まり	
1949	昭和24	官営工場を民営に移管	
1950	昭和25	琉球酒造組合連合会が任意組合として結成	
1952	昭和27		琉球政府発足
1956	昭和31	種麹店が市販を始める	
1958	昭和33	琉球酒造連合会設立正式認可 *この頃洋酒やビールに圧倒され、泡盛製造業の乱立・乱売あり不況に *Aサインで焼酎甲類「白鷺」が市場を席巻	
1962	昭和37	キャップシール制度の実施(乱売の防止)	
1969	昭和44	『醸界飲料新聞』創刊(仲村征幸氏)	
1970	昭和45	坂口謹一郎「君知るや名酒あわもり」を発表	
1972	昭和47	沖縄県酒造連合会に名称変更	沖縄の日本復帰
1974	昭和49	沖縄県泡盛同好会設立	
1976	昭和50	沖縄県酒造協同組合結成	沖縄国際海洋博覧会開催(1975-76)

西暦	年号	泡盛関連事項	参考記事
1978	昭和 53		730、交通方法変更実施
1979-80	昭和 54-55	沖縄国税事務所鑑定官室「泡盛酵母 1 号」の分離・開発に成功	
1980	昭和 55	＊この頃から泡盛が県内でブームになる	
1983	昭和 58	「本場琉球泡盛」の名称が正式認可	
1986	昭和 61	石垣島に泡盛博物館（漢那酒造）設立	
1987	昭和 62		海邦国体、かりゆし大会開催
1988	昭和 63	「泡なし酵母」（泡盛 101 号酵母）の分離・実用化	
1990	平成 2	泡盛全銘柄を扱う泡盛館（那覇市小禄）オープン	
1991	平成 3	県酒造協同組合、醸造研究室の原酒貯蔵庫落成	
1992	平成 4	沖縄県立博物館で企画展「琉球の香り・泡盛の歴史と文化」開催	
1997	平成 9	「100 年古酒実行委員会」結成	
1999	平成 11	県酒造組合青年部主催際ミットで 9 月 4 日を「くーす（古酒）の日」とする	
2000	平成 12	酒造組合連合会から「サミット用泡盛」を県に贈呈。	九州・沖縄サミット開催
2003	平成 15	泡盛マイスター協会発足	
2004	平成 16	泡盛の品質表示に関する自主基準（古酒の基準など）を実施。泡盛の詰口年月日の表示スタート。産地表示を「琉球泡盛」に統一。 ＊沖縄ブーム、本格焼酎ブームの沈静化につれ、この年をピークに県外出荷量が少しずつ下がり始める	
2005	平成 17	山原島酒之会「泡盛サミット in 名護・山原二〇〇五」開催 ＊泡盛県外出荷過去最高の 6000kl を超える	
2006	平成 18	酒税法改正により焼酎は「連続式蒸留焼酎」と「単式蒸留焼酎」の 2 分類となる（5 月）。泡盛は「単式蒸留焼酎」の分類に該当	
2007	平成 19	沖縄振興開発金融公庫は貯蔵中の泡盛を担保とする融資制度を開始	
2008	平成 20	「琉球泡盛倶楽部」創設 沖縄県酒造組合連合会が台湾・香港・中国に申請した「琉球泡盛」商標登録が受理される。	

西暦	年号	泡盛関連事項	参考記事
2009	平成 21	日本酒造組合中央会において、泡盛の麹菌は「國菌」、泡盛は「國酒」として沖縄宣言	
2011	平成 23	県酒造組合「琉球泡盛古酒の郷（くーすのさと）」着工	
2012	平成 24	泡盛古酒の不当表示問題 沖縄県酒造組合連合会が解散し、新たに「沖縄県酒造組合」として発足	
2013	平成 25	沖縄県泡盛同好会が社団法人となる	
2014	平成 26	泡盛世界遺産登録推進委員会発足	
2015	平成 27	琉球泡盛「古酒」表示の変更	
2016	平成 28	山原島酒之会主催：泡盛シンポジウム in 名護・山原「すべての家庭の床の間に古酒甕を」開催（12 月）	
2017	平成 29	沖縄国税事務所・琉球大学等の研究者構成のワーキンググループが「泡盛フレーバーホイール」を発表	
2018	平成 30	千代泉酒造〔宮古島市狩俣〕の廃業（3 月） 請福・多良川・久米島の久米仙の 3 酒造所と沖縄県工業技術センターの四者が「イムゲー（芋酒）」販売に向けた共同の取り組みを発表（10 月）	
2019	令和元	「琉球料理、泡盛、芸能」が日本遺産に認定される（5 月）	
2020	令和 2	「花酒」の泡盛表示が認可される（4 月） 咲元酒造〔那覇市首里〕が恩納村山田の「琉球村」内に移転・操業開始（11 月） 沖縄県泡盛同好会法人解散、任意団体として活動継続（12 月）	新型コロナウィルスの感染拡大が世界的に拡大始まる。飲食店や酒類取り扱い業界への影響が深刻化する

西暦	年号	泡盛関連事項	参考記事
2021	令和３	政府は日本酒・焼酎・泡盛などの文化資源について、ユネスコ無形文化遺産への登録を目指すことを表明（１月） 南都が上原酒造〔糸満市〕の事業を承継（２月） 泡盛総出荷量、16 年連続で減少（16 年間で半減）（４月） 伝統的酒造り」（保持団体：日本の伝統的なこうじ菌を使った酒造り技術の保存会）を登録無形文化財とする文化審議会の答申（10 月） 政府の税制調査会が沖縄県産の酒類にかかる税の軽減を段階的に縮小し、最終的に廃止することを 2022 年度税制改正大綱で決める（12 月）	コロナ禍において、１年遅れての東京オリンピック開催（８月）
2022	令和４	琉球泡盛の総出荷量、新型コロナウィルスの影響もあり、17 年連続減少。	

泡盛酒造所一覧（2022年7月現在）

地域	酒造所名	住所	代表銘柄
北部地区エリア	伊平屋酒造所	伊平屋村字我喜屋2130-40番地	照島
	合資会社伊是名酒造所	伊是名村字伊是名736番地	常盤
	やんばる酒造株式会社	大宜味村字田嘉里417番地	田⃝
	有限会社今帰仁酒造	今帰仁村字仲宗根500番地	美しき古里
	合資会社津嘉山酒造所	名護市大中1-14-6	国華
	ヘリオス酒造株式会社	名護市字許田405番地	くら
	株式会社龍泉酒造	名護市仲尾次222番地	龍泉
	有限会社金武酒造	金武町字金武4823-1	龍
	株式会社松藤	金武町字伊芸751番地	松藤
	有限会社山川酒造	本部町字並里58番地	珊瑚礁
	合資会社恩納酒造所	恩納村恩納2690番地	萬座
	咲元酒造株式会社	恩納村山田1437-1（琉球村）	咲元
中部地区エリア	有限会社神村酒造	うるま市石川嘉手苅570番地	守禮
	有限会社比嘉酒造	読谷村長浜1061	残波
	新里酒造株式会社	沖縄市古謝3-22-8	かりゆし
	北谷長老酒造工場株式会社	北谷町字吉原63	北谷長老
	株式会社石川酒造場	西原町字小那覇1438-1	玉友
	＊協同組合琉球泡盛古酒の郷	うるま市勝連南風原5193-27	古酒の郷
南部・那覇・久米島地区エリア	瑞泉酒造株式会社	那覇市首里崎山町1-35	瑞泉
	瑞穂酒造株式会社	那覇市首里末吉町4-5-16	瑞穂
	有限会社識名酒造	那覇市首里赤田町2-48	時雨
	株式会社津波古酒造	那覇市字与儀2-8-53	太平
	宮里酒造所	那覇市小禄645番地	春雨
	久米仙酒造株式会社	那覇市字仲井真155番地	久米仙
	忠孝酒造株式会社	豊見城市字名嘉地132番地	忠孝
	まさひろ酒造株式会社	糸満市西崎町5-8-7	まさひろ
	上原酒造株式会社	糸満市字座波1061番地	神泉

地域	酒造所名	住所	銘柄例
	神谷酒造所	八重瀬町字世名城 510-3	南光
	株式会社久米島の久米仙	久米島町字宇江城 2157	久米島の久米仙
	米島酒造株式会社	久米島町字大田 499 番地	久米島
	＊沖縄県酒造協同組合	那覇市港町 2-8-9	海乃邦
宮古島エリア	池間酒造有限会社	宮古島市平良字西原 57 番地	ニコニコ太郎
	沖之光酒造合資会社	宮古島市平良字下里 1174 番地	沖之光
	菊之露酒造株式会社	宮古島市平良字西原 290 番地	菊之露
	株式会社多良川	宮古島市城辺字西里 57 番地	多良川
	株式会社渡久山酒造	宮古島市伊良部字佐和田 1500 番地	豊年
	株式会社宮の華	宮古島市伊良部字仲地 158-1	宮の華
八重山エリア	請福酒造有限会社	石垣市字宮良 959	請福
	有限会社八重泉酒造	石垣市字石垣 1834 番地	八重泉
	有限会社高嶺酒造所	石垣市字川平 930-2 番地	於茂登
	株式会社池原酒造所	石垣市字大河 175 番地	白百合
	株式会社玉那覇酒造所	石垣市字石垣 47 番地	玉の露
	仲間酒造株式会社	石垣市字宮良 959	宮之鶴
	波照間酒造所	竹富町字波照間 156 番地	淡波
	国泉泡盛合名会社	与那国町字与那国 2087 番地	どなん
	合名会社崎元酒造所	与那国町字与那国 2329	与那国
	入波平酒造株式会社	与那国町字与那国 4147-1	まいふな

※沖縄県酒造組合公式 hp を元に情報を加えました。

※酒造所名に＊が付されているのは貯蔵・販売のみ。

北部地区

伊平屋酒造所（伊平屋村字我喜屋）

酒造の民営化にともない、新垣安助村長が村民に希望者を募って二三名による酒造組合を組織し一九四八年に創業したというユニークな背景をもつ。米や麦を現物出資し、麹用のニクブクも供出するなどした。酒の銘柄は公募で「照島」と命名。一九七九年からは保久村昌弘が酒類製造免許を取得し引き継いだ。田名のイーヌカーと呼ばれる湧き水を使い泡盛を仕込み、少しでも味が変わるとすぐに意見あるほど地域に密着した酒造所である。

合資会社伊是名酒造所（伊是名村字伊是名）

一九四九年に酒造が民営化されると、伊是名村では免許を得た字伊是名に銘刈正助ら四名の合資で伊是名酒造所ができた。その後二度の名義変更を経て、復帰前の一九七一年に法人となった。創業時から変わらない味の「常盤」や、古酒の「金丸」などが定番商品。現社長の宮城秀夫は、徹底した水へのこだわりを持つ。洗米には浸透率の高い硬水。モロミの仕込みには柔らかく甘みのある軟水、アルコール度数調整用にはまろやかな旨みのある水と3種類の水を使い分けている。

やんばる酒造株式会社（大宜味村字田嘉里）

一九〇五〇年に田嘉里酒造所として創業。二〇一七年に現在の社名に変更。おいしい天然水を育むやんばるの山から汲み上げる中硬水を麹造りや仕込み水、割り水等に使用し、また通常より長い時間をかけて発酵させ、一般酒でも約一年間の熟成期間を経て出荷。生産量が少ないため多くが地元で消費される。昔から泡盛の蒸留粕は栄養に富み農地の肥料や豚の飼料に活用できるので、近隣の人たちに無償で配布するなど地域と密接なつながりを持つ。

有限会社今帰仁酒造（今帰仁村字仲宗根）

創始者の大城善英が一九四八年に大城酒造所として創業した。一九八〇年に今帰仁酒造所に変更。代表銘柄「まるだい」として知られるが、一九八一年には泡盛業界で初めて二〇度の泡盛として商品化した「ふるさと」がヒット。以降、低アルコール泡盛が広まり、二〇度のマイルド泡盛市場の基盤を築いた。現在は純米無添加の手造り製法を守りながらも、伝統的な甕仕込み、大型ステンレスタンク仕込み、樫樽仕込みの3種類の熟成法で商品の多様化を図ってきた。

合資会社津嘉山酒造所（名護市大中）

一九二四（大正十三）年頃に沖縄本島北部で初めて泡盛の製造免許を取得した歴史ある酒造所。創業時名護以北には酒造所がなかったので、国頭の華の意で「國華」と銘した。建物は昭和二〜四年にかけてつくられた。この酒造所の大きな特徴は沖縄の伝統的な赤瓦屋根をもつ大きな民家で泡盛を造りを続けてきたことにあり、二〇〇九年に酒造所施設として国の重要文化財に指定されたことである。

ヘリオス酒造株式会社（名護市字許田）

沖縄のさとうきびでラム酒を製造する太陽醸造として一九六一年に創業。一九六九年に、ヘリオス酒造株式会社に社名変更し、ハブ酒や黒糖酒の製造も始めた。一九七九年には新たに泡盛の酒造免許を承継し、泡盛の製造を開始する。以来、ラム製造で培った樽熟成技術とブレンド技術を駆使した樫樽長期熟成の古酒「くら」を開発し、蒸留には銅製の蒸留機を使うなど多彩な酒造事業を展開している。

株式会社龍泉酒造（名護市字仲尾次）

一九三九年に大城孫吉が創業したもので、八重山の屋比久松の小さな酒屋（一二〇石）より免許を譲り受け、羽地酒造所を創業した。戦後の時期は官営の酒造所として「羽地酒造廠」と呼ばれた。復帰前後に工場を機械化し、一九七五年に龍泉酒造合資会社となる。銘柄「龍泉」。ここの酒の最大の特徴は「老麹（ひねこうじ）製法」で、黒麹菌を強くはわせて麹を成熟させる方法を採用しているところにある。

有限会社金武酒造（金武町字金武）

一九四九年の創業。金武酒造所は立地条件に恵まれたところで、名水として名高い金武大川の湧き水のもと、昔ながらの伝統的な泡盛造りを行っている。また、これも有名な金武観音寺の鍾乳洞が隣接していることで、鍾乳洞の中での古酒の貯蔵・熟成を実践し、ユニークな古酒貯蔵サービスを展開している。現在、洞窟内には一升瓶九〇〇〇本以上が預けられ大切に保管され、満期がくるのを待っている。

株式会社松藤（金武町字伊芸）

泡盛造りで有名な首里三箇で一九〇五年に創業した老舗の酒屋。戦後は官営酒造所として再建され「伊芸酒造廠」と称された。その後官営が解かれ、民政府の許可を受け民間経営の崎山酒廠となった。伊芸で再興したことで、水質の硬い沖縄にあって珍しく、恩納岳の豊かな自然が育む軟水の出る土地で、米の甘みと香りを際立たせたまろやかな酒が誕生した。主銘柄で社名変更後の「松藤」は二代目夫妻の名前から一字ずつ採って命名された。

有限会社山川酒造（本部町字並里）

沖縄の伝統である古酒を復興させ子孫に伝えたいという山川宗道が一九四六年に創業。本部町の八重岳の豊かな自然に恵まれた満名川のほとりにあり、湧き出る豊富な清水を用いて酒を仕込む。「古酒のやまかわ」と呼ばれ親しまれるように、計画的に貯蔵タンクを増やし、年数が表示してある泡盛はすべて年数表示以上の古酒というこだわりを持つ。原料米は以前はタイの砕米を使用したが、丸米の方がとれる酒の質と量が良いので丸米に変えるなど品質を大切にしている。

合資会社恩納酒造所（恩納村字恩納）

観光地で景勝地として有名な万座毛の近くにある恩納村唯一の酒造所で、一九四九年に村民一〇〇名の有志で資本を募りスタートした。酒の銘柄は「万人に愛される泡盛」との願いを込めて「萬座」と名付けられ、出荷された約半分以上が恩納村内で消費され、地元の人々に親しまれ支えられている。海洋深層水で熟成させた「しんかい」を造り、地域貢献の一環としてサンゴの保全再生活動を応援するなど海と関わる事業を展開し注目される。

咲元酒造株式会社（恩納村字山田）

琉球王国時代に王府の命を受け泡盛造りを許可された首里三箇の首里鳥堀町で一九〇一（明治三四）年創業の老舗の酒造所。極力機械にも頼らず、大量生産を避け、仕込みから出荷まで一般酒でも約一年かけて造手造りの良さを活かしているのが特徴で、代表銘柄「咲元」商標として知られていた。しかし、首里の地での操業の制約に加え財政難もあり、琉球村の支援を受け、二〇二一年に恩納村の琉球村内に拠点を移して酒造を再開。地元の地名から採用した「蔵波（くらは）」の銘柄で新たな挑戦が始まった。

中部地区

有限会社神村酒造（うるま市石川嘉手苅）

一八八二（明治十五）年に那覇の繁多川で創業した老舗の酒造所で、ラベルのない頃は「神村のお酒」として親しまれた。戦後は民政府の官営五工場の一つ。泡盛業界では一九五八年にいち早く樫樽貯蔵泡盛の研究を始め、一九六八年にオーク樽熟成古酒「暖流」を販売し、新境地を開いたことで知られる。一九九九年にはより良き環境を求め、中部の緑豊かな石川高原の麓に酒造所を移転し、受け継がれた技と心を育みながら泡盛造りとその普及を実践している。

有限会社比嘉酒造（読谷村長浜）

民営移管の「南部酒造組合」として一九四八年に創業し、泡盛「まるたか」（㊢＝地元・高志保にちなんで名）のとして販売を開始。一九五三年に個人名義に変更し、比嘉寅吉が初代社長に就任し「比嘉酒造」と名称変更した。かつて人気を呼んだ甲類のマイルドな味に目をつけ研究した成果を生かし、一九八〇年には芳醇な香りを残しつつ、まろやかですっきりとした味わいを追求した主力銘柄となる「残波」を誕生させた。

新里酒造株式会社（沖縄市古謝）

一八四六年に首里三箇の首里赤田で創業し、現存する泡盛酒造所としては最古の蔵元として伝統の泡盛造りを守り続けている。六代目の社長新里修一は国税事務所の鑑定官時代に泡無し酵母「泡盛101号」の分離・実用化に成功したもので、伝統の技と精神を受け継ぎつつ、時代に合った研究開発にも力を注ぐ。新しいライト感覚の酒である「アロマドライ」はその例で、品質向上や衛生管理、仕込みタンクの温度管理の最新設備導入など、より質の高い酒造りを続けている。

北谷長老酒造工場株式会社（北谷町字吉原）

一八九四年に首里赤田町にて創業した玉那覇酒造から暖簾分けし、一九一〇年に北谷村桑江に移転した。終戦後は米軍用地になったため、復興後一九五〇年に現在の北谷町吉原で再開した。二〇〇六年には北谷長老酒造に名称変更した。主銘柄はこの地に臨済宗妙心寺派の正統を伝えた名僧・南陽紹弘禅師の愛称に因んだ「北谷長老」。現在北谷で唯一の泡盛メーカーとして地元に愛される酒造りを続けている。伝統製法にのっとり、味がぶれないよう丁寧な酒造りを心がけている。家族経営であることから泡盛の製造量は限られるものの、古酒は常に人気が高い。

株式会社石川酒造場（西原町字小那覇）

首里三箇の流れを汲む石川酒造場は明治中頃に一旦閉場した。戦時中台湾で軍需用泡盛造りに従事した石川政次郎が、一九四九年に首里寒川町にて石川酒造場を再興した。一九九〇年西原町に移転。大きな特徴は昔ながらの「甕仕込み製法」を採用し、小仕込みの一石甕を使い職人の技術と手間をかけて醪の仕込みを行っている。甕に入れることで、香りがこなれて風味まろやかな味わいが出る。伝統的な泡盛造りにこだわる一方、蒸留粕から得られる「もろみ酢」の商品化など新たな試みも積極的に行っている。

那覇・南部地区・久米島

瑞泉酒造株式会社（那覇市首里崎山町）

一八八七年、喜屋武幸永が首里三箇の崎山で創業した老舗の蔵元。酒造所名は首里城瑞泉門のほとりの湧き水の名にあやかって名付けられた。奇跡的に発見された戦前の黒麹菌を用いた泡盛を復活させて話題となった。生産する泡盛のうち一般酒としての出荷を30％におさえ、70％を古酒造りのために貯蔵するなど、古酒造りに力を注いでおり、県内屈指の貯蔵量を誇る。老舗の誇りと柔軟な姿勢を併せ持ち、県内外のみならず海外市場へも積極的に展開している。

瑞穂酒造株式会社（那覇市首里末吉町）

一八四八年に首里三箇の鳥堀町創業した老舗の酒造所。一九八六年に現在の場所へ移転した。琉球王国時代からの知識と技術は代々受け継がれ、米と酵母と麹の三要素の個性を見極めながら、もっとも特色が生きる方向で酒造りを進めている。沖縄の家庭で仕次ぎされていた古酒を先駆けて製品化するなど、伝統的な古酒造りを続ける一方で、音響熟成泡盛「首里天」という個性的な酒を生み出したり、県内随一の六四万リットル規模の地下貯蔵タンクを持ち、現代注目のスピリッツなど時代に合った個性的な商品開発にも取り組んでいる。

有限会社識名酒造（那覇市首里赤田町）

一九一八年に首里三箇の赤田町で創業した酒造所。昔ながらの味の継承に努め、もろみの仕込み、蒸留方法には門外不出の独自の技術を導入。創業当時から造られている看板銘柄の「時雨」は、戦後の沖縄で量り売りが主流だった頃、最初に瓶詰めして名前を付け、ラベルを貼って売り出された泡盛としても知られている。また、戦火を逃れた甕入りの古酒が保管されており、最古といわれる古酒を持つことでも知られている。

株式会社津波古酒造（那覇市与儀）

一八九八年、那覇で創業した伝統ある蔵元。「万人受けする酒より個性的な酒」、「飲みやすい酒より旨い酒」にこだわり、機械化が進む現代においても、職人の五感を大事にした昔ながらの製造方法を頑なに守り続けている。生産量の六割を古酒造りにあて、貯蔵によって酒質が向上する成分を失わないよう、技術改良を行っている。看板銘柄の「太平」に代表されるように、熟成されればされるほど味わい深い古酒になるような酒造りを徹底している。

宮里酒造所（那覇市小禄）

一九四六年創業。宮里酒造は生産量より酒質にこだわる酒造りを行っていることで知られ、泡盛愛好家の間では知らぬ人はいない銘柄「春雨」を製造している酒屋である。一九七五年の沖縄国際海洋博覧会の際に、当時の皇太子に献上された泡盛はこの酒造所とされる。一九七七年頃に小売を止めたため、他のメーカーや酒造組合への桶売り販売のみとなり、幻の銘酒となっていたが、販売店からの強力なアプローチによって一九九七年からは「春雨」が一般に販売され、幻の銘酒が遂に蘇った。

久米仙酒造株式会社（那覇市字仲井真）

久米島出身の平良正蔵が一九五二年に創業。代表銘柄は「久米仙」。本土市場開拓のため琉球酒販株式会社を設立した。一九七八八年には斬新なデザインの「久米仙グリーンボトル」を発売して県内外で大きな話題を呼び、泡盛の消費拡大の一翼を担った。一九八九年にはオーク樽を利用した樫樽貯蔵古酒「奴樽蔵」や一九九五年には無農薬のジャポニカ米を使った内モンゴル産泡盛「響天」などを発売し、話題性のある商品を次々と開発している。

忠孝酒造株式会社（豊見城市字名嘉地）

豊見城村が村で経営していた酒造所を引き継ぎ、初代の大城忠孝が一九四九年に大城酒造所として創業した。一九八〇年に創業者の名をとって現在の社名に変更した。古式泡盛の製法であるシー汁浸漬法の解明と復活や、沖縄県産マンゴーから採取した新酵母を活用した香味豊かな新しい泡盛の開発など、常に新しい取り組みを行ってきた。泡盛メーカーとしては初めて、自社で窯を有し土造りから焼成までの甕造りを行うなど、泡盛文化の継承を実践的に展開している。

まさひろ酒造株式会社（糸満市西崎町）

元々は首里三箇の流れを汲む老舗の酒屋で、一八八三年に首里で創業した。戦後一時期は与那原に所在し、その後首里石嶺の地に戻るが、一九九一年に泡盛博物館「泡盛まさひろギャラリー」を併設した見学工場として本社を糸満市へ移転した。新たな新商品の開発にも意欲的に取り組んでいる。泡盛文化の継承にも目配りを欠かさず、社屋には他では見ることのできない全泡盛メーカー年代物銘柄コレクションの展示や商品の試飲コーナーなどがあり、泡盛ファンにとっても興味の尽きないギャラリー有する。二〇一五年に現在の社名に変更した。

上原酒造株式会社（南城市玉城前川）

所在地だった糸満市座波には一年中枯れることのない神聖な泉があり、一九四七年の創業当初からその近辺の井戸水を使った酒造りを行っていた。一九九四年には泡盛業界では初の電子技法（マイナスイオン）を導入。炭素埋没や電子チャージといった画期的な技術により、原料を活性化させ古酒でなくても深い風味の泡盛を製造した。同社は二〇二一年二月に南城市玉城港川のおきなわワールドが事業承継し、株式会社南都が運営するグループ会社となったが、上原酒造の歴史や銘柄をそのまま引き継ぎつつ、新商品の開発も展開していくこととしている。

神谷酒造所（島尻郡八重瀬町字世名城）

一九四九年に東風平で創業し、二〇〇四年に現在地に移転。看板銘柄の「南光」は沖縄から本土に向かって発信する光をイメージして命名され、東風平を中心に南部エリアで親しまれている。現在の神谷雅樹社長は三代目で、代々家族経営の小規模酒造所ながら、意欲的な取り組みも行っている。もろみの攪拌等も機械を導入せず手作業で行うなど伝統の醸造技術を踏襲しつつも、独自の蒸気吹き込み式蒸留器を導入したり、マリーゴールド酵母の開発、手ちぎりの和紙のラベル使用など、新たな試みも盛んに行なっている。

株式会社久米島の久米仙（島尻郡久米島町字宇江城）

一九四九年に創業した自然豊かな久米島の酒造所。名水と名高い堂井（ドーガー）と同じ水系の宇江城山を源流とする湧き清水を使用。近代的な設備の工場において、県内最大規模の仕込みを行う酒造所として知られる。主力銘柄は「久米島の久米仙」。古酒の熟成には大型ステンレスタンクの他、焼物の里である読谷村で作られた南蛮荒焼甕を用いており、室温の安定する地下室でじっくりと熟成を重ねている。

米島酒造株式会社（久米島町字大田）

昔から米どころ水どころとして知られる久米島で、一九四八年に創業。当初の主要銘柄は久米島にちなんだ「米島（よねしま）」。クメジマボタルで名高い清流白瀬川のきれいな天然水を使い、濃厚な味わいの酒造りを行う家族経営の小規模な酒造所である。一九八〇年代初めに主力銘柄を現在の「久米島」に変更した。どこにでもあるような酒にしたくないと、一般酒でも一年以上熟成さえてから瓶に詰める。その味わいは芳醇で、一般酒ながら古酒の風格があるとされ、地元で根強い人気を誇る。

宮古地区

池間酒造有限会社（宮古島市平良字西原）

戦後間もない一九四六年に創業。元々の代表銘柄は「瑞光」。一般の小売における販売ルートにとどまらず、当時としては珍しく繁華街の飲食店でも展開したこと、また主力銘柄の「ニコニコ太郎」というユニークなネーミングも加わって、地元で広く知られる酒造所となった。酒造りにおいてはもろみを仕込む際に低温でゆっくりと熟成させることと、徹底した温度管理にこだわり、酒は甘みと素直な喉ごしが特徴。また、一般酒は飲みやすさを、古酒においては一〇〇％古酒であることを追及している。

沖之光酒造合資会社（宮古島市平良下里）

一九四八年に古謝為吉が創業した。酒造所の名前は文字通り「沖縄の光」となるべく「沖之光」と名付けた。「すっきりとしたいれいな酒」をめざした伝統的で丁寧な手法の酒造りを続け、風味豊かな味わいが地元でも人気を呼び、「カネコの酒」（屋号）として親しまれてきた。古酒造りにも力を入れており、古酒用の貯蔵割合は全体の七〇％と高い割合を占めている。貯蔵は甕・ホーロー・ステンレスと分かれ、泡盛らしい個性的な香り豊かな酒に仕上がっている。熟成することが泡盛造りの大切な要素のひとつとして考えているので、新酒でも一年以上は大切に貯蔵熟成した上で出荷している。

菊之露酒造株式会社（宮古島市平良字西里）

一九二八年に前身である仲尾酒造が創業。一九六五年に社名を「菊之露酒造」と変更した。「菊之露」は創業者の中尾菊次郎の菊から採り、また中国では菊にたまった雫を飲んで命をつないだとの言い伝えから命名。県内でも上位のシェアを占める蔵元で、熟練の杜に支えられた主要銘柄の「菊之露」は安定した味に定評があり、宮古島だけでなく県内外でも幅広い層に知られる銘酒となっている。これまた古酒の貯蔵タンクの数は県内有数の規模を誇る。

株式会社多良川（宮古島市城辺字砂川）

宮古島の城辺の地下には上比屋根森の麓から湧き出る伏流水の多良川の水を生かした酒造りを行っており、その名前をとって命名されている。伝統に根ざしつつも、業界初のアルミ缶容器の起用や、水割泡盛や音楽熟成の泡盛を先駆けて販売するなど、新製品の開発と品質向上にも努めている。さとうきび畑の中にある鍾乳洞を天然の古酒蔵として泡盛を寝かせていることでも知られる。一九九八年には南城市玉城に第二工場を新設し、宮古島の原酒を玉城の名水である垣花樋川で割り水するなど、ユニークな試みも行っている。

株式会社渡久山酒造（宮古島市伊良部字佐和田）

伊良部島にある酒造所。代表銘柄の「豊年」は、計り売りから瓶詰め売りへと移行したことをきっかけに、一九四八年に渡久山知章によって名付けられた。「豊年」は島の豊作を願って名付けられた。酒造所は家族経営であるが、宮古島内外には根強いファンが多く存在する。製造は黒麹によって造り出される麹米をじっくりと育て、ミネラル豊富な地下水で仕込んでいるのが特徴。もろみがフルーティーな香りを醸し出すタイミングを見極め、常圧でじっくりと蒸留し、泡盛初心者にも親しみやすいと評判である。

株式会社宮の華（宮古島市伊良部字仲地）

一九四八年に初代・下地盛昆が伊良部島で創業。銘柄で社名となっている「宮の華」は「宮古の枯れない心の華」という意味を込めたもの。「酒造りはよく赤子を育てるようにと言われますが、赤子を育てるのは母親である女性」であることから、酒造りの要である杜氏をはじめスタッフの多くが女性であることが特色である。タイ米仕込みだけでなく、農薬や肥料を使わない国産米も使用しているのが特徴で、宮古島では初の樽貯蔵酒を造って話題ともなった。

八重山地区

請福酒造所有限会社（石垣市字宮良）

一九四九年に漢那酒屋として創業し、伝統的な直火釜蒸留法を守る一方で、釜を減圧することで蒸留温度を下げる減圧蒸留や米を蒸さずに焙煎してアルファ化するなど新しい酒造りにもチャレンジしてきた。一九九二年に社名を請福酒造に変更し、観光で訪れる県外の人々にも泡盛を身近に感じてもらおうと泡盛博物館を併設した。八重山でトップシェアを誇ったこともある酒造所で、梅酒、ゆず酒などの泡盛リキュールを泡盛業界でいちはやく開発した。

有限会社八重泉酒造（石垣市字石垣）

一九五五年の創業。八重山に残る伝統的な直釜蒸留製法にこだわりながらも、泡盛以外に「元祖はぶ酒」を開発した。経営者の座喜味はハブ酒のパイオニアとされる。民間薬として伝承されたものを地元の赤ハブを使用し、長年の研究努力の末、初の企業量産に成功したという。現在は市街地から離れた自然環境に恵まれた郊外の土地へと移転し、八重山に残る伝統的な直釜蒸留製法にこだわりつつも、新旧の製法を活かした泡盛造りを行っている。

有限会社高嶺酒造所（石垣市字川平）

一九四九年の創業。一貫して全工程手造りにこだわってきた。代表銘柄は「於茂登」。於茂登岳の天然水仕込みで、今でも直火式地釜で蒸留するなど昔の味そのままである。かつて地元川平の伝統的な蒸留酒造りを再現するなど伝統の継承にも力を入れてきた。一九八一年からは旅行記念や出産記念などでボトルキープする古酒のオーナー登録を受け付けていて、現在二〇〇〇名以上のオーナーが泡盛を預けている。蒸した米に種麹を手でしっかり混ぜて二晩寝かせた独自の老麹を使用するなど泡盛の価値創造に余念がない。

株式会社池原酒造所（石垣市字大川）

一九五一年の創業以来、石垣島の中心地に近い住宅地にある赤瓦屋根の工場を営む家族経営の酒造所。銘柄は「白百合」と「赤馬」の二種類のみ。「白百合」は独特なミネラル感の残る穀物系の香りとして泡盛ファンには有名である。洗米から蒸留まで一貫して手作業で行い、蒸留は直火釜、麹を造る行程では手編みの竹網を使い、また古酒の貯蔵にも昔ながらの甕を使用して熟成させる。大半が地元での直接注文で売り切れるため市場に多くは出回らないが、観光客を通して遠隔地にも着実にファンを増やしているという。

株式会社玉那覇酒造所（石垣市字石垣）

明治末期に創業者が首里から分家して石垣島へ渡ったという八重山でも老舗の蔵元。麹造り、仕込み、蒸留、そして瓶詰めやラベル貼りまで製造工程のほとんどを手作業で行い、昔ながらの風味を一切変えず、代々守り継がれてきた伝統の技法を継承している。唯一の銘柄「玉の露」は、間接式蒸留だけでなく古酒を前提にした老麹仕込みと黒麹の特性を引き出す直釜式蒸留でも造られており、通好みの泡盛ファンに親しまれている。

仲間酒造株式会社（石垣市字宮良）

一九四八年に創業してから現在に至るまで家族経営で、銘柄は「宮之鶴」一種類のみの酒造所。地元・宮良の酒でありたいという思いから、あえて多くの量は製造せずに伝統の製法で造り続けてきている。店売りよりも圧倒的に直接受注が多いといい、宮良の祭りや行事などには酒宴に一役買う地元の馴染みの泡盛である。甕貯蔵からステンレス貯蔵を導入するが、それ以外は木製の蒸し機や直火釜の蒸留機などを今も現役で使用するなど、伝統的な酒造りの行程を残すのも特徴である。

波照間酒造所（竹富町字波照間）

島民による共同事業として一九五二年の創業。石垣島よりも波照間島という日本最南端の島の酒造所。唯一の銘柄「泡波」は、創業当時、原料に粟を用いていたことから「泡波」と名付けられたという。製造量が極めて少ないため、島民が消費する分がやっとというのが現状で、「幻の酒」として入手困難であることで有名。家族中心の手作業による酒造りは、創業者の製法を受け継ぎながら改良を重ね、島の気候風土に合わせた味を追求している。

国泉泡盛合名会社（与那国町字与那国）

戦前から個人で泡盛造りを行っていた我那覇・金城・大嵩の三人により、一九五八年に創業した。代表銘柄の「どなん」は与那国島の呼び名から採用している。人口添加物を一切使わず、製麹をはじめ瓶詰め作業まで杜氏が手作りで泡盛の醸造を行っている。アルコール度数六〇度の花酒は泡盛蒸留の最初の部分、酒本来の香りや味の一番濃厚な部分だけを集めたいわば泡盛の原酒であり、現在、与那国島の酒造所のみ製造が許されている。

合名会社崎元酒造所（与那国町字与那国）

与那国島では一番古い酒造所として、一九二七年に農業が本職の島民十七人の共同出資で設立。一九七一年に現在の社名に変更。独特の花酒の伝統文化を守るために、蔵人が洗米・蒸米や麹造りなどは手作業で行う。古式地釜直火蒸留などの工程を経て完成する花酒には定評がある。花酒は地元の冠婚葬祭に欠かせない酒。花酒は冷蔵庫で冷やすと、度数が高いため凍らず、充分に冷やすととろりとした濃度が出てくるのがお薦めの飲み方という。

入波平酒造株式会社（与那国町字与那国）

一九八九年の創業。戦後、国泉泡盛合名会社から独立して、与那国島三軒目の酒造所として設立。花酒の製造量は全体の三割を占めていて、代表銘柄の「舞富名（まいふな）」は方言で、「孝行者」「働き者」を意味する。もろみの酸味を和らげ温度管理も工夫したり、ステンレスタンクで寝かせた後、出荷の一年前から甕に移して貯蔵するなど、花酒の長期熟成の古酒にも力を入れている。

萩尾俊章

1957年長崎県生まれ（現在　本籍・沖縄県）
琉球大学卒業、筑波大学大学院修了
沖縄県立高校の教諭を経て、沖縄県立博物館の学芸員、沖縄県教育庁文化課文化財班長、沖縄県立博物館・美術館の博物館班長などを経て、教育庁文化財課長で定年退職
現職：沖縄県教育庁文化財課史料編集班・主任専門員（再任用）
【専門】民俗学・社会史
【著作等】『泡盛の文化誌』（ボーダーインク　2004年）、「琉球泡盛の話」『酒販ニュース』（醸造産業新聞社 2021年9月～2022年5月）ほか
【その他】沖縄民俗学会会長、琉球料理・泡盛世界遺産登録推進委員会副会長、琉球大学非常勤講師、沖縄国際大学南島文化研究所特別研究員

泡盛をめぐる沖縄の酒文化誌

2022年9月　4日　初版第一刷発行

著　者　　萩尾　俊章
発行者　　池宮紀子
発行所　　(有) ボーダーインク
〒902-0076　沖縄県那覇市与儀226-3
電話 098-835-2777　ファクス 098-835-2840

印　刷　　株式会社東洋企画印刷

ISBN978-4-89982-430-7
printed in OKINAWA,Japan